한국전통선박
韓船
The Traditional Ships of Korea

민계식 Keh-sik Min · 이강복 Kang-bock Lee · 이원식 Won-shik Lee

한림원 출판사

발간사

우리나라는 삼면이 바다로 둘러싸여 있다. 이러한 지리적 환경으로 인하여 경제적으로나 국방상으로나 바다의 중요성은 아무리 강조하여도 지나침이 없을 것이다. 역사적으로 보아도 바다를 잘 통제하였을 때는 나라가 온전하였고 해양 진출시기에는 국운이 융성하였다.

삼국시대의 고구려를 볼 때 수군水軍이 강했을 때는 수·당의 바다로부터의 침입을 잘 막아낼 수 있었다. 발해와 신라의 남북조시대(흔히 통일신라시대라고 함)때 장보고의 해상활동으로 인한 국운의 융성에 대해서도 우리는 잘 알고 있는 바이다.

고려를 건국한 왕건 태조는 해상무역으로 부를 축적한 개경開京(오늘날의 개성)의 부유한 상인 집안 출신이므로 무신란武臣亂이나 몽고의 침입이 있기 전까지의 고려에서는 자연히 해상무역이 활발하여 고려의 무역선이 멀리 아라비아 중동지역까지 진출하였고 인구 70만 명에 이른 국제도시 개경에는 고래 등 같은 기와지붕이 처마를 이었으며 동남아나 아라비아에서 온 상인들이 거리에서 목청을 높였었다고 한다. 또한 'Korea'라고 하는 오늘날 우리나라의 영어 국명이 그때 생겼다고 한다.

몽고의 침입시기에는 여러 가지 국가적 활동이 침체된 시기라고 생각할지 모르겠지만 저자의 생각은 다르다. 비록 외적의 침입으로 고통스러운 생활을 하였을지라도 인류의 문화유산인 '팔만대장경'의 축조와 같은 세계적으로 자랑스러운 대 문화大 文化 활동이 있었고 특히 우리나라 조선사造船史에는 큰 변화가 일어났음에 틀림없다는 것이 나의 생각이다.

몽고인들은 역사적으로 내륙사막 민족이라 물을 잘 모르고 바다를 두려워하였다. 그래서 몽고군이 오면 배 위에서 며칠씩 지낼 수 있는 식량과 물을 싣고 온 가족이 배를 타고 바다로 피신을 하면 화를 면할 수 있었다. 빤히 보이는 정도의 가까운 거리에 있어도 몽고군은 육지에서 고함을 지르고 욕설을 퍼붓다가 시간이 지나면 다른 곳으로 이동을 하였을 것이다. 몽고군이 물러나면 상륙해서 지내다가 몽고군이 오면 다시 바다로 피신하고 마치 숨바꼭질 하는 것과 같은 경우가 많이 있었을 것이다.

이러한 상황에 따라 전국 각 지역에서는 많은 배를 건조하여 보유하느라고 선박을 튼튼하고 빨리 건조하는 기술이 크게 발달하였다. 또한 몽고군이 물러갈 때까지 해상에서 며칠씩 지내야 하니까 선박의 안정성(stability)이 매우 중요한 사항이 되었을 것이다.

우리나라 서해안의 넓은 갯벌과 조수간만의 차이가 큰 자연 환경으로 인하여 예전

부터 우리 전통선박들은 바닥이 약간 편평한 평저선이 주류를 이루고 있었으나 몽고의 침입시기에 안정성을 크게 향상시키기 위하여 더 넓은 평저선의 형태가 자리를 잡게 되었다.

따라서 몽고침입 이후 고려시대의 선박은 당시 세계 어느 나라의 선박보다도 안정성이 우수하였고 세계 어느 나라에도 뒤지지 않는 선박 건조기술을 보유하고 있었으며 이러한 전통은 조선시대로 계승되었다. 이순신 장군의 난중일기를 보아도 거북선(귀선龜船)을 개발하는데 바닥이 뾰족한 형태로 하느냐 아니면 편평한 형태로 하느냐에 대해서 깊은 논의를 하였음을 알 수 있으며 결국 편평한 형태를 채택한 바 있다.

조선시대 초기 태종 때에는 고려시대의 과선戈船과 별맹선을 개량한 맹선猛船으로부터 거북선(귀선龜船)을 건조하였고 대마도 정벌 때 사용하였다고 하나 당시 소규모 전투선(승선인원 60~80명)으로 큰 역할을 하지 못하였다.

그러나 영·호남으로부터 서울인 한성漢成과 그 북쪽지역에 곡물을 운반해야 하는 필요성에 의하여 조운선漕運船이 발달하였으며 임란당시의 주력 전투선인 판옥선板屋船으로 발전하였다. 판옥선은 승선인원 180~220명의 대형 전투선으로 일본의 주력 전투선인 안택선安宅船(아다케부네)에 비하여 구조적으로나 안정성 면에서 우수하였으므로 이순신 장군의 23전 23승의 신화를 창조할 수 있었다.

거북선(귀선龜船)은 판옥선에 덮개를 씌운 것으로서 지휘선이 아닌 돌격선 역할을 한 것으로 판단되며 심리적으로는 물론 실제 전투에서 큰 역할을 한 것이 틀림없다.

그러나 국정이 안정되었던 태종, 세종조를 지나 중기, 후기로 갈수록 수세적, 소극적 해양 정책으로 결국 왜란을 초래하게 되었고 1910년 드디어 나라를 잃는 수모와 치욕을 당하게 되었다.

1945년 광복이 되었으나 곧이어 민족상잔의 6:25 전쟁이 일어났고 나라는 폐허가 되다시피 하였음에도 불구하고 우리 민족의 악착같고 끈질긴 노력으로 이제는 세계 9위의 경제 대국으로 발전하였으며 다시 세계 제일의 조선해양 산업국이 되었다. 이러한 단기간 내의 경제 발전은 세계 경제사에서 유례를 찾아볼 수 없으며 '기적'이라고 한다. 사실 우리나라의 모든 산업 중에서 압도적으로 세계 제일을 유지하는 산업은 조선해양 산업 밖에 없다. 오늘날 우리나라가 세계 제일의 조선해양 산업 강국이 된 것은 지금까지의 역사적 고찰로 보아 결코 우연한 일이 아니다.

해상활동을 활발히 한 세계 각국에는 대부분 고유의 해양박물관이 있다. 그러나 우리나라에는 역사상 해양강국으로 자랑스러워할 만 한 시기가 많이 있었음에도 불구하고 국내 어느 곳에도 체계적이고 규모 있는 해양박물관이 없어서 안타까운 마음을 금할 수 없다.

해양박물관 건립에 대해서 오늘날 우리나라 조선해양산업의 발상지이며 성지聖地라고 할 수 있는 울산시를 비롯하여 정부의 관련 부처에 여러 번 제안하고 건의 하였었으나 여의치 못하였다.

궁여지책으로 저자가 현대중공업(주) 선박해양연구소 책임자로 있을 때인 1990년대 초에 우리나라의 전통선박 '한선韓船'에 대해서 할 수 있는 한 체계적으로 정리하고 그 중에서 시대적으로 대표적인 선박을 선정하여 1년에 한 척, 또는 두 척씩 이라도 모형선으로 복원함으로써 소규모 해양박물관을 준비하고자 하는 장기계획을 세운 바 있다.

그 동안 수없이 많은 기록을 조사하여 왔다. 이 사업은 초기에 10년의 계획으로 시작하였으나 벌써 그 두 배인 20년의 세월이 흘렀다. 이 책은 이러한 배경을 갖는 저자의 오랜 꿈의 결실이다.

아직 수정 보완할 사항이 많이 있으나 완벽한 결과를 준비하다가는 언제 결실을 볼 수 있을지 몰라 우선 그 동안 준비된 것을 정리하여 출간하게 되었다.

관심 있는 독자 여러분의 많은 충언과 지도편달을 바라는 바이다.

2012년 봄

울산에서, 민계식

머리말

한국 전통선박 한선韓船의 복원 연구는 현대중공업주식회사 선박해양연구소와 원인고대선박연구소의 공동 작업으로 진행되었으며 고대로부터 근세에 이르기까지 우리나라의 전통선박에 대한 체계적 조사 복원을 목적으로 1997년부터 수행하여 왔다.

본 복원연구에서는 상고시대부터 삼국시대, 통일신라시대, 고려시대와 조선시대에 걸쳐서 각 시대별로 사용하였던 선박을 조사하고 대표적인 전통선박을 선정하여 복원연구 작업을 진행하면서 이제까지 전통선이 발굴될 때마다 단편적으로 조사하여 발표된 자료를 수집하고 체계적으로 역사적 근거를 수집 정리하므로서 이를 토대로 우리의 전통선박이 갖고 있는 특성과 구조를 재현하는데 주력하였다.

예로부터 우리 조상들의 해상활동과 그 수단이 되었던 한선韓船에 대하여 사실과 다르게 곡해된 면이 없지 않았다. 백제의 사신선, 장보고의 교관선, 고려의 전선, 고려의 원양무역선 그리고 임진왜란 때 크게 활약한 귀선(거북배), 판옥선, 조선 후기에 일본에 파견된 통신사선 등을 보아도 한선은 우리의 자랑스러운 해양문화 유산이었음을 알 수 있다.

그러나 그동안 우리의 전통 선박인 한선韓船에 대한 연구가 미진하였기에, 본 연구에서는 기존에 보유하고 있던 자료와 그간에 추가로 발굴된 역사적 자료 및 사료들을 심층 분석하여 얻어진 내용들을 정리하였으며, 따라서 최근에 와서야 그 구조가 밝혀지고 역사의 체계도 대략적으로 정립하였다. 본 도서 발간을 통하여 한선에 대한 역사와 구조를 체계적으로 알기 쉽게 기술하려고 노력하였다. 미력이나마 우리 문물의 일단을 익히는데 도움이 되었으면 한다.

늦게나마 세계 최대의 대형 조선소인 현대중공업주식회사에서 조상들의 훌륭한 해양 문화유산인 우리 고유의 전통 선박에 관심을 갖고 조사연구를 계속하고 고증을 통하여 전통선박을 복원하였다. 이들 복원선을 통해서 우리 조상의 우수한 조선기술과 아름다운 해양문화유산이 있었다는 것을 알게 되었다. 이러한 조상의 우수한 조선기술의 바탕위에서 우리나라가 세계 제일의 조선강국이 되었음을 배움의 길에 있는 젊은이나 조선 해운관계자는 물론 해외의 유수 선주들이나 국내의 조선소를 방문하는 세계만방의 여러 내방객들에게 널리 알리게 될 것을 크게 기대하는 바이다.

목 차

제 2 편 전통선의 역사적 고찰과 복원 19

용 어

한국의 전통선박 한선韓船에서 사용하는 고대선古代船 용어는 원전原典의 것을 그대로 사용하기로 한다. 원전 용어의 이해를 돕기 위하여 고대선 용어의 정의와 현대선 용어와의 비교표는 다음과 같다.

1. 주요치수 항목主要値數 項目의 용어 비교

番號	古代船, 韓船 用語	우리말 용어	英語 및 略語	現代船, 用語, 日語
1	全長	배의 전체 길이	Length Over All(LOA)	全船長
2	船體長	배의 길이	Length Between bow and stern(L)	船長
3	船頭廣	배의 이물머리 너비	Breadth at bow(B bow)	船首幅
4	船腰廣,船廣	배의 한판 너비	Breadth at midship(B mid)	船幅
5	船尾廣	배의 고물꼬리 너비	Breadth at stern(B stern)	船尾幅
6	舳板上廣	고물비우 위 너비	Breadth at stern plate on deck (B stern Pt)	船尾板上幅
7	船頭高	배의 이물머리 높이	Height at bow(h bow)	船首高
8	船腰高	배의 한판 높이	Height at midship including bottom plate-keel(h mid)	船高
9	船尾高	배의 고물꼬리 높이	Height at stern(h stern)	船尾高
10	艫板高	이물비우 높이	Height at bow plate on deck(h bow)	船首版高
11	舳板高	고물비우 높이	Height at stern plate on dəck(h stern)	船尾板高
12	舷高	뱃전의 깊이	Depth(D)	船深
13	本板,底板長	배밑 길이	Length of bottom plate-keel(l bttm)	船底板長
14	底板頭廣	배밑 머리 너비	Breadth of bottom plate-keel at bow (b bow bttm)	船底板首幅
15	底板腰廣	배밑 허리 너비	Breadth of bottom plate-keel at midship (b mid)	船底板幅
16	底板尾廣	베밑 꼬리 너비	Breadth of bottom plate-keel at stern (b stern bttm)	船底板尾幅
17	舳板下廣	고물비우 밑 너비	Breadth of stern plate on bottom (b stern bttm)	船尾板下幅
18	底板1條 廣	배밑 1줄 너비	Width of bottom plate-keel(w bttm)	底板1枚 幅
19	底板1條 厚	배밑 1줄 두께	Thickness of bottom plate-keel (thick bttm)	底板1枚 厚

2. 주요부主要部 및 부재部材의 용어 비교

番號	古代船 用語	우리말 용어	英語	現代船 用語, 日語
1	本板, 底板	뱃밑	Bottom plate, Multi Keel	船底板
2	長槊	가쉐	Wooden spear nail(spike)	木栓
3	不者里	부자리	No.1 Hull plank	第1舷板
4	舷板, 杉板	삼판	Hull plank	舷板, 外板
5	皮槊	피쉐	Wood nail(spike)	木釘
6	艫板, 飛荷,非雨	이물 비우	Bow plate	船首平板
7	曲木	곡목	Multi round stem	曲形 船首材
8	舳板, 荷板,非雨	고물비우	Stern plate	船尾 平板
9	荷板	하반	After deck at stern	船尾 後甲板
10	德板	덕반	Beam at bow on deck	船首梁
11	橫梁	멍에	Beam	船梁
12	駕龍木	장쇠(長釗)	Hold small beam	小船梁
13	耳杉	귓삼	Added hull plank	付杉
14	船尾翼	꽁지삼	Hull plank at tail	船尾舷板
15	船尾屋欄	뱃꼬리 집	House at tail(poop)	船尾屋
16	船尾虛欄	뱃꼬리 헛집	Without deck at tail	船尾虛屋
17	鋪板	겻집	Deck	甲板
18	信防	신방목	Rail	下臺
19	偃防, 牌欄	언방목	Upper rail	上臺
20	上粧	뱃집	Super structure(ship house)	船上屋
21	檣座, 檣蹄	댓굽	Mast pad	帆柱座
22	桅,檣, 帆竹	돛대	Mast	帆柱
23	帆	돛	Sail	帆
24	舵	키	Rudder	舵
25	舵身,舵杆	킷다리	Rudder shaft, Rudder post	舵杆
26	舵葉, 舵本	킷본	Rudder blade	舵板
27	艫	이물	Bow	船首部(舳)
28	腰	허리	Midship	船中央部
29	舳	고물	Stern	船尾部(艫)
30	套時間,投汐間	투석간	Fire place	炊事場
31	厠	뒷간	Toilet	便所
32	櫓	조선식 큰노	Sweep	大櫓
33	椗	나무 닻	Wooden anchor	木碇
34	椗輪, 繅車	닻줄물레, 호롱	Windlass	揚錨機

표 목차

그림 목차

제 1 편 우리 배의 유래

Ⅰ. 서론

1.1 연구의 배경과 목적

우리나라가 1970년대부터 본격적으로 대형 상선 건조를 시작하여 이제 세계 제1의 조선 능력을 갖춘 조선대국造船大國이 되어 세계 조선 산업을 이끌어가는 나라로 발전하였다. 이러한 배경에는 우리 민족의 근면 성실함은 문론 지리적으로 삼면이 바다로 둘러 싸여 생업을 위한 어업이 발달하게 되었고, 주변국들과의 교류와 교역 그리고 전쟁으로 인하여 다양한 선박이 필요했으며 이에 따라 우수한 우리 고유의 전통 선박이 건조되기 시작하였다. 따라서 선박은 우리에게 친숙한 대상이 되었으며 다양한 조선기술을 개발하게 되었다.

그러므로 우리는 20세기 세계 산업화의 물결 속에서 조선공업을 부흥시킬 수 있었고, 근대 조선기술을 우리의 기술로 발전시킬 수 있었다. 현재의 조선강국의 위상을 달성한 것도 선조들로부터 물려받은 조선기술이 우리의 몸에 배인 관습으로 이어져 오고 있다고 생각한다. 이러한 조상의 얼을 잊지 않고 옛것을 체계적으로 정리하고 복원하여 우리나라의 자랑스러운 조선의 역사와 기술을 전 세계에 알리어 조선 강국의 위상을 정립하고 다음 세대에 자긍심을 심어주기 위하여 연구를 시작하였다.

본 연구에서는 역사적으로 다양한 형태의 선박을 시대별로 구분하고 대표적인 선박을 선정한 후 단편적으로만 전해져오는 자료들을 체계적으로 정리하고 근거 자료를 수집, 조사하여 복원함으로서 선박의 실물을 육안으로 확인할 수 있도록 정밀하게 축척 모형선을 제작하여 교육과 홍보의 목적을 이루고자 하였다.

1.2 연구의 방법

우리나라의 역사서나 각종 사료와 문헌에서 언급된 모든 종류의 선박 명칭을 추출하여 목록을 만들고 그중에서 복원 가능한 선박을 대상으로 하여 우선순위를 정하였다. 선정한 선박에 대하여 집중적으로 관련되는 역사적 사료 및 문헌과 배경 자료를 조사하고 부족한 자료는 일본이나 중국은 물론 해외의 자료도 조사하여 복원을 위한 근거를 확보하도록 하였다. 정확하지 않은 부분은 그 당시의 건축양식이나 생활양식의 기본 원리를 추정하여 선박 복원에 참고하고 활용하였다.

2. 배의 어원語原과 한선韓船의 유래 및 시대별 종류

2.1 배의 어원語原

우리나라에서는 선박을 왜? "배"라고 불렀는지 관련 자료를 조사하여 그 어원語原을 파악해 보았다.

남아메리카에서는 'Balsa' 나무로 만든 배를 "Balsa"라고 하였고, 나일강 유역에서는 'Ambatche' 나무 가지를 묶어서 만든 배를 "Ambatche"라고 하였다. 인도印度에서는 'Maran' 나무를 묶어서(kata) 만든 뗏목배를 "Katamaran"이라고 하였다.

중국의 남부 민남지방閩南地方과 대만에서는 대竹나무를 엮어서 만든 뗏배를 "띠얏빠이竹排(diat－pai)"라고 하는데 띠얏(diat)은 대竹나무를 뜻하고 빠이(pai)는 배를 뜻한다. 즉 "띠얏빠이(diat－pai)"는 대나무(竹)를 베어(伐), 배열排列하여 엮어서 만든 '대나무로 만든 배'인 죽배竹排를 뜻하고 있다.

북경어北京語로 대나무로 만든 뗏배를 "쭈파이竹排(zhu－pai)", 나무로 만든 뗏배를 "무파이木排(mu－pai)"라고 한다. 북경어北京語로 배를 파이(pai)라 하고 排배라고 쓴다.

옛날에 우리나라에서 뗏목배를 '뗏바이'라고 하였는데 '떼'란 말은 뗏목배의 재료인 대나무를 뜻하고 있다. 압록강, 두만강, 한강에서는 소나무(松木)로 만든 뗏목이 발달하였지만 이름은 그 전과 같이 '떼'를 붙여서 뗏목으로 불렀다. 강의 상류에서 소나무 목재 자체를 하류로 운반하기 위하여 만든 것은 '뗏목'이라 하고 고기잡이를 하거나 물건을 운반하거나 사람을 실어 나르는 것은 '뗏목배'라고 하였다.

바이(bai)라는 말이 언제부터 사용되었는지 고증考證된 바는 없으나, 배의 중국어 빠이

排(pai)에서 바이로 음운변화音韻變化 한 것으로 추정한다.

'바이(排)'가 '퉁궁이'와 결합하고 발전하여 준구조선準構造船이 만들어지고 구조선構造船으로 발달되어 가는 동안에도 바이(bai)라고 하였는데, 옛말(古語)에서 바이를 한글로 빅(bai)라고 썼다.

조선왕조朝鮮王朝 중기中期까지만 해도 배를 한글로 '빅'라고 쓰고 '바이'라고 발음을 했다. 지금 우리가 쓰고 있는 뗏배라는 말은 뗏바이의 줄임말이고 배라는 말은 바이의 줄임말이다.

2.2 한선韓船의 명칭

우리나라 배의 독특한 구조와 모양을 갖춘 배를 '한선韓船'이라고 한다.

1811年에 통신사通信使 김이교金履喬 일행이 타고 갔던 조선통신사선朝鮮通信使船이 지금의 오사카大阪에 정박을 하였는데 이를 보고 일본의 한 화원畵員이 그린 구조도構造圖가 있는데 이 그림을 "한선앙면도韓船仰面圖"라고 제목을 달았다. 따라서 그 당시 이미 한선韓船이라는 명칭이 사용되고 있음을 알 수 있다.

일본에서는 삼한시대三韓時代 이래 한반도의 남南을 "韓(가라加羅)"의 나라라고 불렀다. "韓(가라加羅)" 나라의 배는 "한선韓船"이라고 하였다.

조선왕조朝鮮王朝 말기末期에 국호國號를 대한제국大韓帝國이라고 하였는데 그 이후 조선복朝鮮服을 한복韓服으로, 조선가옥朝鮮家屋 즉 조선옥朝鮮屋을 한가옥韓家屋 즉 한옥韓屋으로 조선선朝鮮船을 한선韓船으로 불렀으며 일제치하에서 일본인들이 조센징朝鮮人이라고 비하卑下하는데 대하여 독립운동가들은 대한인大韓人이라 한 것과 비교 할 수 있다.

2.3 한선韓船의 역사와 발달 과정

지구는 약 1만2000년 전에 자연 환경이 변화하여 지금 우리가 살고 있는 좋은 환경으로 바뀌었다. 이때 우리나라의 땅에 자리 잡게 된 원시인들이 바닷가로 이동하면서 살기 시작한 때부터 원시적 배인 통나무 토막의 배가 나타나기 시작한 것으로 추정한다. 원시시대原始時代에는 둥근 통나무丸木 토막을 그대로 이용하여 물에 띄워 그 위에 올라타고 손이나 나무 가지로 물을 헤쳐 가면서 강이나 호수 위를 타고 다녔다.

인간의 문명이 발달하여 감에 따라 통나무의 가운데 속을 불로 태운 다음 돌도끼를 이용하여 속을 파내어 마치 소죽 통(구유)과 같은 것을 만들어 타고 호수나 강을 건너거나, 여기에 짐을 싣고 운반하기도 하고 이것을 타고 고기잡이도 하였다. 원시시대의 토막배는 통나무 여러 개를 칡葛넝쿨로 엮어서 만들었는데 앞쪽은 통나무 끝이 약간 구부러져 올라간 모양을 하고 있는 나무를 사용하였다. 또 통나무 몸통 옆구리에 네모 구멍을 뚫고 긴 나무 창을 꿰어 때려 박아 연결하여 '뗏목배'를 만들었다.

그 후로 뗏목배(토막배)와 통나무 쪽배(퉁궁이)가 병행하여 발달하게 되었다.

'뗏목배'를 타고 가까운 해안으로 나가서 그물로 고기도 잡고 바다 속의 해조도 따고 조개나 해삼, 전복 등도 잡았다. 이 무렵에 패총貝塚=조개 무지이 만들어지기 시작하였는데 신석기 시대 전 기간全 期間에 해당되는 것으로 알려지고 있다.

그 대표적인 유적으로 부산시 영도구 동삼동 패총貝塚과 지금의 한국해양대학교가 들어선 조도(아치섬)의 패총이 유명하다. 그 외에 부산의 범방과 수가리, 통영의 연대도와 상노대도, 시흥의 오이도, 평남의 궁산, 웅기의 서포항 등의 패총이 한반도 해안에 분포되어 있다.

뗏목배는 지금도 강원도 명주군의 정동진과 안인安仁에서는 '토막배' 라고 하는 뗏목배로 미역 등 해조海藻를 채취하고 있고, 제주도에서는 '티우' 라고 하는 뗏목배로 자리돔잡이를 하고 있다.

일본의 서해안(한국의 동해 남쪽 해안)과 쓰시마對馬島, 규슈九州, 오끼나와沖繩에는 우리의 '뗏목배'와 똑같이 생긴 제－모꾸부네ゼ－モクブネ라는 뗏목배가 있다. 1986년에 일본의 대학 교수 야마구찌山口晶子씨가 "한국 동해안의 뗏목배"라는 논문에서 "한국의 동해안에서 사용하고 있는 '뗏목배'라고 하는 뗏목배와 일본의 서해안, 쓰시마, 규슈 등에 잔존해 있는 뗏목배의 조선방법造船方法이 같고 부르는 이름도 '[뗏목배]－한국말'과 '[제－모꾸부네]－일본말'로서 발음이 서로 유사하다."라는 요지의 논문을 발표한 바 있다.

상고시대上古時代 이래로 한반도의 동해안, 남해안, 서해안 등지에서 이러한 뗏바이(뗏목배－토막배)와 통나무 쪽배(퉁궁이)를 타고 해류海流 및 계절풍季節風을 이용하여 일본으로 도래渡來하였다는 기록이 남아 있다.

역사적으로는 고조선시대古朝鮮時代에 뗏목배를 배 밑으로 하는 준구조선準構造船이 발명되고 차츰 발달을 거듭하여 구조선構造船이 만들어진 다음 지금의 한선韓船의 형태를 이루게 되었다고 할 수 있다.

2.4 우리나라의 지리적 지형적 조건에 맞는 한선韓船의 발달

우리나라는 삼면이 바다로 둘러져 있는 반도의 나라이다. 우리나라의 서, 남 해안은 리아스식 침강沈降 해안으로서 해안의 드나듦이 복잡하며, 또 편평扁平하고 길고 넓은 갯벌로 이루어져 있으며 크고 작은 섬이 많이 있다.

하루에 두번 즉 거의 6 시간에 한번 씩 드나드는 밀물滿潮과 썰물干潮의 변화가 있고 간조와 만조때의 조수潮水의 높이 차이는 인천 지역에서 평균 8미터 이상을 기록하고 있다.

이와 같은 지리적 지형적 조건에 가장 적합하고 이에 잘 적응하는 배는 선저船底가 편평扁平해야 하고 안정성이 있어야 하는데 우리나라에서는 뗏목과 같은 편평한 선저船底를 가진 평저선平底船이 자연스럽게 발달하게 되었다. 편평하고 넓은 긴 갯벌이 펼쳐져 있어 만조滿潮때 해안이나 부두로 들어온 배는 그대로 갯벌 바닥에 편하게 앉을 수 있으며 옆으로 넘어지는 일이 없다. 그러나 서양의 'V'형 첨저선尖底船의 배는 갯벌에 앉으면 곧 옆으로 넘어지게 된다.

2.5 한선韓船의 기본 구조

뗏목배나 쪽배는 돛대帆竹를 세우고 노櫓를 걸어 먼 곳 또는 먼 나라 즉 일본의 서해안, 대마도, 규슈까지 행선行船을 할 수 있었으나 그 이상 구조상의 발전은 기도企圖할 수 없었다.

그러는 동안에 인간은 불을 발견하여 활용하게 되고 또 쇠붙이(동, 청동, 철)를 발명하여 도구나 기구를 만들게 되었다.

불, 청동, 철 등을 활용하여 도구 즉 칼刀, 끌錯, 도끼斧, 자귀佐耳, 쇠못鐵釘, 쇠띠鐵帶 등을 만들고 이러한 것을 활용하여 나무를 자유자재로 제재하여 얇은 판자와 각목들을 만들어 내게 되었다.

이러한 도구와 목재를 이용하여 지금까지 쓰던 뗏목배나 쪽배 보다 더 발달된 탈것乘物을 창안하고 판자와 각목을 조립하여 배를 만들었는데 이러한 배를 구조선構造船이라고 한다.

한선韓船의 기본 구조는

1. 선저船底(배의 밑바닥)는 통나무를 옆으로 연결하여 편평하고 넓다.
2. 삼판杉板(뱃전)은 두꺼운 널판을 여러 장을 올려 묶었다. (3장, 5장, 7장, 9장)

3. 선두船頭의 노판艫板(선수판船首板－배의 이물비우)은 평판平板을 선두船頭 위에서 부터 선저船底까지 가로로 대어 막아 넓고 편평하다.

4. 선미船尾의 축판舳板(선복지타처船復持舵處－배의 고물비우)은

가. 관선官船, 전함戰艦, 도해선渡海船은 좌우 삼판杉板 사이에 평판平板을 맨 위의 현판舷板에서부터 선저船底까지 끼워서 막았다.

나. 민간의 상선이나 어선은 좌우 삼판杉板의 바깥쪽에서 판자를 대어 막았다.

5. 좌우 삼판杉板 맨 위에 멍에橫駕木를 얹어 걸고 멍에 뒤에 돛대를 세웠다.

6. 멍에 아래 삼판杉板마다 네모구멍을 뚫고 가룡목駕龍木(장쇠長釗)을 꿰어 걸었다.

7. 돛대에는 한식韓式 사각돛四角帆을 메어 달았다. 옛날에는 짚으로 짠 거적자리 (연석莚席) 또는 부들풀(돗풀)로 짠 부들자리(향포석香蒲席＝돗자리)를 달았다. 돗 자리를 돛대에 메어 달았으므로 범帆을 "돗＝돛"이라고 했다.

대나무자리(죽석竹席) 또는 삿자리(갈대자리＝위석葦席)를 메어 달기도 했다. 이러 한 자리돛을 풍석風席이라고 한다.

중국에서는 대나무로 만든 돛을 리봉利篷이라 하고, 일본에서는 대나무로 만든 돛을 아지로千代網 범帆이라고 한다.

8. 선미船尾에다 한식韓式 큰노大櫓를 걸고 8자 모양으로 노櫓를 젓는다.

9. 배의 진행 방향을 조종하는 치鴟 또는 타舵는 선미船尾 축판舳板의 바깥쪽 위에서 선저船底 아래쪽으로 향하여 꽂게 되어 있다. 이러한 타舵를 전향타前向舵(옥키)라고 하는데 민간의 상선이나 어선등에 쓰인다. 고대에는 모든 배에서 사용하였으나, 후대에 들어와서 관선官船이나 전함에서는 현대선박의 타舵와 같은 후향타後向舵(벋키)를 사용했다. 도해선渡海船에서는 쟁밋三副舵을 추가로 사용한다.

10. 닻碇은 나무로 만들었는데 물에 가라앉게 하기 위하여 바닷물에 담갔던 참 나무를 닻채碇杆로 쓰고 닻장에 돌石을 메어 달았다.

* 1995년에 일본의 규슈수중고고학회九州水中考古學會가 북 규슈의 마쓰우라松浦 근해에서 돌石이 달려 있는 나무 닻碇을 발굴 인양한 바 있는데 "원구元寇의 내습來襲 때의 닻碇으로 추정한다"고 하였다. 30년 전에는 하까다만博多灣에서 고려선에 사용하였던 것으로 추정되는 나무 닻碇에 메어 달았던 돌石을 발굴 인양하였는데 일본 대재부 박물관大宰府 博物館에 전시하고 있다.

* 2000년에는 태안 해저에서 고려선과 돌로 만든 닻장을 발굴 인양한 바 있다.

2.6 한선韓船의 기본선형

선형船型은 주로 배의 중앙을 가로로 자른 중앙횡단면中央橫斷面, 배의 길이 방향으로 중앙을 자른 종단면縱斷面 그리고 배를 위에서 바라본 평면平面을 종합적으로 분석하여 형태를 찾아 유형화類型化시킨 것을 말한다. 여기에서 민간선民間船의 구조와 용도를 기준으로 설명하면 다음과 같다.

>>> 거루艍舠 – 소소선小小船 (크기 : 4~5 미터) :

강이나 호수 또는 포구浦口나 만내灣內에서 소하물小荷物을 운반하거나, 해안에서 해조류海藻類 등을 채취하거나 낚싯배(낚배)로도 사용하였고, 원근해遠近海를 항해하는 대형선에서 자선子船(종선從船)으로도 사용하였다.

일본의 전마선傳馬船과 같은 역할을 한다. 우리나라에서 '뗀마' 혹은 '뗀마선'이라고 하는데 이러한 말은 일본말이다. 전마선傳馬船은 화선식和船式(일본선식日本船式)의 작은 운반선을 말하는 것이다. 일본에서는 화선和船이라고 하지 일본선日本船이라고 하지 않는다, 이는 일본식 요리를 일본 사람들은 화식和食이라고 하지 일본식日本食이라고는 하지 않는다. 화선和船도 이와 같다. 일본선日本船이라고 하는 것은 잘못된 것이다.

우리나라의 작은 운반선을 "거루"라고 부르며, 강이나 호수의 나루턱渡津에서 나루와 나루 사이에 사람이나 짐을 실어 나르는 배는 나룻배渡津船라고 한다.

강선江船에 있어서는 지역이나 강, 호수에 관계없이 현판舷板(삼판杉板)은 하판下板과 상판上板 두 장을 물고기 비늘魚鱗처럼 겹쳐重疊서 나무못木釘(피쉐皮槊)으로 봉합縫合하고 이물과 고물은 횡판橫板으로 대어 막았다. 초기의 강선江船은 떡 목판과 같이 생겼다 하여 목판배 라고도 하였다.

>>> 야거리 – 소선小船 (크기 : 7~8 미터) :

가까운 바다를 왕래하며 화물이나 어장漁場의 고기를 실어 나르는 운반선이다. 돛대 하나를 세우고 사각형의 한선식韓船式 돛을 메어 단다. 연안이나 해안에서 그물로 고기잡이도 하였다.

현판舷板(삼판杉板)은 길이가 긴 판재 5장을 물고기 비늘魚鱗처럼 겹쳐重疊서 나무못木釘(피쉐皮槊)으로 봉합縫合하였다.

>>> 당두리唐道里 – 중선中船 (크기 : 14~16 미터) :

당두리는 돛대 두 대를 세우고 사각형의 한선식韓船式 돛을 각각 메어 단다. 상선商船(무역선)은 연안을 따라 왕래하며 많은 화물을 싣고 장사를 한다. 어선漁船은 원근해遠近海로 나가 어망漁網이나 낚시로 직업적인 어로 활동을 한다.

현판舷板(삼판杉板)은 길이가 긴 판재 7장을 물고기 비늘魚鱗처럼 겹쳐重疊서 나무못木釘(피쉐皮槊)으로 봉합縫合하였다.

이러한 선형船型의 발전과정에서 보았을 때 우리나라의 한선韓船은 뗏목배를 뱃밑으로 하고 통나무배의 동체胴體를 현판舷板(선박의 외각外殼 판재)으로 해서 조립하고 접합하는 발전 과정을 거쳐 점차 발달해 온 평저선형平底船型 구조선構造船이라고 말할 수 있다.

한선韓船의 이와 같은 만듦새는 서양의 V형 선형이나 일본의 삼판식三板式 반평저형半平底型 선형 그리고 중국의 V형 및 U형 평저형平底型 선형과는 다른 것으로서 우리나라의 지리적, 지형적 조건과 형편에 알맞게 만들어진 것으로 환경에 적응하도록 창안되고 발달하여 온 것이 우리나라의 평저형平底型의 한선韓船이다.

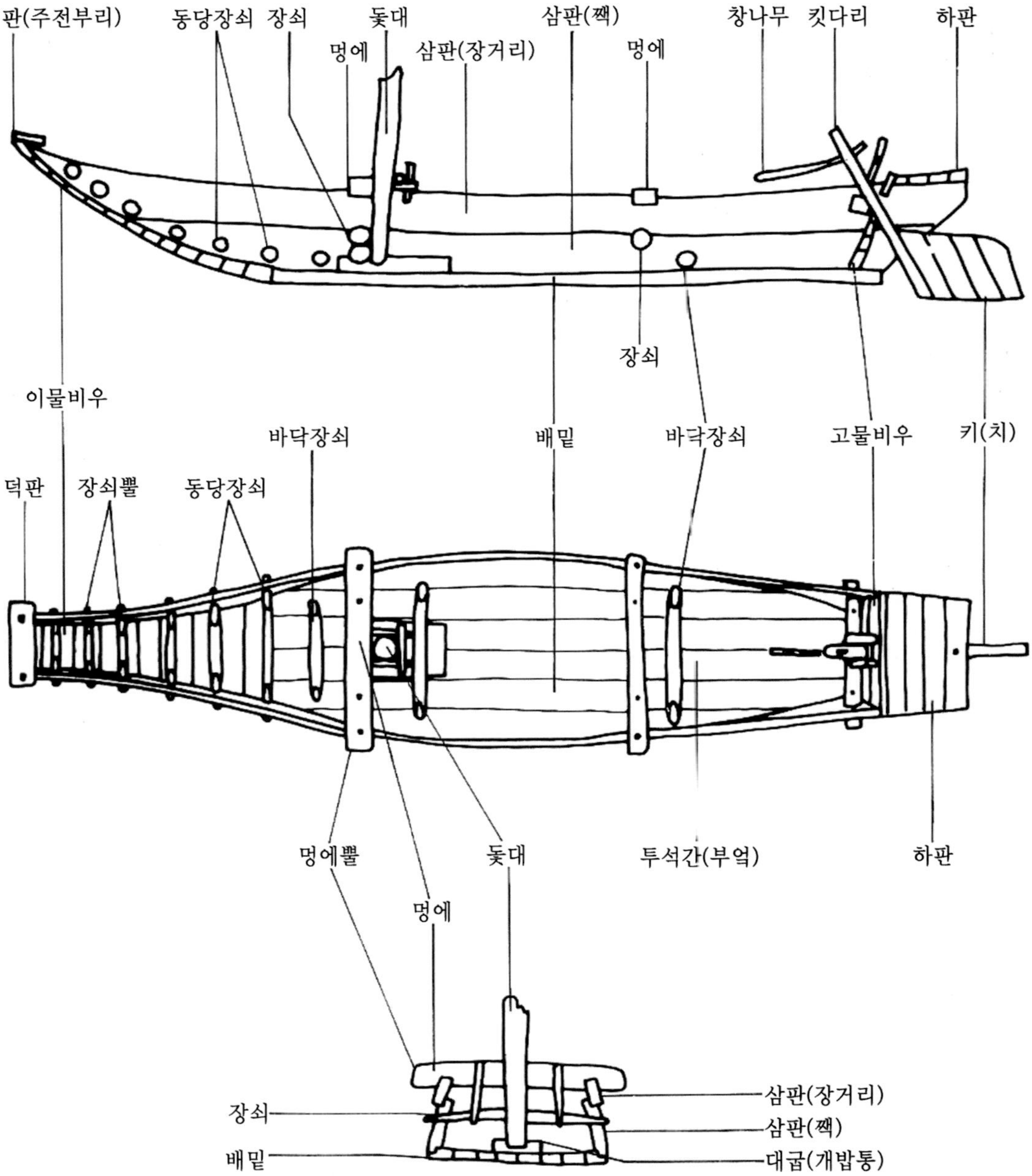

그림 1. 강배江船의 단면도 및 평면도
출전: 이원식, [한국의 배], 대원사, 1990ⓒ

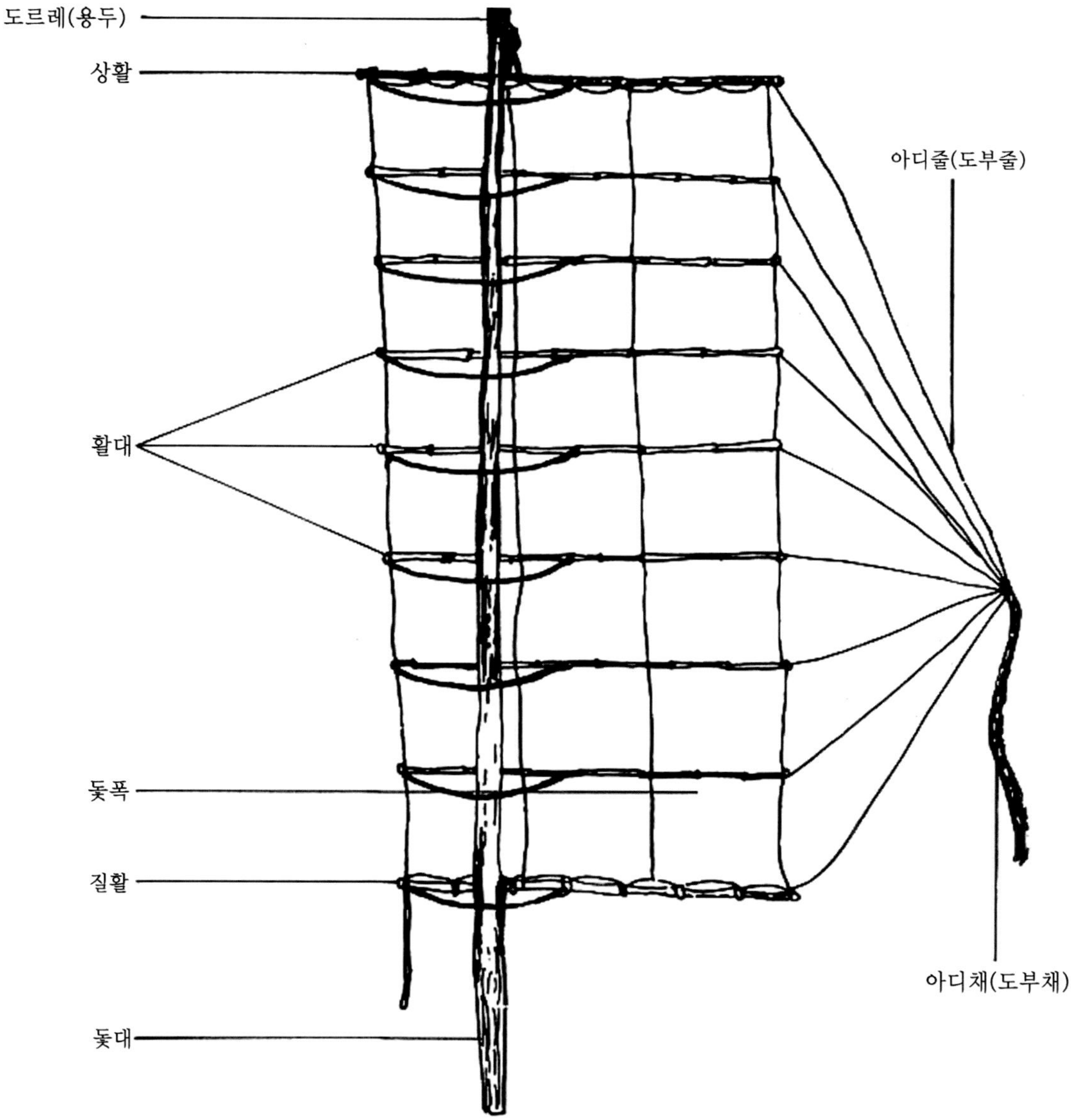

그림 2. 강배江船의 돛
출전: 이원식, [한국의 배], 대원사, 1990ⓒ

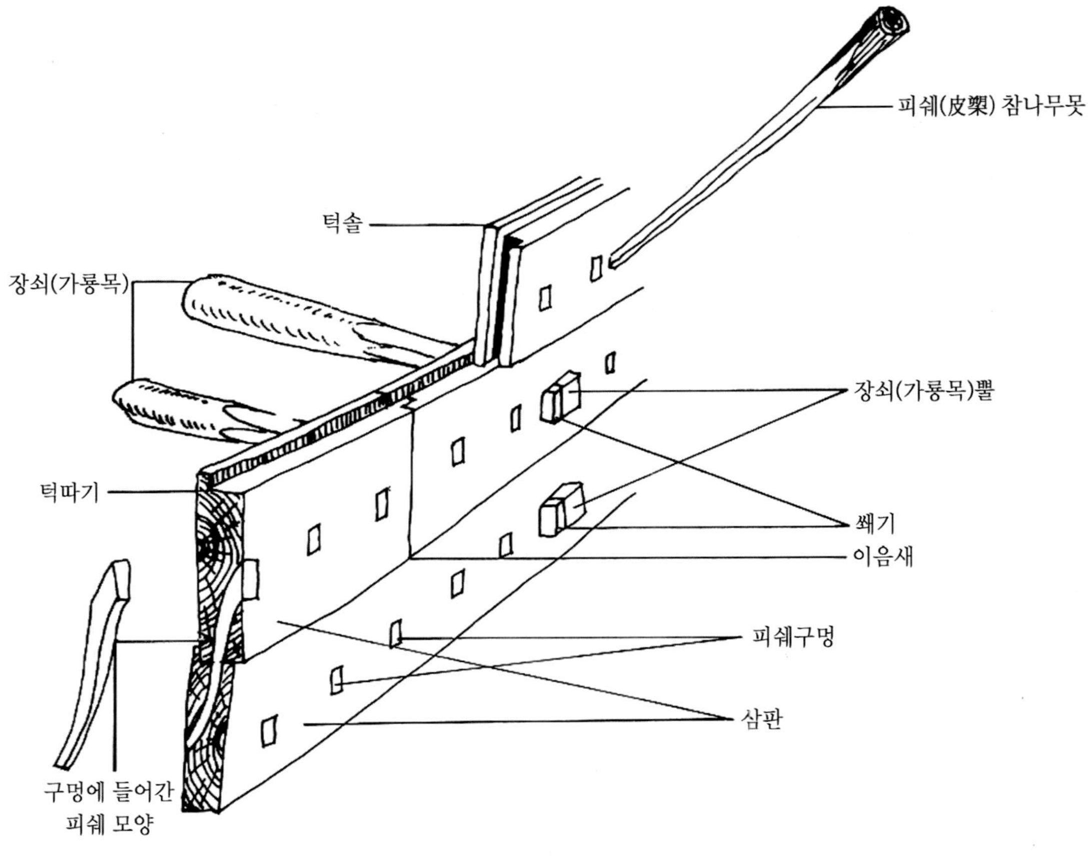

그림 3. 바닷배의 삼판 구조도
출전: 이원식, [한국의 배], 대원사, 1990ⓒ

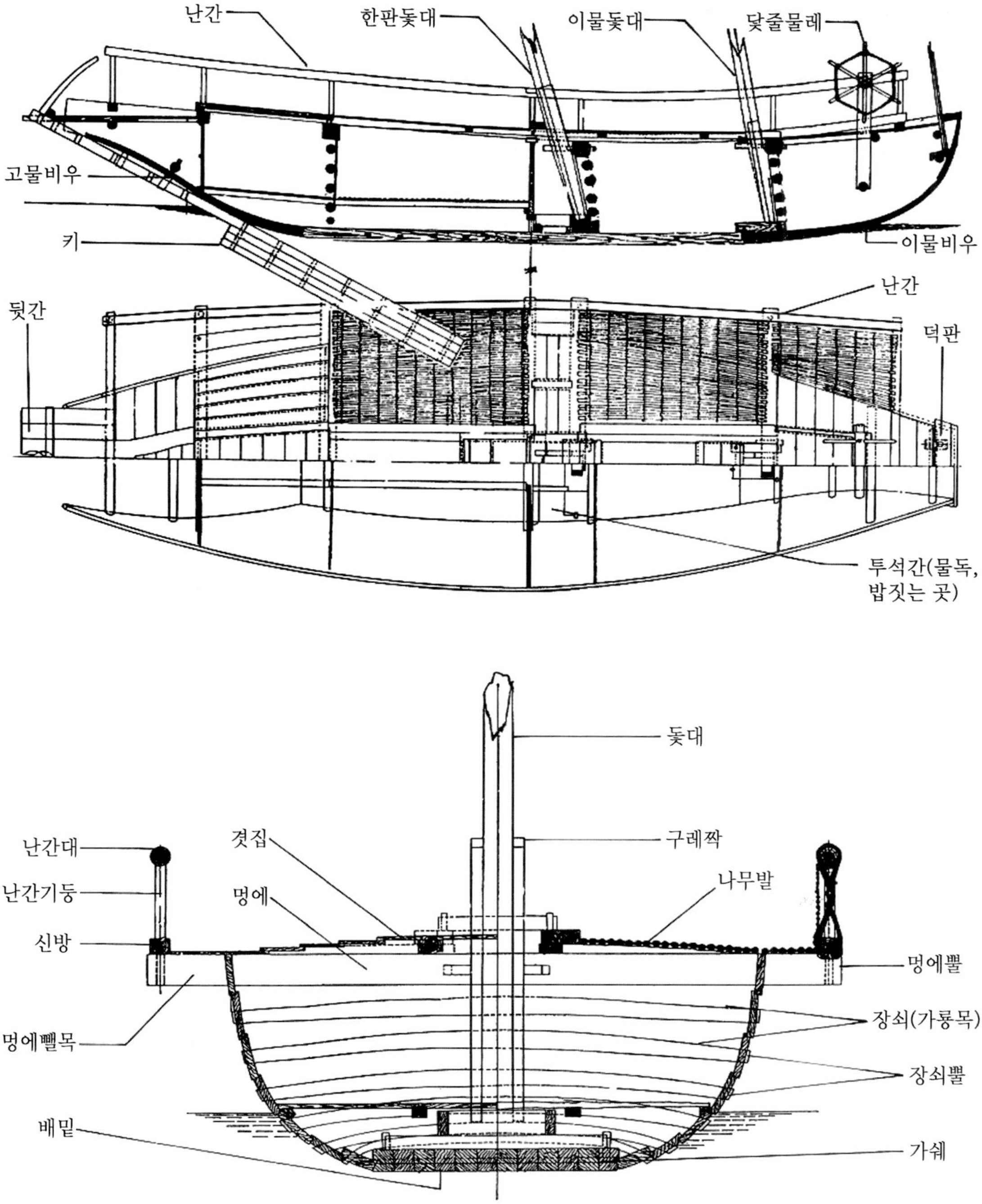

그림 4. 바닷배(어선)의 단면도 및 평면도
출전: 이원식, [한국의 배], 대원사, 1990ⓒ

2.7 한선韓船의 시대별 종류

1. 원시시대原始時代 → 상고시대上古時代 → 고조선시대古朝鮮時代

   1) 통나무배 – 통나무 그 자체를 이용하여 타고 다니던 통나무丸木

   2) 뗏바이 – 여러 개의 통나무를 옆으로 이어서 만든 것(부桴, 벌筏, 배排)
      – 뗏목배(제주도 티우, 정동진 토막배)

   3) 쪽바이 – 통나무 속을 파낸 소죽통과 같이 생긴 퉁궁이(고선刳船)

   4) 독바이 – 독 여러 개를 묶어서 만든 독배(옹선甕船) – 압록강 지방

   5) 함지박 – 나무로 만든 커다란 함지박(나무통) – 동해안 지방

   6) 고래잡이 쪽바이 – 울산시 울주군 반구대 암각화의 고래잡이 쪽배

2. 삼한 시대三韓 時代

   1) 2 단계段階 쪽바이 – 서남해안에서 일본 규슈지방으로 이동할 때 사용한 배

   2) 가야시대伽倻時代 제사祭祀용 모형 토선土船과 같은 쪽바이(고선刳船)
      – 하물荷物 운반 및 항해용 배

   3) 신라시대新羅時代 제사祭祀용 모형 토선土船과 같은 쪽바이(고선刳船)
      – 하물荷物 운반 및 항해용 배

3. 삼국 시대三國 時代

   1) 고구려 – 수隋와의 전쟁 때 건무建武의 수군 전함水軍 戰艦
      – 당唐과의 전쟁 때 수군 전함水軍 戰艦

   2) 백　제 – 동진東晋, 수隋, 당唐과의 교역을 한 백제선百濟船
      – 일본에서 건조한 백제식 사견선使遣船
      – 일본에서 건조한 백제식 견수선遣隋船, 견당선遣唐船
      (오오우찌씨식大內氏式 → 히로시마廣島식 해선海船)
      – 중국의 동해안으로 진출한 백제선
      (당唐의 북동지방北東地方식 해선海船)

   3) 신　라 – 금령총金鈴塚 출토의 제사祭祀용 토기土器와 같은 쪽바이 고선刳船
      – 안압지雁鴨池 출토의 제5단계 쪽바이 고선刳船
      – 의상대사義湘大師가 이용한 견신라사遣新羅使 당선唐船과 같은 교역선
      – 일본과 교역을 하던 무역선

−울릉도鬱陵島를 정벌한 강릉 삼척지역의 이사부異斯夫 함대의 전선戰船
−일본에서 건조한 신라식 해선海船
(이나베씨식猪名部氏式 해선海船 → 이세식伊勢式 해선海船)

4. 통일신라 시대統一新羅 時代
1) 신라 본토에서 조선造船한 교역선−663년~828년
2) 청해진淸海鎭 장보고張保皐의 한중일 삼국간 교역선−828~841년
3) 왜구倭寇 토벌에 출전한 전투함戰鬪艦

5. 고려 시대高麗 時代
1) 태조太祖의 누선樓船(전함戰艦)
2) 과선戈船(투선鬪船)−동해안의 여진족을 토멸한 전투함
3) 검선劒船−과선을 개량하고 개선한 전투함
4) 초마선哨馬船(조운선漕運船)−삼남지방의 세곡稅穀을 운반하던 운반선
5) 선화봉사宣和奉使 고려도경高麗圖經(서긍徐兢 저著) 책속의 순선巡船, 관선官船, 송방松舫, 막선幕船
6) 고려동경高麗銅鏡(삼족오태양문三足烏太陽紋) 거울에 조각되어 있는 원양선遠洋船
7) 일본의 '원구습래회사元寇襲來繪詞' 속의 고려 평전선平戰船과 누전선樓戰船
8) 왜구倭寇를 토벌하던 최무선의 전함
9) 전남 완도에서 발굴 인양한 완도선莞島船(청자 도자기 운반선)
10) 전남 목포에서 발굴 인양한 달리도선達里島船(도자기 운반선)
11) 전북 군산 십이동파도선十二東波島船
12) 안좌도선安佐島船
13) 보령선保寧船
14) 태안선泰安船
15) 신안新安 해저에서 발굴 인양한 남송南宋의 첨저 원양선
16) 중국 봉래蓬萊에서 발굴 인양한 고려의 원양선

6. 조선 시대朝鮮 時代

1) 전함戰艦 – 대맹선大猛船, 중맹선中猛船, 소맹선小猛船, 전선戰船(판옥선板屋船), 귀선龜船(1592년식, 1795년식, 쌍범雙帆, 무두無頭), 병선兵船, 사후선司候船, 방패선防牌船, 해골선海鶻船, 비거도선鼻艍舠船(코거루), 거도선艍舠船(거룻배)

2) 관선官船 – 관선官船(출범도出帆圖, 평양감사 대동강의 관선도觀船圖), 조선통신사선朝鮮通信使船, 복선卜船, 조운선漕運船(세곡선稅穀船), 경강京江(현 한강)의 수하선水下船, 수상선水上船, 강선江船의 세곡운반 평저선稅穀運搬平底船(늘배廣船, 나룻배渡津船, 거도선艍舠船)

3) 어염상선漁鹽商船

– 어선漁船, 상고선商賈船(무역선), 늘배廣船, 낚시배釣舟, 매생이亇尙, 거룻배艍舠船, 야거리單帆船, 당두리雙帆船, 나룻배渡津船, 거마도선車馬渡船

우리나라의 전통 선박인 한선韓船의 역사와 발달 과정 및 시대별 선박의 종류에 대하여 살펴보았다.

한선韓船은 1910년부터 1945년까지 36년간에 걸친 일본제국주의 침략자의 식민통치와 조선 민족문화 말살정책으로 인하여 맥이 끊어져 갔고, 6.25 전쟁으로 국토의 허리가 잘리고, 강에는 땜이 건설되는 등 선박의 접안 자리와 뱃길마저 없어져서 그나마 남아 있던 한선韓船은 자취를 감추어 버리고 말았다.

지금 우리가 해안이나 강에서 흔히 볼 수 있는 배는 일본의 화선식和船式 개량 목선木船(아이노꼬부네合子船)이다. 서양식西洋式 목선木船과 일본의 화선식和船式을 절충한 개량 목선들인데 이것을 우리의 배로 잘못 알고 있다.

지금부터라도 우리의 전통 선박인 한선韓船에 대한 올바른 지식을 가져야 할 것이다.

한선韓船은 우리의 전통 과학기술 문화유산이다. 한선韓船에 대한 조선기술과 조선공작기법을 조사하고 더 깊이 연구하여 조상의 전통 과학기술 문화유산을 계승하고 우리 배의 우수한 전통을 후대에 물려주어야 한다.

제 2 편 전통선의 역사적 고찰과 복원

1. 상고 시대上古 時代

기원전 약 10,000년부터 300년까지의 역사 기록이 없는 시대를 선사시대라고 부르며 여기에 우리의 상고시대, 고조선시대가 포함된다. 이때에 수상水上 이동 수단으로 다양한 형태의 배가 만들어졌다. 둥근 통나무 여러 개를 옆으로 엮어서 만든 뗏목배와 둥근 통나무의 속을 파내서 만든 통나무 쪽배(퉁궁이)는 해상의 주요 교통수단으로서 사람들이 이동을 할 때나 화물을 운반할 때에 이용하였다. 강에서는 짐을 나르는 짐배로 쓰이기도 하고 강을 건너는 나룻배로도 이용되었다. 뗏목배와 통나무 쪽배(퉁궁이)는 어로漁撈 활동을 할 때에는 어선漁船으로 사용되고 어염魚鹽을 실어 나를 때에는 운반선運搬船으로 사용되었다. 퉁궁이를 매생이 또는 마상亇尙이라고도 하였다.

선사시대 사람들이 만든 배를 살펴보면, 통나무의 속을 파내는 것뿐 아니라 판자를 만드는 기술이나 판자를 덧붙이는 기술 등의 공작기술도 상당히 발달하였던 것으로 보여진다.

선사시대 통나무 쪽배의 발달 과정은 다음의 다섯 단계로 구분된다.

1단계, 외쪽배 – 통나무 토막의 속을 파낸 것.
2단계, 외쪽배 – 1단계에서 뱃전 밖으로 옆 널빤지를 덧붙인 것.
3단계, 쌍쪽배 – 외쪽배 2개를 옆에서 짝으로 묶은 것.
4단계, 두쪽배 – 배 밑바닥에 통나무 판재를 2개 이어 붙인 것.
5단계, 세쪽배 – 배 밑바닥에 통나무 판재를 3개 이어 붙인 것.

이 같은 5단계 발달 과정을 거치는 동안 인간의 지능이 발달하고 문명이 개화되어 감에 따라, 좀 더 발달된 형태의 배가 등장했다. 통나무 쪽배의 몸통을 배 밑으로 삼아 뱃전 위에 널판을 이어 붙이고 배 앞(이물)과 배 뒤(고물)에 가로로 널판을 대어 막아서 파도가 넘쳐 들어오지 못하도록 고안하였다. 그리고 널판에 구멍을 뚫어서 칡넝쿨 줄기나 가죽 끈으로 배를 꿰매서 조립을 하였다. 이러한 배를 준구조선準構造船이라고 한다.

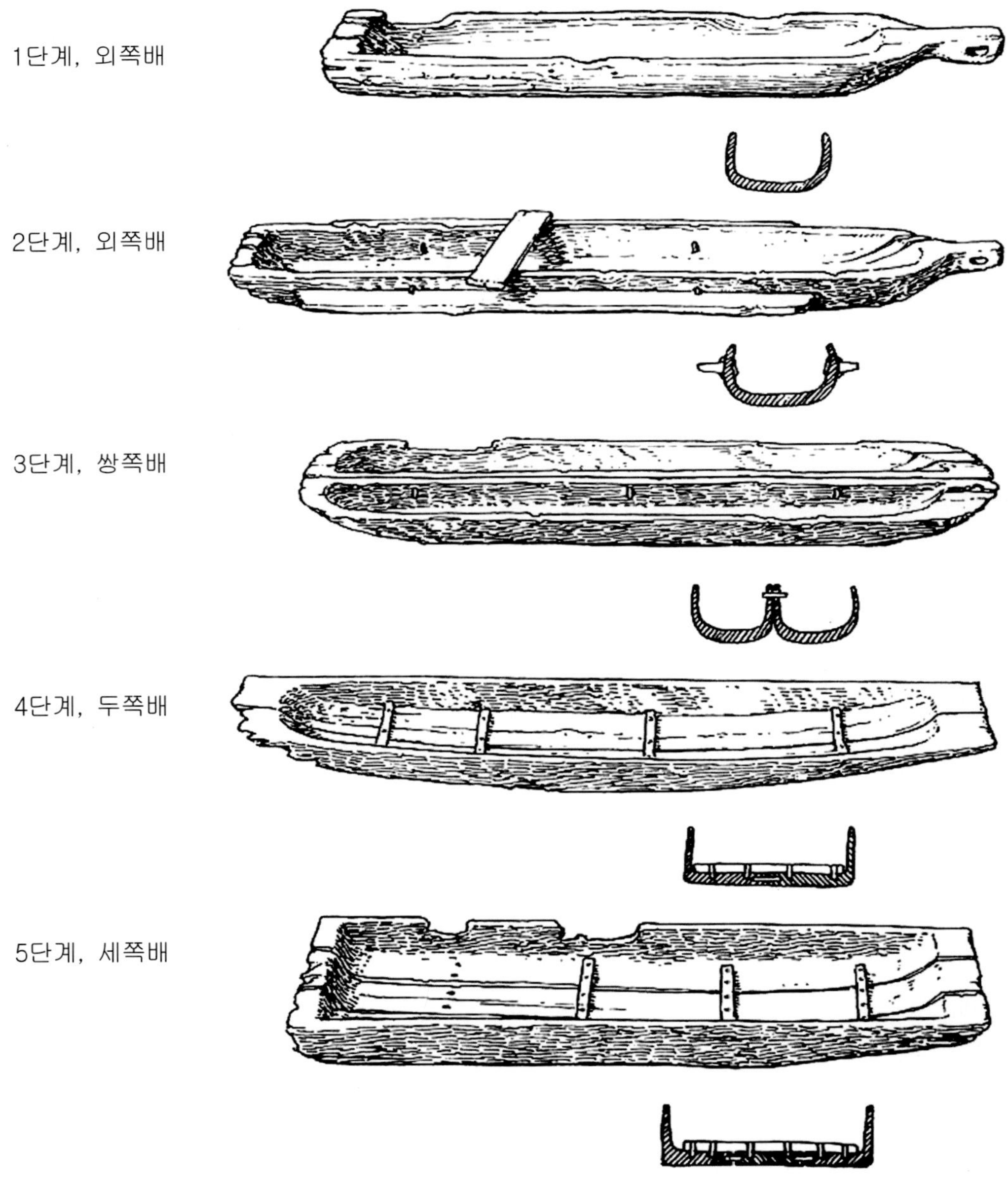

그림 5. 통나무 쪽배의 구분. 출전 : 이원식 '한국의 배' 대원사 1990.

청동기시대 유적인 울산시 울주군 언양읍 대곡리 산234-1번지에 있는 반구대 암각화에 그려져 있는 선박 그림도 확실한 우리배의 역사기록이다. 반구대 암각화에 새겨진 통나무 쪽배들은 바로 이 준구조선에 가까운 배라고 추정할 수 있다. 큰 배는 18명 정도가 승선해 큰 고래를 포획한 사실이 그려져 있는데, 이 정도라면 배 길이가 10m 가까이 되어야 한다. 따라서 이는 단순한 통나무배가 아니라 통나무배 위에 판자를 덧대고 조립하여 만든 준구조선이 된다. 이는 향후 높은 수준으로 발전하게 되는 우리나라 배의 기원이라고 할 만하다.

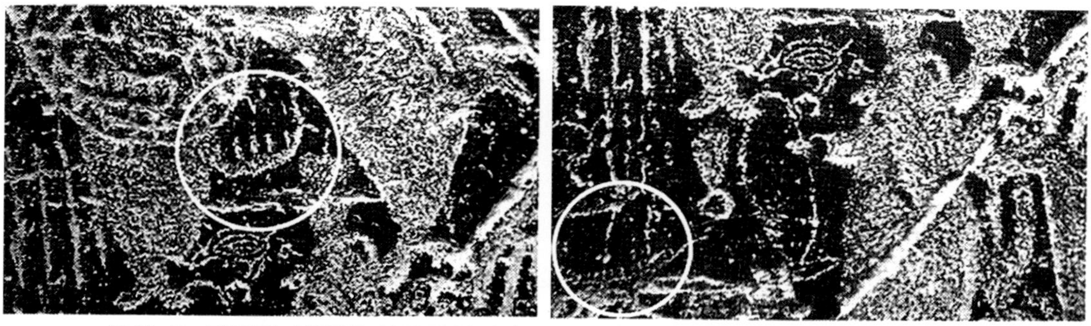

그림 6. 청동기 시대에 사용하였던 '고래잡이' 통나두 쪽배
소재 : 울산시 울주군 반구대盤龜臺 암각화
출전 : 이원식 '한국의 배' 대원사 1990, 원전 : '민학民學 1집' 탁본

반구대 암각화에 새겨진 배 모양은 가야와 신라시대의 통나무 쪽배 모양 토기와 비슷하다. 또한 배의 앞과 뒤가 높이 솟아오른 초승달 모양인데, 고대 이집트, 페니키아, 페르시아, 인도 등지에서 발달한 고대 선박과도 유사한 모양이다.

배의 앞쪽 이물에는 한 마리의 새가 앉아 있는데 이 새는 배의 진로를 알려 주거나 망망대해에서 육지를 찾아주는 역할을 하였으며, 태양을 숭배하던 토템(Totem)이라고 할 수 있다. 선사시대에는 태양을 숭배하고 태양이 모든 것을 주관하는 것으로 믿었다.

이 새는 태양을 상징하는 토템이다. 고려의 '황비창천煌丕昌天' 동경銅鏡에는 고려의 원양선이 항해하는 그림이 있는데 원양선 위의 하늘에 태양이 있고 그 태양 안에 삼족오三足烏 까마귀가 들어 있다. 이로 미루어 본다면 통나무 쪽배에 앉아 있는 새는 까마귀라고 할 수 있다.

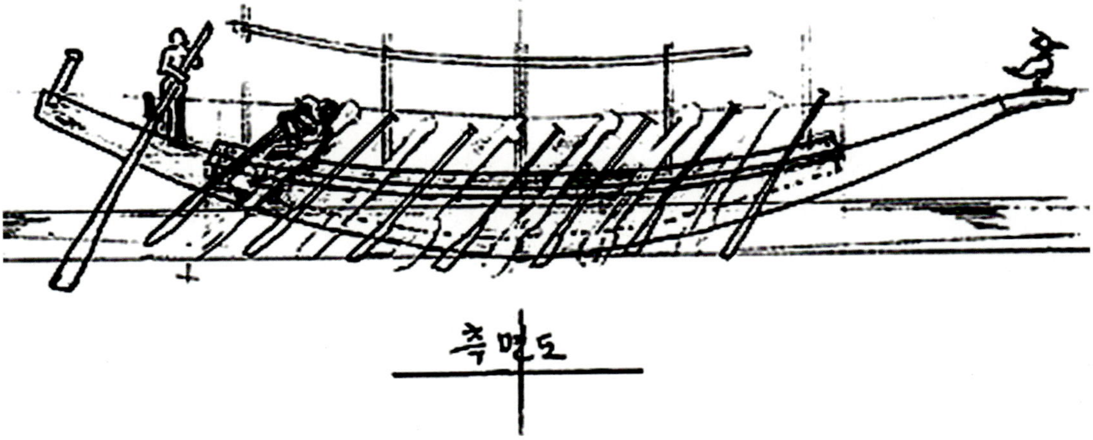

그림 7. 암각화 통나무 쪽배의 스케치
출전 : www.koreanship.culturecontent.com, 복원 설계 : 이원식ⓒ

그림 8. 암각화 통나무 쪽배의 3차원 그래픽
출전 : www.koreanship.culturecontent.com, 복원 설계 : 이원식ⓒ

우리나라 통나무 쪽배의 모습을 유추해 볼 수 있는 유물로는 옛 가야고분에서 출토된 '통나무 쪽배 모양의 토기'와 신라 경주 금령총에서 출토된 '통나무 쪽배 모양의 토기', 그리고 경주 안압지에서 출토된 세 쪽으로 된 통나무 쪽배가 있다.

가야시대의 '통나무 쪽배 모양의 토기'는 투박한 통나무 쪽배의 초기 모습을 잘 보여 주고 있다. 이 토기는 통나무 쪽배의 형태와 구조를 사실적으로 표현하였다. 배의 길이 너비 깊이 등의 비율은 맞지 않으나 통나무 쪽배를 상징적으로 묘사해서 표현한 것 같다. 뱃전(배의 양쪽 가장자리 부분) 위에는 여러 개의 멍에가 걸쳐져 있는데, 이 멍에는 양쪽의 뱃전이 안으로 오므라들거나 벌어지려는 것을 잡아주는 역할을 한다. 한판의 멍에에는 돛대를 세울 수도 있다.

뱃전 위에는 모두 8개의 '노걸게'가 있는데, 여기에다 노끈으로 '박'이라고 하는 노를 매달아 저었을 것으로 추정된다. 토기를 자세히 살펴보면 특이한 점이 발견되는데, 통나무배의 외판外板에 철판 조각 같은 것을 붙인 흔적이 있다.

그림 9. 가야고분에서 출토한 통나무 쪽배-퉁궁이 모양의 토기
소장 : 호암박물관, 출전 : 이원식 [한국의 배] 대원사 1990

위 토기의 통나무 쪽배 모양을 스케치하여 이를 기본으로 설계도를 작성하고, 3차원(3D) 컴퓨터그래픽 기법으로 통나무 쪽배를 재현한 그림은 다음과 같다.

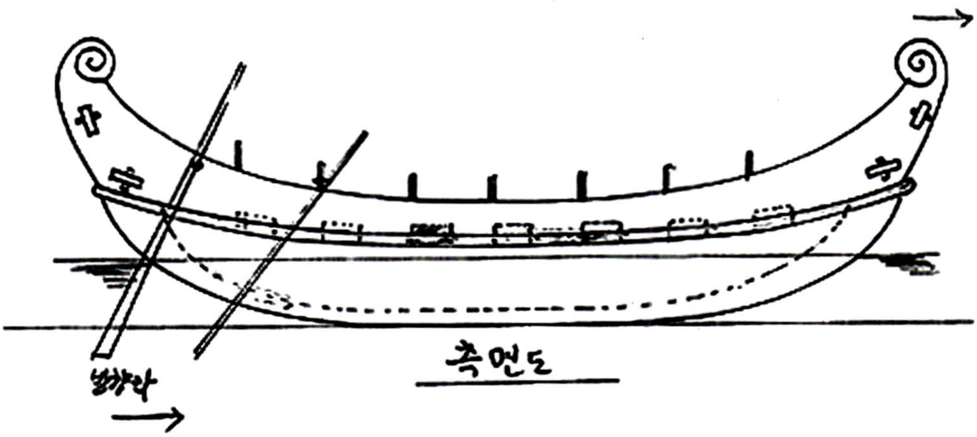

그림 10. 가야고분의 통나무 쪽배-퉁궁이의 스케치
출전 : www.koreanship.culturecontent.com, 복원 설계, 고증 : 이원식ⓒ

그림 11. 가야고분의 통나무 쪽배-통궁이의 3차원 그래픽
출전 : www.koreanship.culturecontent.com, 복원 설계, 고증 : 이원식ⓒ

경주 금령총金鈴塚에서 출토되어 현재 국립중앙박물관에 소장되어 있는 신라시대 '통나무 쪽배-퉁궁이 모양의 토기'는 6세기경의 것으로 추정된다. 이 흙으로 만든 통나무 쪽배는 제 2 발달 단계에 속하는 통나무 쪽배-퉁궁이의 모양을 본떠서 만든 것으로 보인다. 배의 앞(이물)과 배의 뒤(고물)가 높이 솟아 있는 것으로 보아 통나무 쪽배의 뱃전 위에 널판자를 한 두 장 더 이어 올린 것 같다.

이 토기는 제사 때 사용하던 것으로 추정하고 있다. 토기의 모양이 통나무 쪽배-퉁궁이 모양을 하고 있는데 이러한 배는 당시에 사용하던 것이 아니라 먼 선대에 사용하던 것을 제사용 제기에 응용한 것이라고 할 수 있다. 제사에 사용하는 모든 기물과 의례 풍습은 현재의 것이 아니라 먼 선대의 것이라는 것이다. 예를 든다면 21세기 현재 장례 때 입는 베로 만든 상복은 신라 백제 고구려 때의 복식이다.

금령총에서 출토한 배 모양 토기는 통나무 쪽배-퉁궁이의 형태와 구조를 사실적으로 표현하였다. 배의 길이 너비 깊이 등의 비율은 잘 맞지 않으나 통나무배를 상징적으로 묘사해서 표현한 것 같다. 이러한 통나무 쪽배-퉁궁이를 타고 바닷가에 나가서 고기도 잡고 사람이나 물건을 운반하고 섬과 섬을 왕래하기도 하였다.

뱃전 위에 멍에와 노걸게가 설치되어 있는 것으로 보아 상당히 큰 규모였을 것으로 추정된다. 가야시대의 통나무 쪽배-통궁이 모양 토기와 거의 비슷한 구조와 생김새를 가지고 있다.

그림 12. 금령총金鈴塚에서 출토한 통나무 쪽배-퉁궁이 모양 제사용祭祀用 토기
출전 : 이원식 [한국의 배] 대원사 1990
소장 : 국립경주박물관

위 제사용 토기의 통나무 쪽배 모양을 스케치하여 이를 기본으로 설계도를 작성하고, 3D 컴퓨터그래픽 기법으로 통나무 쪽배를 재현한 그림은 다음과 같다.

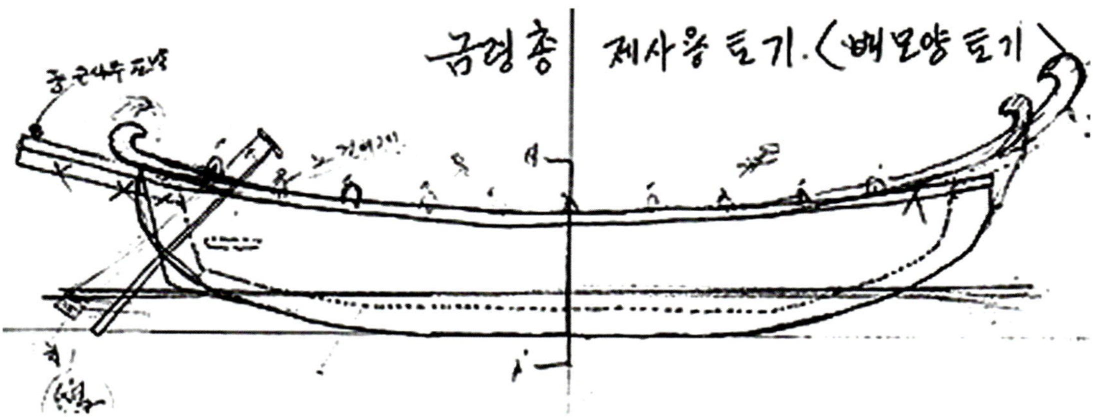

그림 13. 제사용 토기의 통나무 쪽배-퉁궁이의 스케치
출전 : www.koreanship.culturecontent.com, 복원 설계, 고증 : 이원식ⓒ

그림 14. 제사용 토기의 통나무 쪽배－통궁이의 3차원 그래픽
출전 : www.koreanship.culturecontent.com 복원 설계, 고증 : 이원식ⓒ

뗏배는 지금도 강원도 명주군의 정동진과 안인에서 '토막배'라고 하는 뗏목배로 미역 등 해조海藻를 채취하고 있고, 제주도에서는 '티우'라고 하는 뗏목배로 자리돔 잡이를 하고 있다.

(1)

(2)

그림 15. 동해안 정동진의 뗏목배(토막배)
출전 : 이원식ⓒ, '한국의 배', 대원사, 1990.

(1) 온양민속박물관

(2) 제주도 고기잡이 떼목배인 '티우'
(「백년전의 한국」, 김원모·정성길)

그림 16. 제주도의 자리돔 잡이 뗏목배(티우)
출전 : 이원식ⓒ, '한국의 배',대원사, 1990.

그림 17. 조선시대 1900년초의 뗏목배
出典 : 이원식ⓒ, '한국의 배', 대원사, 1990.
原典 : '한국수산지韓國水産誌', 대한제국 농공상부, I908.

>>> 토막배의 복원

앞에서 조사한 자료를 기초로 하여 '토막배'와 '떼목배'를 다음과 같이 복원하였다.

① 토막배. 전경ⓒ

② 토막배. 좌현ⓒ

③ 토막배. 우현ⓒ

④ 토막배. 선수ⓒ

⑤ 토막배. 선미ⓒ

그림 18. 복원 제작한 토막배 (정동진 뗏목배), ①~⑤ⓒ

제주도 뗏목배(티우)의 복원

① 뗏목배(제주도 티우). 전경ⓒ

② 뗏목배(제주도 티우). 좌현ⓒ

③ 뗏목배(제주도 티우). 우현ⓒ

④ 뗏목배(제주도 티우). 선수ⓒ

⑤ 뗏목배(제주도 티우). 선미ⓒ

그림 19. 복원 제작한 뗏목배(제주도 티우), ①~⑤ⓒ

삼한 시대三韓 時代에는 뗏목배가 발달하여 고물에 노를 설치하고 노를 저어서 가까운 거리를 내왕하기도 하고 돛풀(부들풀香蒲)로 짠 자리를 돛대에 매어 달고 바람을 받아 먼 곳을 내왕하기도 하였다.

통나무 쪽배(퉁궁이)는 양쪽 뱃전의 노걸게에 노를 매어 달고 노를 저어 이동하였으며 배 한가운데에 돛대를 세우고 돛을 달아 서해안과 남해안에서 어로 활동도 하였다. 삼한三韓의 사람들은 돛을 단 통나무 쪽배나 뗏목배를 이용하여 왜국倭國으로 도해渡海(遠洋航海)도 하였다.

일본의 북 규슈北 九州 지방에서 한반도의 빗살무늬 토기가 출토되었고 부산의 한국해양대학교 자리인 조도朝島(아치섬)와 그 옆의 동삼동 패총 등에서 일본열도의 조몽繩文토기와 흑요석黑曜石이 출토되었는데 이것은 두 지역 간에 해상 왕래가 있었다는 사실을 증명하고 있는 것이다. 한국해양대학교 자리인 조도朝島에서는 고래의 뼈가 출토되었는데 신석기시대 사람들이 고래잡이도 하였다는 것을 말해 주고 있다.

신석기시대에서 청동기시대에 이르기까지 뗏목배와 통나무 족배(퉁궁이)가 한국과 일본 두 지역 간의 운송 수단으로 이용되었다고 하는 것은, 지금도 대마도對馬島 동안東岸에서 볼 수 있는 통나무 뗏목배와 규슈九州 동남쪽의 미야자끼겐宮崎縣의 사이도바루西都

原 고총古塚에서 출토한 통나무 쪽배 모양의 토기 유물이 이를 증명하고 있다.

한국과 일본 두 나라에서 같은 배 모양의 토기가 출토되었다는 것은 살았던 사람이 같은 종족, 또는 문화 문명, 풍습이 같았다는 것을 의미한다. 이것으로 보아 삼한(가라加羅), 가야와 왜국倭國 그리고 고구려, 신라, 백제와 왜국倭國 간에 해상교류가 있었다는 사실을 추정할 수 있다.

그림 20. 일본의 사이도바루西都原 고분 출토의 통나무 쪽배 모양 토용
출전 : '日本의 船' 船の 科學館

그림 20의 사이도바루西都原 통나무 쪽배(퉁궁이)는 뱃전 위에 여러 개의 멍에와 12개의 노걸게가 설치되어 있는 것으로 보아 배의 양쪽에 6개씩 총 12개의 박(노의 일종)을 걸어 사용하였던 것으로 보인다. 이 통나무 쪽배(퉁궁이)는 길이 12～15m, 너비 1.5～2m, 깊이 0.8～1m 정도로서 상당히 큰 규모의 것으로 추정된다.

2. 삼국 시대三國 時代

2.1 고구려高句麗

고구려는 육로를 통하여 중국대륙의 여러 국가와 교섭을 하였다. 또한 서해를 건너 산동반도의 등주에 이르는 해상교통로를 개척하고 해로를 이용하여 중국과 조공무역을 하였다. 또 한편 고구려 수군의 활발한 해상활동은 고구려로 하여금 더 강성한 국가가 되게 하는 원동력이 되었다.

압록강, 패강浿江－大同江 하구에서 출범한 고구려 선박은 서해를 건너 산동 반도의 등주에 이르는 해상 교통로를 개척하고 해로를 이용하여 사신을 파견하고 해상무역을 하였다.

동천왕東川王 10년(236년)에 중국의 삼국(三國－위魏, 촉蜀, 오吳) 중의 하나인 강남江南지역의 오왕吳王 손권孫權은 강남의 수군과 막강한 고구려 수군과 연합하여 요동遼東을 차지하고 있는 공손연公孫淵을 공략하고자 사신을 파견하여 제의하였으나 고구려가 이를 거절하였다.

동천왕 12년(238년)에 고구려와 위魏가 연합하여 요동遼東지방 공손연公孫淵의 지상군을 남북으로 협공하였으며, 고구려의 대가등大加等 대장大將이 이끄는 수군함대水軍艦隊는 요하구遼河口에서 수산성首山城 밑으로 진격하여 위魏의 지상군과 더불어 수산성을 공략하여 함락하고 공손연公孫淵 부자를 참수하였다.

광개토대왕 6년(396년)에 왕이 친히 병선兵船을 거느리고 남하하여 한강 유역 을 공략하고 백제의 성을 공격하여 항복을 받았다. 그리고 멀리 남하하여 탐라耽羅(제주도)를 공

략하고 고구려에 귀속시켰다. －광개토대왕비廣開土大王碑－

영양왕嬰陽王 23년(612년)에 수양제隋煬帝가 고구려를 공략하였으나, 육상에서는 을지문덕이 우문술의 육군을 전멸시켰고, 강회江淮의 함선艦船을 이끌고 온 수隋나라 래호아來護兒의 수군은 패강浿江에서 건무建武가 이끄는 고구려 수군 에게 패하여 병선과 양곡선은 패강 밑에 침몰하고 말았다.

2.2 백제百濟

백제본기제일百濟本紀第一에 "비류沸流와 온조溫祚가 신하들과 함께 남쪽으로 가니, 백성들이 그에게 따르는 이가 많았다."고 하였다.

비류와 온조는 배를 편성하여 남하하여 바다를 건너서 마한馬韓 땅인 미추홀彌鄒忽에 이르렀으며, 마침내 한산漢山에 이르러 부아악負兒嶽에 올라 살만한 땅을 바라보았다.

이때 신하가 간하기를 "이 하남 땅은 북쪽으로는 한수를 띠었고, 동쪽으로는 높은 산에 의거하였으며, 남쪽은 비옥한 소택을 바라보고, 서쪽은 큰 바다로 가로막혔으니, 그런 자연적인 요해와 지리는 얻기 어려운 지세입니다"라고 하였다.

"惟此河南之地 北帶漢水 東據高岳 南望沃澤 西阻大海 其天險地利 難得之勢"
"유차하남지지 북대한수 동거고악 남망옥택 서조대해 기천험지리 난득지세"

그러나 비류는 이 말을 거부하고 미추홀로 가고, 온조는 한강의 중류 남쪽의 송파강松坡江 강변에 하남위례성河南慰禮城을 축성하고 도읍을 정하였다고 한다.

한성 백제의 하남위례성(왕성王城과 민성民城)은 남한강과 북한강이 합수하여 흘러 내려오는 중간 지점인 요해지要害地 송파강 강변에 자리를 잡았다. 송파강은 물의 흐름이 느리고 호수와 같이 잔잔하다. 송파강 건너편 북쪽에는 아차산阿且山이 방어진의 역할을 하고 있다. 하류로는 한강진漢江津을 지나 용산진龍山津 마포진麻浦津 서강진西江津으로 이어져 강화도를 지나 경기만의 해구海口인 인천으로 이어진다. 육상교통이 발달하지 못하였던 고대에 있어서 강을 이용하는 수운水運은 편리하고 유익한 교통수단이었다.

하남위례성은 475년까지 한성백제의 왕성王城이었다. 백제는 남한강과 북한강 지역에서 생산된 임산물과 농산물을 강선江船을 이용하여 송파강 강변의 하남위례성으로 수납하게 하고, 한강 하류 지역에서 생산된 생활필수품과 서해안에서 생산된 어물魚物과 소금 등 해산물을 해선海船을 이용하여 서강진 마포진 용산진으로 집하하게 하고 여기에서 강선을 이용하여 왕성王城으로 수납하게 하였을 것이다.

왕성인 하남위례성을 중계지로 하여 한강 상류 지역에서 생산된 물자와 한강 하류 및 서해안에서 생산된 물자를 서로 교환하는 무역을 할 때 강선인 늘배와 해선인 야거리 당두리가 수송의 주역이 되었다. 이곳 한강에서 운용하였던 강선과 해선은 현대까지 그 맥을 이어오고 있다.

그 증거로서 조선시대 초기로부터 근 현대에 이르기까지(1965년까지) 한강의 서강진, 마포진, 용산진을 중계지로 하여 강 상류와 강 하류 간의 무역이 활발하게 진행되어 왔다.

백제는 고구려와 전쟁을 할 때 한강이나 임진강 그리고 대동강의 지천支川 등을 도강하고 바다를 건너서 전쟁을 수행하였다. 그러므로 병사들의 도강渡江에 필요한 나룻배津渡船나 병사와 군수물자 수송에 필요한 짐배荷船와 늘배廣船 그리고 바다에서 전투용으로 운용할 병선과 수송에 필요한 해선(거루, 야거리, 당두리) 등이 건조되고 조선 기술은 점진적으로 개량되고 발달하여 왔다고 추정된다.

백제는 근초고왕近肖古王 27년(372년)에 사신선使臣船이 서해북로西海北路를 이용하여 동진東晉과 해상을 통한 조공무역朝貢貿易을 하였다. 백제는 경기만－장산곶－압록강 하구－대사군도－산동반도 등주登州를 잇는 서해북로와 등주에서 중국 동해안을 따라 남진하여 강남에 이르는 중국동해 항로를 이용하였다. 그 후 고구려의 막강한 수군의 견제로 인하여 서해북로를 자유롭게 왕래하기가 어려워졌다. 고구려의 견제로 서해북로가 차단되자, 경기만에서 산동반도로 직항하는 황해횡단로黃海橫斷路를 이용하여 사신을 파견하였다. 왜倭가 견수선遣隋船과 초기의 견당선遣唐船을 파견할 때 이 황해횡단로를 이용하였다.

백제는 웅진熊津으로 천도遷都하게되고 신라가 한강유역과 경기만을 장악하게 되자, 황해횡단로를 포기하였다(왜도 황해횡단로를 포기하였다). 백제는 흑산도黑山島를 경유하여 황해남로黃海南路로 강남江南에 이르는 항로를 이용하여 유송劉宋, 남제南齊, 양梁, 진陳 등에 사신使臣을 파견하였다.

백제는 대마도 일기도 현해탄을 건너 왜국과 통교하고 왕자 등의 도왜渡倭 체류가 빈번하였다. 왕인박사王仁博士(논어 10권, 천자문 1권을 가지고 감)와 아직기阿直岐를 왜국에 보내 문자와 문화 계발에 힘썼고 화박사畵博士 등 선진 기술자를 보내는 등 왜국倭國과는 밀접한 관계를 가지고 통교하였으며 류구琉球와도 사신 왕래를 하였고 남만南蠻과도 왕래를 하였다. 이러한 인과 관계로 인하여 제주도濟州島를 지나 대마도－규슈九州－류구琉球를 잇는 남로南路도 개척하였다.

왜국에서는 650년에 아기노구니安藝國(지금의 히로시마현안예군廣島縣安藝郡)에 명하여 백제인으로 하여금 백제식 견당사선遣唐使船을 건조하게 하였다. 그 이후에도 계속해서 아기노구니에서 견당사선遣唐使船을 건조하도록 하였다.

우리나라에서는 백제의 선박을 복원할 자료를 찾지 못하여 일본에 남아있는 자료들을 조사하고 우리의 역사적 생활상을 반영하여 백제사신선을 다음의 조사 검토 과정을 거쳐 복원하였다.

1) 일본 역사 내에 잔존하고 있는 백제인의 선박 공작 기술 흔적痕迹

일본대학 이공학부理工學部 스도우도시이찌須藤利一 교수는 '센船'이라는 책에서 "초기에는 구조선構造船의 선수船首가 후에 나타난 야마도가다大和型와 같이 뾰족하지 않았다. 海水를 가르고 나가는데 불리한 평판상平板狀의 것이었다. 이러한 선수船首를 도다대쓰구리戸建造라고 한다. 선미船尾도 동일한 모양의 구조인데 이러한 방법은 최근까지도 사용되어지고 있다"고 하였다.

이러한 선수船首 구조는 한선의 노판艫板인 이물비우와 축판舳板인 고물비우 구조인 방로방축方艫方舳 형식과 맥을 같이 한다. 따라서 선저船底는 평저형平底型이 되는데 야마도가다大和型 와센和船의 저판底板은 한선보다 비교적 좁은 반평저판半平底板으로 되어 있다.

중앙대학문학부 모리 가쓰오森克己 교수는 같은 책 페이지 66－67에서 "견당사선遣唐使船의 건조에는 조박사造舶使 장관長官과 차관次官이 임명되었다. 그리고 초기에는 스오우노구니周防國, 중기에는 오우미노구니近江國, 단바노구니丹波國, 하리마노구니幡磨國, 빗주우노구니備中國 등에 명해서 건조하게 하였다. 후기에 들어가서는 대체로 아기노구니安藝國에서 만들도록 하였다."라고 하였다. "7세기 중반에 아기노구니安藝國에 명해서 백제선 2척을 건조하게 하였는데, 그 후로도 대체로 아기노구니安藝國에 명해서 건조하게 한 것으로 본다면, 견당사선遣唐使船은 아마 백제식의 선박이었을 것이다."라고 하였다.

"663년 백촌강白村江(금강 하구) 수전水戰에서 일본의 백제구원군百濟救援軍이 당唐의 수군水軍과의 전쟁에서 참패하자, 백제의 귀족 등을 동반하여 총 퇴각을 하였다. 그 후 백제인의 기술자가 국토 방위를 위해 다자이후大宰府의 주변에 백제식의 산성을 쌓은 것을 시작으로 여러 방면에서 일본의 문화와 기술에 공헌하였는데 백제식의 선船도 이러한 백제인의 기술에 의하여 건조된 것이리라"고 하였다. 일본의 법륭사法隆寺 사찰의 건축, 목조木造 반가사유상半跏思惟像 불상의 조각, 탑塔의 건축 등은 백제인의 기술로 완성되었다는 것은 잘 알려져 있는 역사적 사실이다.

일본의 견당사遣唐使의 파견은, 제1차는 630년에 시작하여 백제가 멸망한 후인 665년에 제5차가 파견되었고 최종으로 838년에 제15차가 파견되었다. 이로 미루어 단순 계산으로 200년간에 76척의 백제식 견당사선遣唐使船이 건조되었던 것이다. '속 일본후기續日本後記'에서는 백제가 멸망한 후에는 백제선이라는 이름 대신으로 신라선新羅船이라고 하였다.

2) 일본 견당사선遣唐使船의 회화繪畫 자료

① '성덕태자 회전聖德太子 繪傳'에 그려진 견수선遣隋船

법륭사 회전法隆寺 繪殿의 벽화壁畵에 견수선遣隋船 회화繪畵가 있는데 이 회화는 일본의 엔큐延久 원년(1069년)에 그린 것이라고 한다. 그러나 이 선박은 1069년의 선박이 아니다. 이 견수선遣隋船 그림은 7세기 초 무렵의 밑그림底本을 보고 그린 것 같다. 선체는 방로방축형方艫方舳型이다. 삼판杉板의 조적造積모양, 횡량橫梁을 삼판杉板 외부로 도출挑出하고 그 위에 구축構築(설치)한 노로櫓櫨, 이물 돛대艫 帆竹와 한판 돛대腰 帆竹, 선상의 선옥船屋 등은 중국의 당선唐船(송대宋代) 회화에서는 찾아볼 수 없는 고대 한선이나 화선和船의 구조의 일부분을 보여주고 있다. 노로櫓櫨(노상櫓床) 아래에 매어 달은 대나무 다발은 선박의 부력을 증가하고 횡요橫搖를 방지할 목적으로 매어 달은 것이다.

이 벽화의 견수선遣隋船은 "7세기경의 선박의 회화를 밑그림으로 하여 1069년에 복사한 것이 아닌가?"라고 일본 학자들은 평하고 있다. 고대에는 회화가 훼손毁損되면 그 회화를 밑그림으로 하여 복사 또는 보수 복원을 하고 새로 봉정奉呈을 하게 된다. 법륭사 사찰의 단청이 오래되어 퇴색이 되고 벽화가 훼손되자 다시 단청 도장塗裝을 한 것과 같다. 위에서 지적한 바와 같이 견수선遣隋船 그림에서는 백제선식百濟船式 즉 한선식韓船式 조선 공작 기술로 공작을 한 흔적이 여러 곳에서 발견되고 있다.

견 수 선 遣隋船 603년－618년 견사遣使

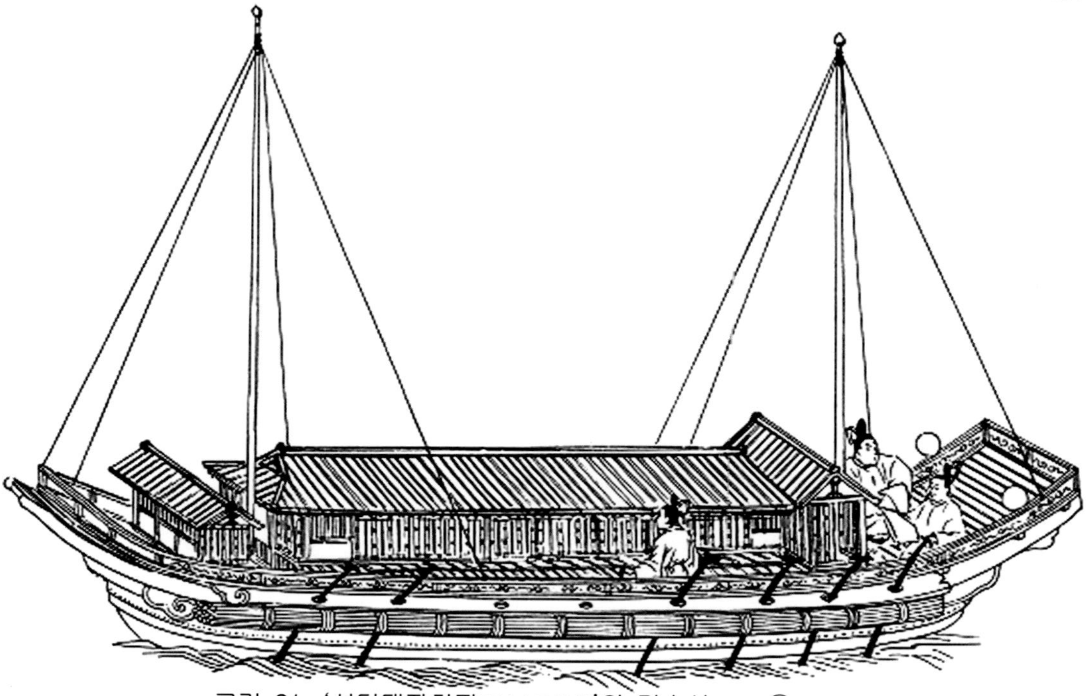

그림 21. '성덕태자회전聖德太子繪傳'의 견수선遣隋船ⓒ
출전 : 石井謙治. 1983. '圖說 和船史話'. 지성당. 동경
소장 : 동경국립박물관

② '화엄연기 회권華嚴緣起 繪卷'에 그려져 있는 당선唐船

'화엄연기 회권華嚴緣起 繪卷'의 원래 책이름은 '화엄종조사 회권華嚴宗祖師 繪卷'으로서 신라 화엄종華嚴宗의 조사祖師인 원효대사元曉大師와 의상대사義湘大師에 관한 회권繪卷이다. 일본의 묘에明惠(명혜 1173－1232년)승려가 저작著作하고 에니찌보오 조닌惠日房 成忍 승려가 회묘繪描한 것으로 추정되는 작품이다.

의상義湘은 624년에 출생하였다. 661年에 귀당歸唐하는 당나라 사신의 선박에 편승하여 당나라에 들어가, 671년에 당나라의 선박으로 신라로 귀국하였다. 의상대사와 원효대사는 일본의 고산사高山寺에서 화엄종華嚴宗 조종祖宗과 명신明神으로 모셔지고 있다.

묘사描寫한 그림은 그럴 듯하게 설명을 하고 있지만, 사실은 그렇지 않을 수도 있다. 의상義湘은 671년에 귀국하였는데 이 '화엄연기 회권華嚴緣起 繪卷'은 12세기말에 그려진 그림이기 때문이다. 12세기말 송대宋代의 원양 해선海船의 그림을 밑그림底本으로 하여 그렸거나 원양 해선을 참고로 하여 그린 그림이다. 7세기의 견당사선遣唐使船과는 별개의 그림이다. 그러나 송대宋代의 원양 해선海船을 연구하는데 참고가 된다고 하겠다.

당선唐船 671년 의상 승선 귀국

그림 22. '화엄연기 회권華嚴緣起 繪卷'에 그려진 송대宋代의 원양 해선海船ⓒ
출전 : 勝慧. 1996. '華嚴緣起－國譯本'. 법융사. 서울
소장 : 이원식 (선박 고증)

③ '감진화상 동정회鑑眞和上 東征繪'에 그려진 당선唐船

이 그림에 그려진 선박은 일본 나라시奈良市 당초제사唐招提寺의 개조開祖가 된 당나라의 감진화상鑑眞和上이 도일渡日할 때 타고 온 당선唐船이라고 한다. 1298년에 연행蓮行스님이 당선唐船 건조建造에서부터 도중에 난파難波를 당하고 일본에 돌아오기까지의 역정歷程을 그린 회권繪卷 중에 있는 조선 장면이다. 이 그림 역시 송대宋代 말기를 지나 원대元代의 초기인 1298년에 그려진 작품으로서, 당선唐船이라고 하지마는 원대元代의 해선海船의 건조建造 장면을 그린 것이다.

외판外板이 단段을 이루면서 중첩하여 건조하는 것 같이 보이는데, 이는 신안新安 해저에서 발굴 인양한 영파寧波 출항선出航船(1323년)의 외판과 모양이 같다. 중국에서 외판은 평접平接(맞붙이는)하는 방법을 사용하고 있는데 신안 발굴 인양선에서 예외가 나타났다. 그러나 특기할 것은 외판 선정船釘(목정木釘)의 자리인데, 이는 한선의 피쉐皮槊 타입打込 공법을 나타내는 것이다.

중국 선박에서는 이러한 선정船釘(목정木釘) 타입打込 공법이 없으며. 중국의 선정船釘(철정鐵釘)은 철제 사각형이며 선박의 안쪽에서 상판上板에서 하판下板으로 타입打込하는 공법이다. 이 그림은 앞으로 더 연구하여야 할 가치가 있다.

선체의 외판 조적造積 방식과 선상船上 선옥船屋의 모양은 한선식과 유사한데 교옥喬屋

즉 사공방沙工房은 좀 다르다. 이 그림 역시 1298년에 그려진 것으로 보아 당나라 시대에 직접 묘사한 것은 아닌 것이다.

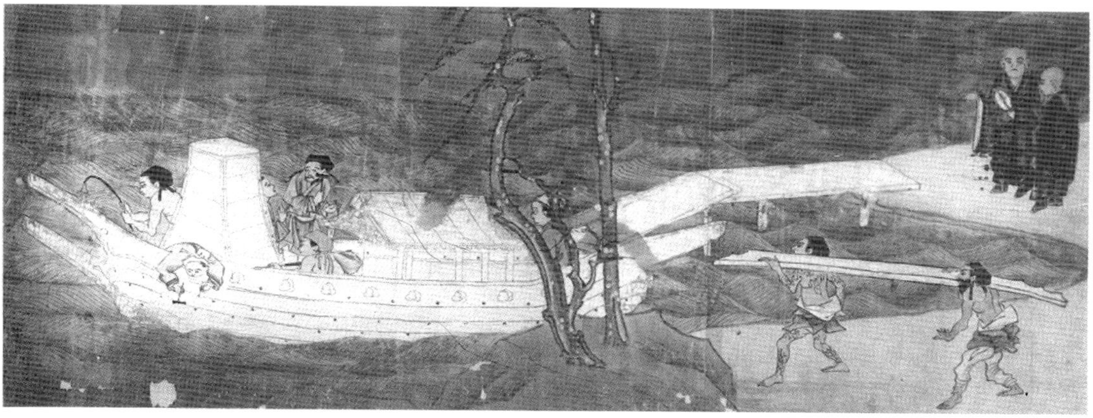

그림 23. '감진화상 동정회鑑眞和上 東征繪'에 그려진 조선造船 중인 당唐 해선ⓒ
출전 : 石井謙治. 1983. '圖說 和船史話'. 至誠堂. 東京
소장 : 唐招提寺

④ '길비대신 입당회사吉備大臣 入唐繪詞'에 그려진 견당사선遣唐使船

길비진비吉備眞備(기비노마끼비) 대신大臣은 서기 752년-753년에 일본에서 당나라에 파견된 부사副使이다. 일본에서 이 그림은 12세기말에 그려진 그림이라고 설명하고 있으며 일본의 견당사선遣唐使船의 그림 중에서 가장 뛰어난 것이라고 평가하고 있다. 일본 학자들은 이 그림은 송선宋船을 밑그림底本으로 하여 그려졌다고 평가하고 있으나, 12세기경에 송선을 모델로 하여 그렸다고 하는 '화엄연기 의상회華嚴緣起 義湘繪'에 그려진 당선唐船이나 '감진화상 동정회鑑眞和上 東征繪'에 그려진 당선唐船과는 여러 면에서 차이를 보이고 있다. 이 그림에서는 견당사선遣唐使船을 아주 사실적으로 그려 놓았다. 견당사선遣唐使船의 구조를 살펴보면, 선체는 방로방축형方艫方舳型이다. 동체胴體에는 횡량橫梁을 가로로 가설架設하고 횡량의 끝은 선체 삼판杉板 밖으로 길게 나와 있는데 이것은 도출목挑出木이다. 도출목 위에 한선식韓船式 큰노大櫓를 걸고 젓게 되는데 노櫓 젓는 곳을 노로櫓爐 또는 노창櫓窓이라고 한다.

이물 머리 즉 노두艫頭에는 닻줄 물레 인 소차繅車 즉 여덟 살箭의 물레가 있고 이물 돛대艫 帆竹와 한판 돛대腰 帆竹가 세워져 있다. 선미 좌우에 방향타의 보조 역할을 하는 쟁밑을 설치하였다. 뱃집船屋, 사공방沙工房=조타실操舵室(교옥喬屋), 보물 창고(고간庫間)의 건축 양식은 백제식 또는 화식和式으로서 송식宋式과 구별된다. 이러한 구조는 송나라

사신 서긍徐兢의 저서인 '고려도경高麗圖經'에서 고려선高麗船의 구조를 설명하여 놓은 것과 일치하는 부분이 있고, 선상(갑판상)의 구축물은 화식和式과 사찰조영식寺刹造營式으로 치장治粧한 것 같으며, 완도莞島 근해에서 발굴 인양한 고려선(완도선)의 선체 구조와 일치하는 부분도 있다. 이 그림의 견당사선遣唐使船은 백제식 즉 한선식 조선 공작 기술로 건조한 선박의 그림을 밑그림底本으로 하였거나 참고로 하여 그린 것 같다.

견당사선 遣唐使船 사행使行 752년－753년

그림 24. '길비대신 입당회사吉備大臣 入唐繪詞'에 그려진 견당사선遣唐使船
출전 : 石井謙治. 1983. '圖說 和船史話'. 至誠堂. 東京.
소장 : 미국 Boston 미술관

3) 일본 견당사선의 회화 자료상의 구조와 한선 구조의 비교

아래의 견당사선과 한선의 구조 형식 대비표를 검토하여 보면, 한선 : 길비의 단순 대비에 있어서 10 : 10은 한선과 길비가 거의 같다는 것이고, 10 : 5는 반 정도 같다는 것이며, 10 : 0는 불명하다는 것이다.

아래의 표에서 한선식 선양船樣이나 선형으로 확정지울 수 있는 결정적인 항목은 횡량橫梁 도출목挑出木과 노로櫓艫이다. 횡량 도출목 구조는 한선 특유의 선양이며 횡량 도출목 구조의 하부 선체 구조는 자동적으로 평저판平底板 선형이 되는 것이다. 평저판 선형이라고 하면 방로방축方艫方舳 구조가 되며 노판艫板이나 축판舳板은 횡평로판橫平艫板 횡

평축판横平舢板이 된다. 한선의 선옥船屋, 고간庫間, 교옥喬屋은 귀틀耳機 결구結構 방식으로서 길비대신吉備大臣 견당선遣唐船의 귀틀耳機 사찰식 결구 방식과 유사하다고 볼 수 있으며 목조 기술이나 공작 기법이 거의 같다는 것을 암시하는 것이다.

표 1. 견당사선遣唐使船과 한선韓船의 구조 형식 대비표

	船舶 各部 名稱	韓船	聖德太子	華嚴緣起	東征繪	吉備大臣	韓船:吉備
1	底板	平底板	圓形?	刳船式	不見 圓形?	不見 不尖?	10 : 0
2	杉板	多段, 重疊	四五段平接	四五段平接	多段 重疊	多段,不見	10 : 10
3	船釘	木釘, 露出	鐵釘, 露出	不見	木釘 露出	不見	10 : 0
4	艫. 艫板	方艫, 平板	方艫, 原型	不尖銳	不尖不平	方艫, 圓形	10 : 10
5	舳, 舳板	方舳, 平板	方舳, 平板	方舳, 上昇	不尖不平	方舳, 平板	10 : 10
6	橫梁	橫木, 挑出	橫木, 挑出	挑出 小	不出	橫木, 挑出	10 : 10
7	櫓櫨	架設 構築	架設, 櫓役	無	無	架設, 櫓役	10 : 10
8	屋杉	有, 無櫓孔	欄干	有, 有櫓孔	有, 有櫓孔	有, 無櫓孔	10 : 10
9	頭 帆竹	有	有	有	未設置	有	10 : 10
10	腰 帆竹	有	有	有	未設置	有	10 : 10
11	繅車	八箭 繅車	不見	有	未設置	八箭 繅車	10 : 10
12	船尾 補助舵	有 쟁밑	不見	不見	未設 不知	有 쟁밑	10 : 10
13	船屋, 庫間	耳機,韓屋式	韓屋蓋瓦	箱子型, 無	未設 不知	耳機,寺刹式	10 : 5
14	喬屋	耳機,沙工房	無	喬屋	未設 不知	耳機,喬屋	10 : 5
15	碇	木石碇	不見	木石矴	未設 不知	不見	10 : 0

4) 백제 사신선의 복원

대체적으로 보아서 '길비대신 입당회사吉備大臣 入唐繪詞'에 그려진 견당사선遣唐使船은 한선과 거의 유사하다는 결과가 나왔다. 그렇다고 하면 '길비대신 입당회사吉備大臣 入唐繪詞'에 그려진 견당사선遣唐使船은 백제선과 같은 구조와 같은 형태의 선박이라는 결론에 도달하게 된다.

이러한 결과를 기초로 하고, '선화봉사 고려도경宣和奉使 高麗圖經'의 고려선에 대한 내용, 완도 근해에서 인양한 고려선의 선체 구조, 조선시대 사견선使遣船의 구조, 근대 한선의 구조 등을 종합하여, 기본 설계도와 공작도를 작도作圖하였다. 기본 설계도 중 측면도는 아래와 같다.

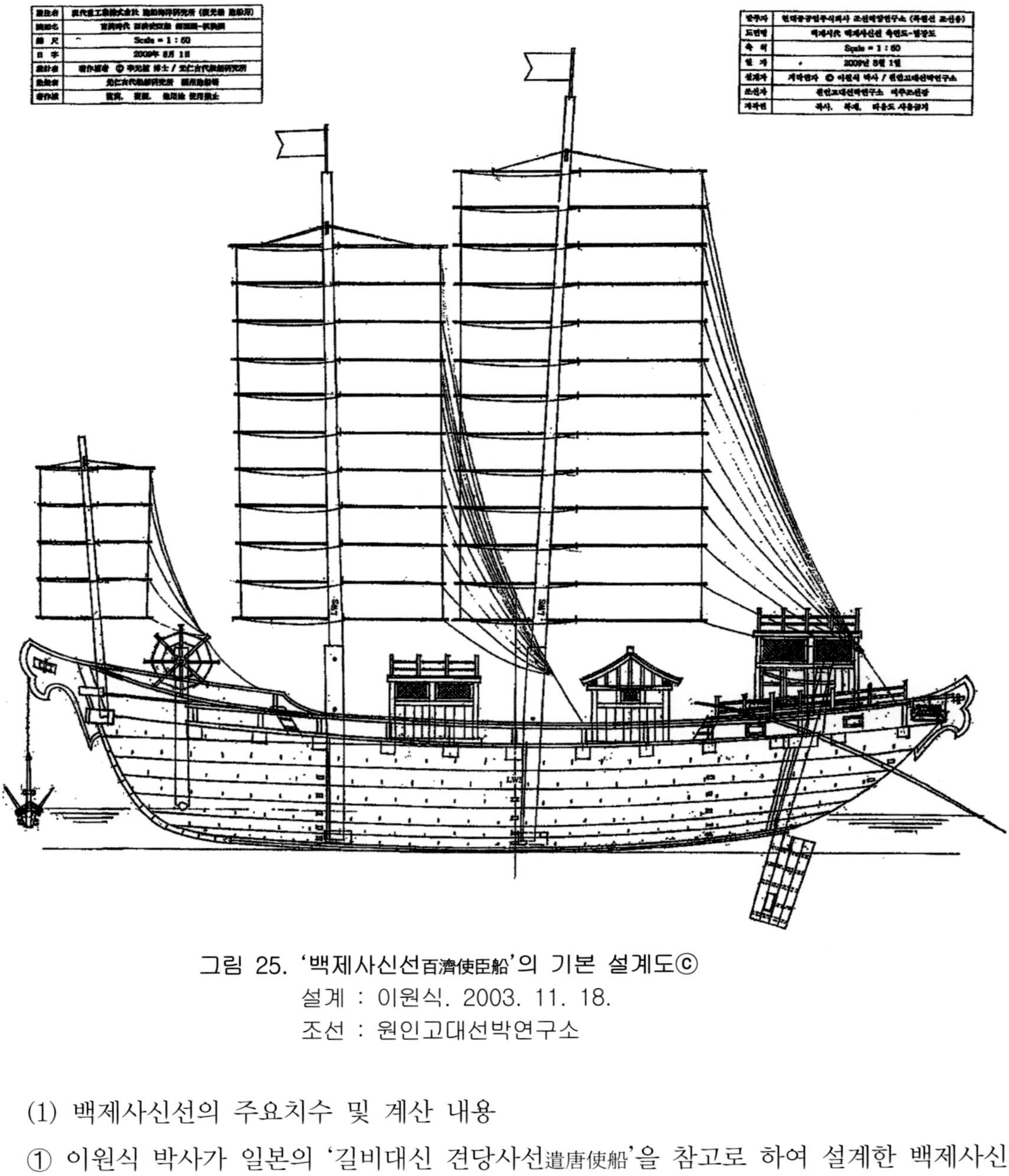

그림 25. '백제사신선百濟使臣船'의 기본 설계도ⓒ
설계 : 이원식. 2003. 11. 18.
조선 : 원인고대선박연구소

(1) 백제사신선의 주요치수 및 계산 내용

① 이원식 박사가 일본의 '길비대신 견당사선遣唐使船'을 참고로 하여 설계한 백제사신선 의 주요치수는 아래와 같다.

1. 배의 전체 길이 : 22.35 m
2. 배의 선체 길이 : 18.00 m
3. 배의 한판 너비 : 6.65 m

4. 배의 선체 높이 : 2.90 m

5. 배의 뱃밑 길이 : 14.05 m

② 서울대학교 선박조종연구실에서 계산 도출한 내용은 아래와 같다.

㉠ 선박에 화물을 적재하지 아니한 자중自重 즉 경하중輕荷重 때의
흘수吃水 -(배가 물에 잠기는 깊이) ……………… 0.60 m
배수량 또는 배의 무게 -(Displacement) ……………… 21.50 톤

㉡ 선박에 화물을 만재한 때 즉 만재하중 때의
흘수吃水 -(배가 물에 잠기는 깊이) ……………… 1.80 m
배수량 또는 배의 무게 -(Displacement) ……………… 107.72 톤
참고 : 고대의 목선에서는 만재 가능한 선복의 약 60~70% 정도를 적재하므로(풍랑 등으로 인한 배의 침몰을 고려하여 화물을 적재한다) 적재 가능한 화물의 중량 은 약 50~60톤 정도가 된다.

㉢ 백제사신선의 횡방향 복원성(배가 옆으로 기울어졌을 때 다시 복원되는 성능) -(GZ Curve 참조)

ⓐ 선박의 횡방향 복원 각도 :
선박이 옆으로 기울어지더라도 바로 원상으로 복원되는 각도 ………… 32도

ⓑ 선박의 횡방향 침몰 각도 :
선박이 완전히 옆으로 기울어져서 침몰되는 각도 ……………… 80도

㉣ 유체정역학적 곡선 (배수량 곡선)

Hydrostatic Curve

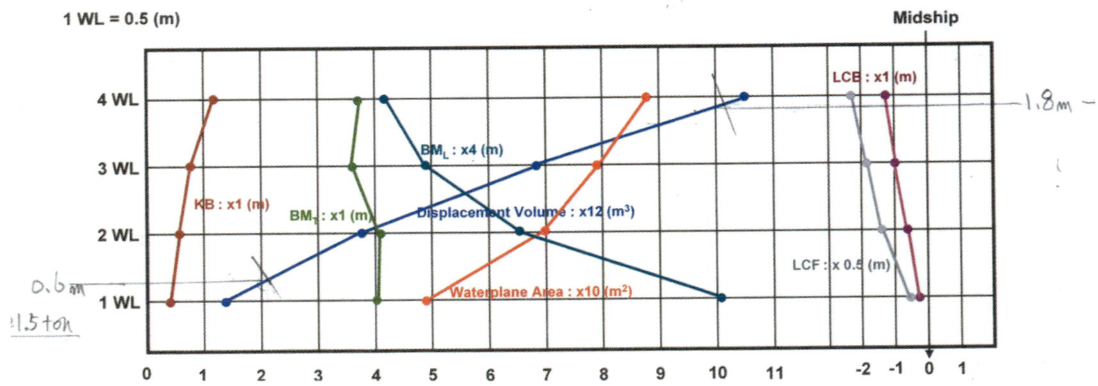

복원성 곡선

Gz Curve

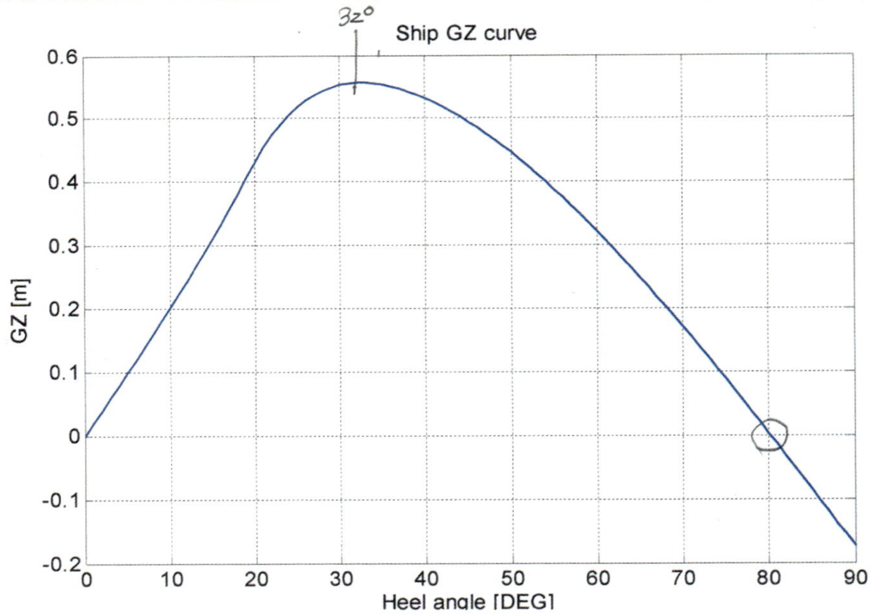

그림 26. 백제사신선의 배수량 및 복원성 결과ⓒ

(2) 백제 사신선의 복원

① 백제 사신선. 전경ⓒ

② 백제 사신선. 좌현ⓒ

③ 백제 사신선. 우현ⓒ

④ 백제 사신선. 선수ⓒ

⑤ 백제 사신선. 선미ⓒ

그림 27. 백제 사신선의 축척 모형선(①~⑤)ⓒ

2.3 신라新羅

신라新羅에서는 경주의 금령총에서 출토한 통나무배 모양의 제사 토기와 같은 통나무 쪽배를 이용하여 어로 활동도 하고 돛을 매어 달아 멀리 왜국으로 항해하며 왕래하기도 하였다.

통나무 쪽배의 유물로 1975년 경주 안압지雁鴨池(신라시대 때 궁성 안에 인공으로 만든 못)에서 출토한 3쪽 짜리 통나무 쪽배가 있는데 이것은 제5발달 단계에 속하는 아주 잘 발달된 배이다. 안압지를 정화하던 중에 동쪽 연못에서 소나무로 만들어진 배가 엎어진 채로 발견된 것이다. 우리나라의 토양은 산성이기 때문에 목제 유물은 거의 출토되지 않는데, 다행히 안압지에서 발견된 배는 뻘(진흙)에 빠져 있었기 때문에 원형에 가까운 상태로 보존되어 있었다.

이 목선은 국내에서 원형 그대로 발견된 최초의 것으로 우리 배의 발달 과정을 알 수 있는 아주 귀중한 유물이다.

그림 28. 안압지雁鴨池 출토의 통궁이 쪽배(세쪽배)ⓒ
소장 : 국립경주박물관

>>> 안압지 출토 배의 개요

① 발굴시기 : 1975년~1976년
② 발굴장소 : 경상북도 경주군 반월성 인근 안압지
③ 제작시기 : 8~9세기(통일신라 시대)
④ 재　　료 : 소나무
⑤ 유　　물 : 고대 선박, 통나무 쪽배－퉁궁이(세 쪽배) 한 척
⑥ 잔존 선체의 크기 : 길이－6.2m, 깊이－약 0.4m, 두께－약 15cm~18cm
⑦ 복원 선체의 규모 : 길이－7.5m, 너비－1.5m, 깊이－0.45m(추정치)

강변이나 해변이 아닌 내륙의 인공 연못에서 배를 발굴 인양한 예는 드물 뿐만 아니라 외쪽 통나무 쪽배가 아니고 세 쪽을 옆으로 연결한 통나무 세 쪽배라는 점에서 이 배는 매우 주목할 만하다. 더구나 쪽배의 구조와 결구도 매우 특이하다.

안압지는 신라 천년의 궁성인 반월성半月城의 동북쪽에 자리하고 있다. 신라 시대에는 월지月池라고 했다고 한다. 안압지雁鴨池라는 이름은 신라가 패망하고 이 월지月池가 폐허가 된 후 갈대가 무성하게 자라고 기러기(雁)와 오리(鴨)떼가 날아와 노니는 모습을 보고 조선시대의 문객들이 안압지雁鴨池라고 부른 것이 그대로 전하여 졌다고 한다. 문무왕文武王 14년(674년) 2월에 궁 안에 연못을 파고 산을 만들어서 화초를 심고 예쁜 새와 기이한 짐승을 길렀고, 이 연못 근처에 임해전臨海殿 전각이 있었으며 이 임해전臨海殿의 월지月池에서 배를 띄워 놓고 뱃놀이를 하였다고 전하는데, 사기史記나 유사遺事에는 자세한 기록이 없다. 연못에서 용왕전龍王殿에서 사용했을 것으로 보이는, '용왕신심龍王辛審'이라는 글씨가 음각된 제사 용기 등 제사와 관련된 유물이 출토된 것으로 보아 통나무 쪽배－퉁궁이 안에서 '용왕제龍王祭' 의식을 행한 것으로 추정된다.

1975년의 발굴 조사 때 통나무 쪽배 한 척과 옆으로 젓는 노(박) 다섯 점 그리고 두 척 분량의 선체 파편이 출토되었다. 이 안압지 통나무 쪽배는 연못 동쪽의 반도처럼 돌출한 석축 바로 앞에 뒤집혀 있는 상태로 발견되었다.

위 통나무 쪽배의 모양을 스케치하여 이를 기본으로 설계도를 작성하고, 3차원 컴퓨터그래픽 기법으로 통나무 쪽배를 재현한 그림은 다음과 같다.

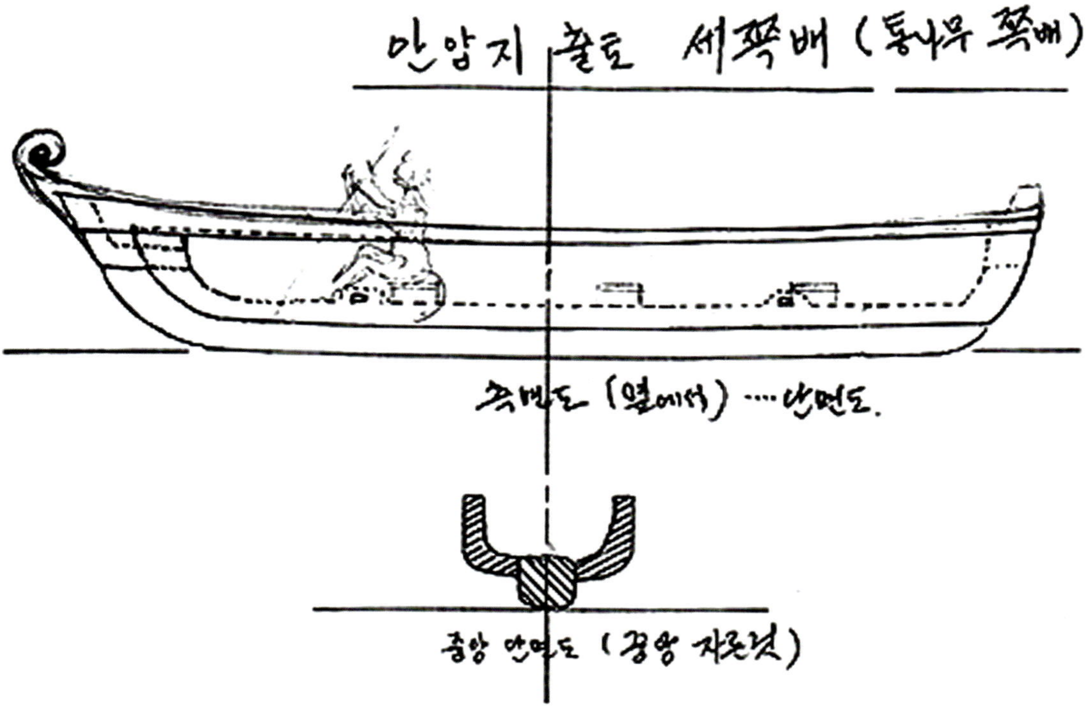

그림 29. 안압지 통나무 쪽배 – 퉁궁이의 스케치
출전 : www.koreanship.culturecontent.com, 복원 설계, 고증 : 이원식ⓒ

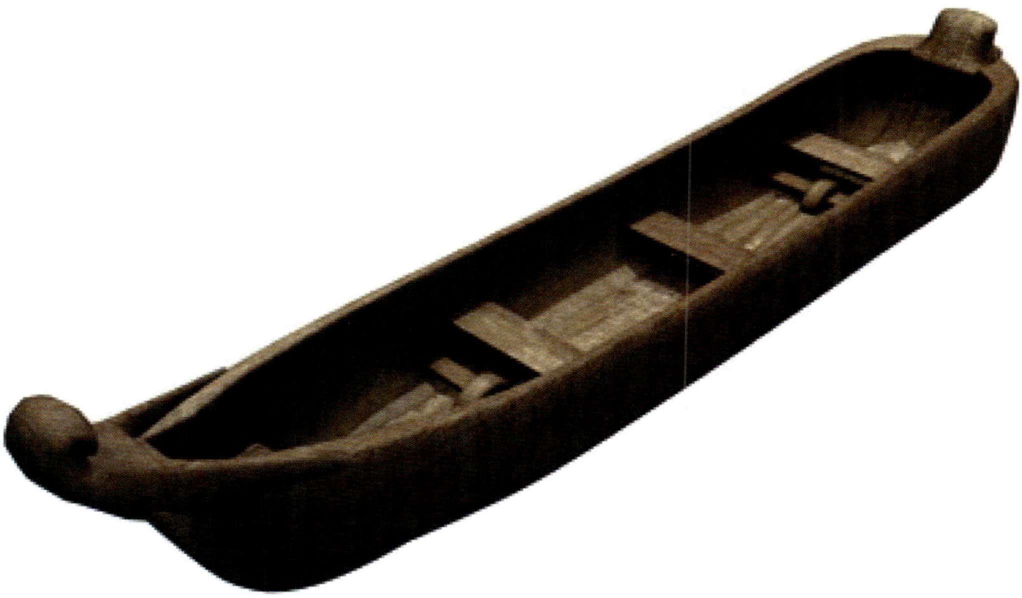

그림 30. 안압지 통나무 쪽배 – 퉁궁이의 3차원 그래픽ⓒ
출전 : www.koreanship.culturecontent.com, 복원 설계, 고증 : 이원식

>>> 안압지 출토 통나무 쪽배-퉁궁이의 특징

안압지雁鴨池 통나무 세 쪽배는 통나무 쪽배 발달 과정에서 마지막 단계에 속하는 유형이다. 즉 통나무 세 토막을 각각 속을 파내고 배 모양으로 공작 가공한 후 연결하였는데, 가운데 토막의 바닥 위에는 둥근 나무 턱을 만들고 이 턱 아래에 구멍을 내어 참나무로 만든 나무창(가쉐)을 꿰어 세 쪽을 옆으로 이어서 조립하였다. 이는 후대 한선의 저판 조립 방식과 동일한 형식이다. 이 나무창은 가쉐長槊를 겸한 바닥 장쇠長釗의 역할을 한다. 온전한 배 한 척과 함께 옆에서 젓는 노 다섯 개를 발굴하였다. 이 노(우리말로는 '박'이라고 한다.)는 길이 1.7∼2.4m에 이르고 맨 끝에는 'ㅜ' 모양의 손잡이가 달려 있는 등 여러 가지 형태가 있다.

이 배는 뱃전 위쪽 옆으로 활아지를 대어 붙여 뱃전의 손상을 방지한 것 같다. 뱃전 위에는 노의 몽고지(노 걸개)를 꽂는다. 이 노의 몽고지(노 걸개)에 노끈으로 노를 매어 단다.

배의 바닥의 공작방법을 자세히 살펴보면, 먼저 두 토막의 통나무 속을 'ㄴ'자와 'ㅢ'자 모양으로 각각 파내어 양쪽으로 마주보게 벌려 놓고 그 가운데에 같은 두께의 통나무로 속을 파낸 쪽을 붙여 너비를 넓히는 방식이다.

양쪽 뱃전의 바닥에는 네모진 구멍을 뚫고 가운데판의 한가운데에 가쉐 구멍을 만든 후, 여기에 가로다지 나무창인 가쉐長槊를 꽂아 뱃밑을 연결하여 세 쪽이 서로 벌어지지 않도록 하였다. 이렇게 해서 뱃밑의 가쉐와 장쇠, 두 가지 역할을 동시에 하도록 하였다. 이러한 배의 모양새는 통나무배의 가장 발달된 단계로서 준구조선의 시작이라고 말할 수 있다.

신라의 해상활동

신라가 중국 대륙의 나라와 교류를 시작한 것은 내물왕奈勿王 22년(377년)으로서 고구려를 통하여 진秦에 조공하였고, 내물왕奈勿王 26년(381년)에는 백제의 사신을 따라 백제의 선박에 편승하여 진秦에 조공을 하였다.

지증왕 13년(512년)에 이사부異斯夫 장군은 나무로 사자獅子를 만들어 전선에 장치하고, 육지에서 약 160Km 떨어진 동해에 위치한 우산국于山國(지금의 울릉도)을 정복하고 신라에 복속 시켰다.

진흥왕 14년(553년)에는 백제와 일전을 벌려 북한산주北漢山州와 한강 남천南川을 차지하게 되었다. 이어서 200여척의 병선을 동원하여 한강 하류까지 공략하고 경기만으로 진출하였으며, 남양만에서 서해를 건너 중국 대륙의 여러 나라와 해상교통로를 통한 조공무역을 하게 되었다.

일본서기日本書紀 응신천황應神天皇 31년(300년)에 "신라의 사신선使臣船이 부우고武庫-(지금의 병고현兵庫縣) 항구에서 불이 나서 일본 선박 다수가 불타 버려 신라왕은 이 말을 듣고 놀라서 선장船匠(배목수)를 보내서 선박을 건조하게 하였다."라고 하였다.

일본과 지리상 가까운 거리에 있는 신라는 혁거세거서간赫居世居西干 8년(BC 50년)에 왜인倭人들이 군사를 끌고 와서 변경을 침범한 것을 시작으로 남해차차웅南解次次雄 11년(AD 14년)에 왜인이 병선 100여척을 보내어 해변의 민가를 약탈한 이래 500년 동안이나 간헐적으로 왜인倭人의 병선兵船이 변방을 침범하였으며, 왜구倭寇의 침구侵寇에도 많은 피해를 입었다. 왜군倭軍과 왜구倭寇가 왕성王城까지 공격하는 사태가 발생하기도 하였다.

신라는 이에 대항하기 위하여 유례왕儒禮王 6년(289년)에는 [리주즙利舟楫]을, 자비왕慈悲王 10년(467년)에는 [유사수리전함有司修理戰艦]을, 지증왕智證王 6년(505년)에는 [제주즙지리制舟楫之利]라는 제도를 실시하여 함선艦船을 건조하고 이를 수리하고 관리하였으며, 래습來襲하는 왜군의 병선兵船이나 왜구의 선박船舶들을 격퇴하고 방어하는 활동을 하였다.

3. 통일신라 시대統一新羅 時代

통일신라는 백제의 조선 기술과 항해술을 수용하고 계승하여 당唐과 해상을 통한 교역을 하였다. 장보고張保皐는 완도에 청해진靑海鎭을 설치하고 대사大使가되어 수군水軍의 본거지로 삼아 해적을 소탕하고, 교관선交關船(교역선)을 이용하여 신라와 당 그리고 일본을 잇는 삼국간의 해상 무역을 활발히 하였으며 삼국간 해역의 해상권을 장악하였다. 장보고가 당唐의 산동山東 해안지방에서 활동한 시기는 대체로 816년에서 826년이 된다.[1) 장보고는 신라 흥덕왕 3년(828년)에 당으로부터 신라로 도해渡海하여 청해진淸海鎭의 대사로 부임하였다. 여러 사람萬人을 거느리고 서, 남해를 지키면서 당, 신라, 일본 간의 해양무역 활동을 전개하였다.

해양무역 활동의 근거지는 당唐 산동반도의 적산포赤山浦였다. 당내唐內는 유산포乳山浦에서 회강유역淮江流域의 초주楚州 연수漣水 양주揚州 그리고 강회운하江淮運河 수역水域이며, 항해해역은 적산포에서 황해黃海를 횡단하고 신라의 청해진淸海鎭을 경유하여 대마도對馬島를 지나서 일본 규슈九州의 하까다항博多港에 이르는 해역으로서 이를 적산항로赤山航路라고 한다. 신당서新唐書에서 청해진淸海鎭은 당과 일본을 연결하는 바닷길海路의 요要라고 한 것은 지리적으로 보면 청해진은 당과 일본 간 항로의 중간 지점이 되는 곳이며 해양무역의 중심축이 되는 곳이다.

장보고가 당의 산동 적산포에서 신라로 부임하여 청해진을 설진設陣하고 해양무역을 하였는데 해양무역에는 과연 어떠한 선박들이 이용되었는가 하는 것이 의문으로 남아

1) 허일 최재수 강상택 이창억 [장보고와 황해 해상무역] 국학자료원 2001. 61쪽

있다. 본고本稿에서는 장보고 교관선交關船의 선형船型과 구조 그리고 주요치수를 추정하여 교관선의 조선학적인 복원을 시도하고자 하였다.

3.1 장보고 교관선의 선형船型 추정

지금으로부터 1180년 전의 선박에 대한 구조를 추정하기는 매우 어렵다. 그러나 현재 발굴하여 잔존되어 있는 선체와 관련 자료들을 참고로 하여 장보고 교관선의 선형을 추정하려고 한다.

우선, 교관선의 조선지造船地와 그에 따르는 선형을 가정하여 정리하면 표 2와 같다.

표 2. 장보고張保皐 교관선交關船의 조선지造船地 및 선형의 가정假定ⓒ

番號	騎船者/時期	造船地	船型	造船匠人	記錄上 船名
1	新羅人/ 828年 以前	新羅 本土	平底 船型式	新羅本土人	新羅 本土製 新羅船
2	張保皐/ 828年 以前	唐 山東	平底 船型式? 平底＋曲 船型式? 沙船 船型式?	在唐新羅人(前百濟人)	山東 赤山製 新羅船
3	張保皐/ 828－841年	新羅 靑海鎭	平底 船型式	唐來 在唐新羅人(前百濟人)과 新羅(前百濟)本土人	新羅 本土製 新羅船

신라 흥덕왕興德王 3년(828년) 이전에 신라 본토에서 조선 건조한 교역선의 선형에 대하여 삼국시대나 통일신라시대 때 사용하였던 선박의 유물이나 회화는 남아 있는 것이 없다. 삼국사기나 삼국유사 같은 역사서나 그 외로 고서적古書籍 고전적古典籍 같은 데에도 선박의 정확한 치수나 구조 같은 것을 밝혀 놓은 것이 없고, 참고할 회화繪畫나 실경화實景畫도 남아 있는 것이 없다.

다만 신라시대의 '통나무 쪽배刳船'의 유물이 경주 안압지에서 발굴되었고 고총古塚에서 '선형船型 토기'가 발굴된 바 있다. 일본에는 8세기 것으로 성덕태자회전聖德太子繪傳과 길비대신입당회사吉備大臣入唐繪詞가 있는데 여기에 그려진 선박은 백제식 선형으로 전해오고 있다.

장보고 교관선을 복원하기 위하여 역사적으로 당시와 가까운 시기의 유물자료를 인용하여 추정할 수 밖에 없으며 그 관련 자료로서 11세기 고려시대에 연안 무역을 하던 해선海船이 완도 근해에서 1984년 이래, 발굴되고 이어서 달리도達里島 등의 연안무역선이 차례로 발굴되었다. 2005년에는 중국 산동성의 봉래시 수성水城(선소船所)에서 14세기 경의 고려의 원양무역선이 발굴되었다.

13세기에 송宋의 사신 서긍徐兢이 저술한 '선화봉사고려도경宣和奉使高麗圖經'에는 당시 고려해선의 선형 및 구조에 관한 상세한 기록이 남아 있다. 조선시대 해선의 자료 중에 도해선渡海船(원양선遠洋船)에 관한 자료도 남아 있다.

특히 일본의 구법승求法僧 엔닌圓仁이 저술한 '입당구법순례행기入唐求法巡禮行記'가 있는데 여기에는 장보고 및 교관선과 직접 관련된 기록이 남아 있다.

따라서 다음 장에서 언급하는 고려시대의 완도선과 달리도선, 선화봉사고려도경, 봉래 제3호선, 고려동경 등의 자료를 인용하였다.

이러한 자료들을 참고로 하여 역순逆順으로 통일신라시대 장보고 교관선의 선형을 추정하고자 한다.

1985年에 완도 근해에서 발굴 인양한 12세기 고려해선高麗海船(벌저筏底 방형方型 노축艫舳 평저선平底船)의 치수를 기본으로 하여 2세기 전인 통일신라시대 교관선의 치수를 추정하면 아래와 같다.

완도선의 주요치수를 1.5-2.0배로 단순 계산하여 장보고 교관선의 치수를 추정하였다.

표 3. 완도선의 치수를 기본으로 배수 계산ⓒ (단위 : m)

	완도선	교관선(추정)	교관선(추정)
확대 비교 →	1.0배	1.5배	2.0배
배의 길이(船長)	11.85	17.8	23.7
배의 너비(船廣)	3.52	5.3	7.0
배의 깊이(船深)	1.67	2.5	3.3

표 4. 완도선의 치수를 기본으로 교관선의 치수 추정ⓒ (단위 : m)

	선별	항목	船長	船廣	船深	底板長	底板廣	비고
1	완도선	잔존 선체	9.0	3.5	1.50	6.5	1.65	
		복원 선체	11.85	3.52	1.67	6.5	1.65	이원식 추정
		치수비	L/B = 3.37, B/D = 2.10, L/D = 7.10					
2	교관선	2배 추정 계산	23.7	7.0	3.3	13.0	2.3(추정)	단순 계산
		치수비	L/B = 3.37, B/D = 2.10, L/D = 7.10					

그림 31. 장보고 교관선의 3차원 그래픽
출전 : www.koreanship.culturecontent.com, 복원설계 : 이원식ⓒ

3.2 고려해선高麗海船, 봉래 제3호고대선蓬萊第3號古代船과 교관선의 비교

우리나라의 진도선珍島船, 완도선莞島船, 달리도선達里島船, 군산도선群山島船, 중국의 봉래 제3호고대선蓬萊第3號古代船과 장보고 교관선交關船의 활동 해역, 선형, 배밑底板 조립방법, 현판舷板 조립방법, 배밑底板 봉합용 가쉐長栔, 현판舷板 봉합용 피쉐皮栔, 선체의 주재료 등을 상호 비교하여 보고 또 조선학의 주요 치수 및 주요 치수비 항목에 대하여 비교 검토한 결과는 다음과 같다.

1) 고려해선高麗海船, 봉래 제3호고대선蓬萊第3號古代船과 장보고 교관선의 활동해역, 선형, 구조 등의 비교

표 5. 고려해선高麗海船, 봉래 제3호고대선蓬萊第3號古代船과 장보고 교관선의 활동해역, 선형, 구조 등의 비교표ⓒ

番號	項目	珍島船	莞島船	達里島船	群山島船	蓬萊3號船	交關船	差異
1	海域	南西	南西	南西	南西	南西 北	南 西 北	同一
2	船型	平底船	平底船	半平底船	半平底船	半平底船	半平底船	同一
3	底板條/長槊	12/12	5/6	3/12	3/7	3/17	*5/17	同一
4	舷板條/皮槊	7/有	7/有	7/有	7/有	9/有	*9/有	同一
5	舷板造立式	Clinker built	Clinker built	Clinker built	Clinker built	Clinker built	Clinker built	同一
6	駕龍木	有	有	有	有	無	有	不同
7	艙壁	–	–	–	–	有	若有	不同
8	肋骨	–	–	–	–	有	若有	不同
9	頭桅	1	1 추정	1 추정	1 추정	1 추정	1 추정	同一
10	腰桅	1	1 추정	1 추정	1 추정	腰1 추정 尾1 추정	1 추정	不同
11	조풍	1	1 추정	1 추정	1 추정	1 추정	1 추정	同一
12	主材料	松木	松木	松木	松木	松木	松木	同一
13	時代	1900年	1100년	1300年	1200年	1300年	820年	不同

[* 추정]ⓒ

고찰 :

1. 교관선의 항해 해역은 황해黃海를 횡단하여 한반도의 서해 서남해 연안, 남동으로는 일본의 현해玄海 규슈九州 연안 해역으로서 고려선이나 봉래 제3호선과 동일하다.
2. 교관선의 현판舷板 조립방식은 남서해의 전통적인 평저선의 조립 방법과 동일하고, 원양선의 기본인 저판底板은 3~5조 현판舷板은 9~11조, 조립방식은 개탕어린탑접식開鍚魚鱗塔接式(Clinker built method)으로서 고려해선高麗海船, 봉래 제3호고대선蓬萊第3號古代船과 동일하다고 추정된다.
3. 교관선이 봉래 제3호선과 동일하게 원양선의 기본인 창벽艙壁(격벽膈壁) 구조를 가졌느냐의 여부는 판단하기 이르나, 황파荒波가 몰아치는 원양을 항해하게 되고 장기간 항해를 하여야 할 필요가 있으므로 창벽과 늑골肋骨 구조는 필수조건이라고 할 수 있다.

2) 고려해선高麗海船, 봉래 제3호고대선蓬萊第3號古代船과 장보고 교관선의 비교 고찰

위의 표 5에서 각선各船의 선형, 조립방법, 구조, 주요치수를 비교하여 보았다. 이 비교표 상에서 선형, 조립기법, 구조, 주요치수의 항목이 동일하다는 것을 확인하였다. 선박의 주요치수 항목이 동일하다는 것은 선박의 형태와 구조가 동일하다는 것을 의미한다. 바꾸어 말하면 봉래 제3호고대선과 장보고 교관선의 선체 구조는 11세기~20세기의 한선의 선체 구조와 동일하고, 조선 공작 기법도 동일하다는 것을 의미한다.

봉래 제3호고대선과 장보고 교관선의 비교 고찰 결과는 아래와 같다.

① 봉래 제3호선과 교관선은, 한국의 진도선, 완도선, 달리도선, 군산도선과는 동종의 한선韓船과 같은 해선海船이다.
② 봉래 제3호선과 교관선은, 달리도선과 선체의 선형, 각부의 치수의 비례가 근사하다.
③ 봉래 제3호선과 교관선은, 달리도선에 비하여 선체장은 약 2배 정도 규모의 해선으로 추정된다.
④ 봉래 제3호선과 달리도선은 각각 3조의 밑판底板으로 구성되어 있으나, 교관선은 3조 이상으로 추정한다.
⑤ 봉래 제3호선은 고려해선과 달리 늑골肋骨과 창벽艙壁(격벽膈壁)이 있다. 교관선에도 늑골과 창벽(격벽)이 있었을 것이라는 추정을 할 수 있다.

3.3 장보고가 당唐의 적산포赤山浦에서 신라로 부임할 때 타고 왔던 교관선의 선형

1) 신라로 부임하기 전의 장보고의 해양무역 활동과 교관선의 선양船樣

장보고가 흥덕왕興德王 3년(828년)에 적산포에서 신라 청해진 대사로 부임하였는데, 부임하기 4년 전인 824년에 일본의 규슈 하까다博多로 무역 차 갔다가 당으로 돌아가는 길에 신라로 행선하기로 하였으나 계획을 바꾸어 곧바로 산동 적산포로 돌아간 사실을 환속승還俗僧인 이신혜李信惠가 증언하고 있다.

이러한 사실은 장보고가 신라로 부임하기 이전에 이미 산동 적산포에서 일본의 규슈九州로 무역 행상을 다녔었다는 것을 말하는 것이며, 이때의 무역선은 산동에서 조선造船한 것으로 보여 지는데, 산동식山東式 선형의 무역선이 당의 동해, 신라의 서 남해, 일본의 현해玄海 등을 무난히 항해할 수 있는 선형이었다는 것을 증명하고 있다.

그렇다고 하면 교관선의 선형은 신라식新羅式 다시 말하면 전백제식前百濟式 선형이라고 할 수 있다. 교관선은 우리나라의 남서 해안과 서해안 그리고 황해를 횡단하여 항해할 수 있고 일본으로도 항해할 수 있는 선형이라는 것이다.

엔닌圓仁의 839년 5월 25일 일기[2]에 "신라선 한 척이 흰 돛을 달고 바다 어구를 따라 떠나갔다."라고 하였다. 여기에서 당唐의 선박 즉 당선唐船이라고 하지 않고 신라선이라고 한 것은 신라선의 선양船樣이나 구조가 당선唐船과는 완연히 다르기 때문에 원거리에서도 분별을 할 수 있었을 것이다. 또한 당인唐人의 선박이 아니고 재당신라인在唐新羅人의 선박이었기에 당연이 신라선이라고 하였을 것이다.

신라·백제사 연구가인 김성호金聖昊 박사의 [중국진출 백제인의 해상활동 천오백년] '재당신라인의 대일무역 200년사'에서 "200여 년 동안 대일무역을 주도한 집단은 신라선에 흰 돛을 휘날리면서 동아시아 해역을 다니던 재당신라인在唐新羅人들이었다"라고 하였다. 또한 "일본의 '육국사六國史' 전체를 통 털어도 신라선이라는 선명船名은 등장하지만 당선唐船은 한 척도 기록된 바가 없다."고 하였다.

위와 같은 여러 가지 사실史實들을 종합하여 볼 때, 재당신라인의 신라선이라고 하는 것은 신라인(전백제인前百濟人)이 조선造船을 하고 운항하였던 전백제식 즉 서남해식西南海式 무역선을 암시하는 것이다. 서남해식 신라 무역선은 300~400년 후의 완도선 달리도선 봉래 제3호선의 할아버지 배 즉 조상선祖上船이 되는 것이다. 다시 말하면 재당신라인의 교관선은 완도선 달리도선 봉래 제3고대선과 조손관계祖孫關係에 있는 동일한 선형의 선박이다.

2) 장보고 무역 선단船團의 활동 해역

일본의 입당구법승入唐求法僧인 엔닌圓仁의 일기에 의하면, 장보고는 문등현文登縣 적산포赤山浦를 근거지로 하여 단산포旦山浦 양주揚州 연수漣水 유산포乳山浦 회남淮南 등과 그 외 여러 곳을 활동 무대로 하였다는 것을 알 수 있다. 이러한 해양 활동을 할 수 있었던 것은 그 지역의 지리 환경과 사정을 잘 알 뿐만이 아니라 무역 대상지와 깊은 관계가 있었고, 무엇보다도 여러 수역을 운항할 수 있는 수종數種의 선박을 보유하고 있었다고 판단된다. 또한 그 선박을 자유자재로 운항할 수 있는 항해술과 조종술도 겸비하고 있었다고 판단된다. 뿐만 아니라 그 지역 일대의 풍향과 풍속, 해류와 조류, 조수 간만의 차와 시각 등에 익숙하여 천문 항해와 지문地文 항해를 능히 할 수 있었으며, 해양 기상과

2) 엔닌(圓仁), '入唐求法巡禮行記', 847.

계절풍의 이용을 잘 하였다는 것을 알 수 있다. 그리고 그 선단船團의 무역선은 산동山東 동해안의 바다에서 회하淮河의 강상江上까지, 양자강揚子江의 양주揚州와 강상江上 등지로 운항할 수 있는 전수로全水路 선단船團이었다는 것을 암시하고 있다.

우리나라의 경우 서해안이나 강화도江華島의 해선海船은 양화진楊花鎭 서강西江 마포진麻浦津 노량진鷺梁津 용산진龍山津 동작진銅雀津까지 거슬러 올라 갈 수 있었다.

일본의 입당구법승入唐求法僧인 엔닌圓仁의 '입당구법순례행기入唐求法巡禮行記'의 기록에 당의 연호를 사용하여 다음과 같은 기록이 있다.

一. 개성4년(839년) 윤1월4일－초주楚州에서 구입한 신라선 9척을 수리하기 위하여 신라인 통역 김정남金正男의 요청에 따라 공장工匠 36명을 초주로 보냈다.

一. 개성4년(839년) 4월26일－오래되지 않아 압아押衙가 탄 신라선이 왔다.

一. 개성4년(839년) 5월25일－신라선 한척이 흰 돛을 달고 바다 어구海口를 따라 떠나갔다.

一. 개성4년(839년) 6월7일－신라선에 돛을 올리고 항해하여 적산포 동쪽에 정박하였다.

一. 개성4년(839년) 6월27일－장보고 대사大使의 교관선 2척이 단산포旦山浦에 도착했다.

一. 개성5년(840년) 2월15일－최압아崔押衙의 배(신라선)가 양주揚州에서와 유산포乳山浦에 머물다.

一. 개성5년(840년) 2월17일－최압아崔押衙가 엔닌圓仁을 "연수漣水에서 회남淮南으로(신라선으로) 보내주겠다고" 약속했다.(장보고 대사에게 보내는 서신 중에)

一. 회창5년(845년) 7월20일－유산乳山의 장회포長淮浦에서 김진金眞의 배(신라선)를 만나 물건들을 싣다.

一. 회창5년(845년) 9월2일－(신라선을 타고) 정오 무렵에 적산포赤山浦를 떠나 바다를 건넜다.

3) 장보고 선단船團의 해양무역 항로

장보고 선단船團이 당－신라－일본 간의 해양 무역 활동을 할 때 개척하거나 이용한 항로는 세 갈래로 볼 수 있다.

제1 항로－산동山東의 문등현文登縣 적산포 ↔ 동행東行 ↔ 황해횡단黃海橫斷 ↔ 신라 서해안 ↔ 연안항해 ↔ 남하南下 ↔ 청해진淸海鎭

제2 항로－초주楚州, 연수漣水 ↔ 동행東行 ↔ 황해횡단黃海橫斷 ↔ 신라 서해안 ↔ 연안항해 ↔ 남하南下 ↔ 청해진淸海鎭

제3 항로－명주明州 ↔ 연안항해 ↔ 북상北上 ↔ 남동南東 황해횡단黃海橫斷 ↔ 신라 서남 해안 ↔ 연안항해 ↔ 청해진淸海鎭

그림 32. 장보고 선단船團의 해양 무역 항로
출전 : 中國地圖集 中國地圖出版社 2000
그림 : 이원식ⓒ

3.4 장보고 교관선의 복원

교관선은 갑판 위에 선실이 여러 개 있는 평저구조선平底構造船 형식으로 돛대를 여러 개(3개) 세운 선박이었던 것으로 추정된다. 이와 같은 추정은 다음과 같은 3가지 사실에 근거를 두고 있다.

첫째, 장보고의 무역선이 갑판 위에 선실을 구비한 누선형樓船型으로 추정되는 이유는 원양 항해선이었던 만큼 비바람 등을 막고, 함께 내왕했던 하주나 상인들을 수용하기 위해 선실을 구비했어야 했기 때문이다. 본래 누선은 중국에서 군선으로 발달한 배이다. 그런데 삼국시대 이래로 중국이 우리나라를 침략할 적마다 누선을 가지고 왔기 때문에 재당 신라인들도 당연히 누선형의 배를 익히 알고 있었을 것이다. 그러다가 누선은 군용뿐 아니라 사신선이나 교역선 같은 배에도 점차 쓰이게 되었다.

둘째, 장보고가 활동하던 9세기는 당나라가 전성기를 지나 국운이 기울기 시작하던 무렵이다. 당시 중국의 누선은 전형적인 원저선圓底船으로서 현재 정크선의 모체가 된 사선沙船을 초기 시대에 개발하여 국내에서는 조운선漕運船으로, 대외적으로는 원양무역선 또는 사신선 등으로 활용하고 있었다.

사선은 특히 양쯔강 하류의 상해 근처 숭명도崇明島 북양에 적합한 선형인데, 선저가 평탄하므로 황해 연안 등 수심이 얕은 지리적 조건과 잘 맞았기 때문이다. 당시 장보고 해상 무역 항로 또한 이러한 지리적 조건의 제약을 받을 수 밖에 없었다고 볼 때, 장보고가 중국배를 그대로 사용하였든 절충식 선박을 만들어 사용하였든 간에 그 구조가 반평저半平底 구조선構造船이었을 것으로 추측된다.

셋째, 당시의 관련 문헌을 보면 장보고는 탁월한 항해술을 체득하고 있었던 인물이었던 것으로 보인다. 당시의 항해술은 천문 기상 및 해류 조류에 대한 지식과 선박 조종술에 의해 좌우되었다. 특히 조종술은 바람을 이용하는 돛의 구사 능력에 달려 있었고, 그것은 곧 역풍을 이용할 수 있는 능력이라고도 할 수 있다. 남중국선은 일찍이 돛을 여러 개씩 달아 역풍을 잘 이용하였는데, 중국에 오랫동안 머물러 있으면서 그 곳의 문물에 밝았던 장보고가 당연히 돛을 두 개 이상 장착한 다외선多桅船을 사용하였을 것임이 분명하다.

위와 같은 조사자료를 근거로 하여 800년대 통일신라 교관선의 복원을 위하여 주요치수를 다음과 같이 수립하였다.

주요 치수(Principal Dimensions)

전　장全　長 (Length Over All)	108자尺 6치寸	(32.9 m)
선　장船　長 (Length of Hull)	99자尺 0치寸	(30.0 m)
전　광全　廣 (Breadth of Ship)	31자尺 0치寸	(9.4 m)
선　광船　廣 (Breadth Molded)	25자尺 4치寸	(7.7 m)
형　심型　深 (Depth Molded)	12자尺 6치寸	(3.8 m)
흘수심吃水深 (Draft Molded)	7자尺 9치寸	(2.4 m)
전　고全　高 (Height)	15자尺 9치寸	(4.8 m)

상기의 치수를 근거로 하여 축척 1/25로 제작한 모형선의 그림은 다음과 같다.

① 장보고 교관선. 전경ⓒ

② 장보고 교관선. 좌현ⓒ

③ 장보고 교관선. 우현ⓒ

④ 장보고 교관선. 선수ⓒ

⑤ 장보고 교관선. 선미ⓒ

그림 33. 장보고 교관선의 축척 모형선(①~⑤)ⓒ

4. 고려 시대高麗 時代

고려는 막강한 수군 함대를 거느리고 있었으며 고려의 왕건王建은 여섯 차례나 후백제의 견훤甄萱을 공략하여 섬멸하였다. 해양 세력을 주축으로 반도를 통일하게 된 통일 고려는 수군 함선뿐만이 아니라 초마선哨馬船과 과맹선戈猛船도 개발하였다.

한국과 중국의 연안 해저에서 발굴 인양한 고려해선과 송나라 사신 서긍徐兢이 저술한 '선화봉사 고려도경宣和奉使 高麗圖經'에 기록된 내용 등을 참고로 하여, 고려선에 대한 선형船型, 구조특성構造特性, 조선공작造船工作 등에 대하여 기술하고자 한다.

4.1 선화봉사 고려도경宣和奉使 高麗圖經에 소개된 고려선高麗船

1123년에 송나라의 사신使臣 서긍徐兢이 고려에 와서 보고 들은 것을 적어 놓은 견문록見聞錄인 '선화봉사 고려도경宣和奉使 高麗圖經'이 있는데, 여기에는 주즙舟楫(선박)편에 고려의 순선巡船, 관선官船, 송방松舫, 막선幕船 등에 대한 배의 생김새와 만듦새에 대한 설명이 다음과 같이 기술되어 있다.

1) 순선巡船(순라를 도는 배)

"고려 땅은 중국의 동해東海 물가에 있는데 배를 만드는 공작 기술은 아주 간단하다. 배 한 가운데에 돛대를 하나 세웠고, 배위에는 뱃집棚屋(느옥樓屋)이 없으며 다만 노를 걸고 고물에 타舵를 설치하였을 뿐이다. 사신使臣이 군산프항에 들어가니 관문關門안에 이러한 순선 십 여척이 있었고 모두 정기旌旗(군의 임무를 나타낸 깃발)를 꽂았으며, 뱃

사공과 순라 병졸들은 모두 푸른색 옷을 입었다."
(中安一檣. 上無棚屋. 惟設艣舵而已..., 皆揷旌旗. 舟人邏卒皆着靑衣.)

순선의 구조는 한선의 야거리 평선平船의 구조와 똑 같다.

2) 관선官船(관에서 쓰는 배)

"뱃집棚屋(누옥樓屋) 위에는 뜸으로 지붕(덮개)을 덮었다. 그 아래에는 문짝과 창문을 달았다. 뱃전 둘레에는 난간이 있다. 멍에橫木(가로로 댄 나무)로 양쪽 삼판을 서로 꿰뚫어 내었으며 그 끝의 뻴목挑出木은 시렁이 된다. 배밑 바닥은 평평하고 넓다. 배의 선창船艙에는 나무 판자隔艙壁나 대나무 삿자리를 쓰지 않고, 다만 구부려 바로 잡은 긴 통나무 막대기(참나무 장쇠)를 걸고. 그 양끝은 삼판에 꿰어서 박아 서로 쐐기 물림을 하였다. 배의 앞쪽 이물에는 닻줄 물레가 있다. 뱃집 위에는 허리돛대를 세우고 스무나무 폭의 돛을 달았다. 접반선接伴船에만 옥막屋幕(천막을 친 집)을 진설하였다."
(上爲茅蓋. 下施戶牖. 周圍欄檻. 以橫木相貫. 挑出爲棚. 面濶於底. 通身不用板簀. 唯以矯揉全木. 使曲相比釘之. 前有矴輪. 上施大檣. 布帆二十餘幅...惟接伴船有陳設屋幕焉.)

그림 34. 고려의 관선官船과 닮은 해선海船ⓒ
출전 : 이원식, [한국의 배], 대원사, 1990

3) 송방松舫(소나무 배)

"송방松舫은 군산섬群山島의 배다. 배 앞의 이물비우와 뒤의 고물비우가 다 같이 평평하고 곧게 되어 있다. 배 안의 선창에는 다섯 칸의 방이 있다. 위는 뜸으로써 덮개를 하였다. 앞과 뒤에 작은 선실 두개를 설치하였다."
(松舫群山島船也. 首尾皆直. 中爲舫屋五間. 上以茅覆. 前後設二小室.)

4) 막선幕船(막을 둘러 친 배)

차일막遮日幕을 친 배이다. "이 배는 중하급의 사절使節들을 응접하는데 쓰인다. 위는 푸른 천으로 차일막遮日幕을 쳐서 배의 지붕船屋을 만들고, 그 아래는 기둥 대신에 긴 장대를 썼으며 네 귀퉁이를 붉게 칠하고 장대를 동아줄로 잡아매었다."
(以待中下節使人也. 上以青布爲屋. 下以長竿代柱. 四阿各以朱. 繩係之.)

그림 35. 막선幕船의 차일막遮日幕(차일옥遮日屋의 구조와 비슷한 신윤복의 강배 그림)ⓒ
출전 : 이원식, [한국의 배], 대원사, 1990

선화봉사 고려도경宣和奉使 高麗圖經에서 확인할 수 있는 고려선의 구조 특성은 아래와 같다.

1. 선저船底는 넓고 편평한 평저선平底船의 선형船型이다.
2. 현판舷板은 두꺼운 목판木板으로 조립하였다.
3. 횡량橫梁은 현판舷板을 관통하여 방두枋頭(도출목挑出木)를 빼 내었다.
4. 선창船艙에는 창벽艙壁 대신에 횡량橫梁 아래에 가룡목駕龍木을 설치하였다.
5. 선창船艙은 가룡목駕龍木의 설치로 인하여 앞뒤로 통행할 수 없다.
6. 선수船首와 선미船尾는 방노방축형方艫方舳型이다.

7. 노판艫板과 축판舳板은 횡식橫式 평판平板으로 되어 있다.
8. 배의 중앙에 범외帆桅(돛대)를 수립竪立하였다.
9. 선미船尾에는 타舵가 있다.
10. 선수船首에는 정륜椗輪(닻 물레)이 있다.

4.2 고려동경高麗銅鏡 속의 고려선高麗船

국립중앙박물관 소장품에 고려시대의 거울 동경銅鏡이 있는데 이 거울의 뒷면에는 바다를 항해하는 배가 섬세하게 조각되어 있다. 배의 크기는 길이가 약 10발(1발은 양팔을 벌린 길이)쯤 되는 중선 크기다. 거친 파도가 조각된 것으로 보아 왼쪽에서 바람을 받아 오른쪽으로 먼 바다를 항해하는 것으로 보인다. 거울 위쪽에는 해(3발 달린 까마귀가 들어 있다)와 달(계수나무와 옥토끼가 들어 있다)이 떠 있다. 그 아래 구름 속에 용이 조화를 부리고 있으며 바다 속에는 큰 물고기가 헤엄치고 있다.

고물 쪽의 배 위에는 방향을 조종하는 노(쟁밋)를 잡고 있는 사공과 조선식과 같은 큰 노를 젓고 있는 사공이 보이는데 모두가 위를 바라보고 있다. 배의 삼판은 7폭을 올린 것으로 보이며 멍에 위에 신방信防을 얹고 그 위에 난간을 세웠다. 창문을 낸 뱃집 안에는 두 사람이 앉아 있는 것으로 보인다. 돛대는 뱃집 위에서 세웠다 눕혔다 할 수 있으며 삼판(뱃전)의 곡선이 평행선을 이룬 것으로 보아 배의 이물과 고물은 평평한 형태로 되어 있는 것 같다.

배의 이물과 고물은 높이 솟아 있는데 이렇게 활처럼 구부러진 뱃전의 곡선을 현호舷弧라고 한다. 현호가 높은 배는 원양 항해선이다. 고려동경에 나타나는 이 배는 현호를 크게 하였는데, 거친 파도가 치는 것으로 미루어 보아 먼 바다로 항해할 수 있는 원양 무역선으로 추정된다.

이 동경의 조각 그림에서 세 발가락이 달린 까마귀 삼족오三足烏는 고구려 벽화에 그려져 있는 것과 똑 같다. 고구려의 역사적 전통과 문화를 계승한 흔적을 찾아 볼 수 있다. 조각 그림의 맨 위에는 황비창천煌丕昌天이라는 명銘(새겨 넣은 글씨)이 있다.

그림 36. 고려동경高麗銅鏡ⓒ
소장 : 국립중앙박물관
출전 : 이원식, [한국의 배], 대원사, 1990

그림 37. 고려동경高麗銅鏡ⓒ
소장 : 공주박물관
출전 : 이원식, [한국의 배], 대원사, 1990

4.3 고려전함高麗戰艦

1) 왕건王建의 누선樓船

고려사高麗史에 태조 왕건이 운용한 전함에 대하여 다음과 같은 기록이 있다.

"태조는 100여척의 배를 다스렸는데, 그 중 10여척의 대선은 각각 길이가 거의 16보步(1보는 6자尺로 지금의 174～180cm에 해당됨)로 갑판 위에 누노樓櫓가 있고 가히 말을 달릴 수 있다. 군사 3천명을 거느리고 군량을 싣고 나주를 원정했다."

이 내용은 실제로 배 위에서 말을 달리게 할 수 있다는 뜻이 아니라 말을 달릴 수 있을 정도의 큰 배라는 뜻으로 해석되며 중국의 누선樓船에서 유래한 표현이다.

왕건은 수군 전함 함대를 직접 이끌고 왕이 되기 전에 다섯 차례, 왕이 된 후에 한 차례, 도합 여섯 차례(903년～935년)에 걸쳐서 견훤의 나주 수군 기지(전 신라의 서남해 방수西南海防守)를 공략하여 936년에 후백제를 멸망시켰다.

고려 태조가 당시에 갑판 위에 상장을 꾸미고 길이가 무려 96척이나 되는 장대한 누선을 운영하였다는 것은 실로 놀라운 사실이라 할 수 있다. 고려 누선은 신라 말에 장보고가 운용한 대형 무역선 건조 경험 등을 바탕으로 제작되었을 것이며 조선기술이 그만큼 발달하였다는 증거가 된다.

또한 이 시기에 사용된 일반 군선은, 왕건과 견훤이 전쟁 때마다 동원한 군선과 군사의 수가 각각 70～100척, 2,000～3,000명이었던 것으로 미루어 보아, 한 척당 탑승인원이 30명 안팎이었을 것으로 추정된다.

우리나라 역사에서 정원이 30명 정도인 군선의 예는 여러 곳에서 발견되는데, 조선초기 세종실록지리지世宗實錄地理志에 나타나는 중대선과 경국대전經國大典에 규정되어 있는 소맹선小猛船의 정원도 모두 30명이고, 조선 후기 병선의 승원도 17～36명이라고 기록되어 있다. 이것은 결코 우연이 아니며 한국의 역사, 지리적 조건으로 보아 30명 정도가 탑승할 수 있는 군선이 가장 전투하기에 적합했던 것으로 보인다.

2) 북방 여진족 방어를 위해 만들었던 함선－과선戈船

고려 중기 현종顯宗 2년(1011년)부터 숙종肅宗 2년(1097년)까지 87년 동안 함경도 지방을 비롯하여 경상도 동해 연안에 여진족女眞族들의 침입이 잦아지자, 고려는 도부서都府署 또는 선병도부서船兵都府署를 여러 곳에 두어 이들의 침입에 대처하였다. 이 도부서의 임무는 대체로 수군을 이끌고 해상에서 침입하는 여진족을 방어했던 수군방어본부水軍防禦本部였던 것으로 보인다.

이때 동북 방면의 도부서에 배치된 전선이 바로 과선戈船이었다. 이 과선에 관해서 "고려국 배의 몸체는 높고 크다. 배 안은 넓고 안을 두겹으로 만들고 위에 망루를 좌우 각 네 곳에 세웠다. 따로 떨어진 곳에 노질을 하는 노군이 5～6명이 있다. 한쪽 뱃전에 각각 7～8척의 노가 있다. 이물을 철로 만든 뿔로 쌌는데, 이는 적선과 충돌할 때 쓸모가 있었다. 또 큰 돌을 배 안에 쌓아두고, 적선에 이 돌을 던져 때려 부순다"는 기록이 남아 있다.

또한 현종 10년(1019년) 3월에는 여진족이 병선 50여 척으로 동해를 건너 일본의 규슈九州 북쪽 해안에 도착하여 쓰시마對馬島, 이끼시마壹岐島를 습격하고 다음 달에는 하까다博多 지방의 연해를 침략하고 귀환하는 것을 고려 전함 1,000여 척이 공격하여 격살하고 포로로 잡혀가던 일본인들을 본국으로 돌려보냈다는 기록이 남아 있다.

이와 같은 고려 수군의 해상 활동은 견고하고 성능이 좋은 함선에 힘입은 바가 크다고 할 수 있다. 고려 말기에는 검선이 있었는데, 이것은 뱃전에 단검을 빈틈없이 꽂아 놓아 적이 배 안으로 뛰어들지 못하도록 한 것이다. 고려 말기 우왕禑王 때 손광우가 왜구와 싸우다가 다쳐서 검선을 타고 위기에서 빠져 나왔다는 기록이 처음 보인다. 이 검선은 고려 중기의 과선을 본 따서 만든 것으로 추정된다.

3) 왜구를 막기 위해 만든 전함－누전선樓戰船, 평전선平戰船

누전선은 고려 시대 왜구를 막기 위해 만들어진 전함으로, 고려말 여몽 연합군과 일본의 해전을 그린 자료 속에 흔적이 남아 있다.

누전선을 비롯한 고려 전함의 형태를 살펴보면 다음과 같다.

저판은 굵은 통나무 여러 개를 그대로 사용하여 다용골 저판을 이루고 있으며, 삼판과 비우 쪽을 5치 이상 두꺼운 널로 쌓아 올렸다. 삼판에는 참나무 배못인 피쇄를 S자 모양으로 박아 넣고 끝을 쐐기로 때려 박아 마감하였으며, 배의 횡강력橫强力을 위해 장쇠長釗를 좌우의 양 삼판마다 네모 구멍을 뚫어 꿰어 걸고 쐐기로 마감하였다.

특기할 사항은, 이물비우를 통나무 바깥쪽의 둥근 모양을 그대로 살려 삼판보다 더 두꺼운 널을 대어 박았다는 점이다. 이 때문에 강한 파도를 만나거나 바위에 부딪혀도 깨지거나 부서지지 않았다.

고려 전함의 견고한 구조는 여몽(고려－몽고)연합군의 1,2차 일본 원정에서 위력을 발휘했다. '범해소록'에서는 "크고 작은 함선들이 다 파도 때문에 부서지고 부딪혀 깨졌으나 유독 고려의 전선은 배가 견고하여 온전했다."고 기록되어 있다. 또한 원나라의 정우승도 세조에게 고려 전함의 견고성에 대해 다음과 같이 말했다고 전해진다. "강남(남송

南宋)의 전선은 크기는 크지만 부딪히면 깨진다. 그러므로 고려에서 배를 만들도록 하여 재차 일본을 원정하면 승리할 수 있다.”

이처럼 고려 전함이 견고할 수 있었던 것은 다음과 같은 조선造船방식 때문이다.

1. 고려 전함의 선형이 방주舫舟 모양을 하고 있지만 안전성이 있고,
2. 선체는 두꺼운 판재를 썼으면서도 자연스런 유선형으로 만들어져 있으며,
3. 이물비우와 고물비우는 자연 목재를 그대로 썼으나 파도를 타고 넘는 능파성凌波性이 우수하였고,
4. 배밑을 기다란 창과 같이 생긴 참나무 가쉐長槊(경기 지방과 서남해안에서는 가쉐라고 한다)를 좌우에서 어긋나게 매겨서 때려 박았으며,
5. 5치(약 15cm) 이상이 되는 삼판과 이물비우, 고물비우에 참나무 배못인 피쉐皮槊를 S자 모양으로 때려 박아 배를 견고하게 만들었다.

평전선은 기본 구조와 모양이 누전선과 동일하다. 다만, 누전선은 누각을 설치하고 평전선은 누각이 없다는 점이 다르다. 고려 시대 왜구를 막기 위해 만들어진 전함으로, 고려말 여몽 연합군과 일본의 해전을 그린 자료 속에 흔적이 남아 있다.

고려-몽골 연합군은 1274년과 1281년 2차례에 걸쳐서 일본 규슈의 하까다博多를 공략하였다. 이때 타고 갔던 배는 전라도의 천관산 해안, 변산반도 해안과 마산의 합포 등지에서 고려식 선형으로 건조한 전함이다. 고려의 전함에는 평전선平戰船과 누전선樓戰船이 있다.

그림 38. 고려의 평전선平戰船ⓒ
원전 : National Geographic, February 1997

그림 39. 고려의 누전선樓戰船ⓒ
원전 : National Geographic, February 1997

4.4 고려의 상선, 화물선

4.4.1 완도선莞島船

1985년에 완도 근해에서 고려시대인 10~11세기경의 도자기 운반선이 발굴 인양되었는데, 뱃밑은 통나무를 옆으로 이어 마치 뗏목배와 같은 평저선平底船 구조로 되어 있으며 첫 번째 뱃전杉板인 부자리不者里를 뱃밑 가장자리 토막인 서자庶子 위에 턱 홈을 파서 얹어 놓고 나무못을 박아 묶었다. 그 생김새가 마치 안압지에서 출토한 통나무배의 양쪽 뱃전과 똑 같으며, 그 뱃전을 그대로 가져다 얹어 놓은 것 같다.

이것으로 미루어 보면 한선의 선형은 10~11세기 이전에 이미 정립되었다고 볼 수 있다. 완도 근해에서 발견하여 인양한 이 고려선은 해남 완도 장흥 일대의 연근 해안을 항해하면서 생활용 도자기와 생활용 토기 등의 물건을 팔고 사는 무역貿易을 하던 배였다. 이러한 배를 상고선商賈船 또는 무역선貿易船이라고 한다.

이 완도선莞島船이 발굴되므로 해서, 문헌을 중심으로만 논의되어 왔던 한선의 선형이 밝혀지게 되었고, 전래傳來되고 전승傳承되고 있는 전통 한선에 대한 조선 공작 기법이 사실로 확인되는 등 여러 가지 의문이 풀리게 되었다.

이 고려선을 기준으로 해서 전 시대와 후 시대의 한선의 선형과 조선기술 조선기법 등을 추정할 수 있게 되었다.

그림 40. 완도 고려선의 침몰 선체의 통나무 저판底板 구조ⓒ
출전 : 이원식, [한국의 배], 대원사, 1990.

그림 41. 완도 고려선의 선편船片을 가假 조립한 형태ⓒ
출전 : 이원식, [한국의 배], 대원사, 1990
소장 : 국립해양유물전시관

1) 완도선莞島船의 선형

선체와 함께 발굴 인양된 도자기陶瓷器는 전라남도 해남군 진산리에 있던 녹청자綠靑瓷 도요지陶窯地에서 1170년~1180년경에 생산된 것으로 밝혀져 완도선은 12세기에 해남군 근처에서 건조된 해선으로 판명되었다. 해도海圖를 보면 서해안과 남서해안은 해안으로부터 20해리 떨어져서 수심 20m의 등심선等深線이 있고, 리아스식 침강해안沈降海岸으로서 완만한 경사를 이루고 있으며 갯벌이 형성되어 있다[3]. 완도선은 이러한 지리적 지형적 조건에 적합한 선저船底 구조를 가진 평저선平底船으로서, 마치 목벌木筏(통나무 뗏목배)과 같은 선저船底 횡구배橫句配가 없는 다용골多龍骨 평직저판식 선형平直底板式 船型의 연안선이다. 특히 제1번 현판舷板(부자리)은 안압지雁鴨池 고선刳船의 현판과 같은 모양을 하고 있다.

2) 잔존殘存 선체 구조와 현판舷板 조립기법

잔존殘存 선체를 참고로 하여 작도作圖한 완도선의 선체의 구조와 조립기법은 그림 42, 43과 같다.

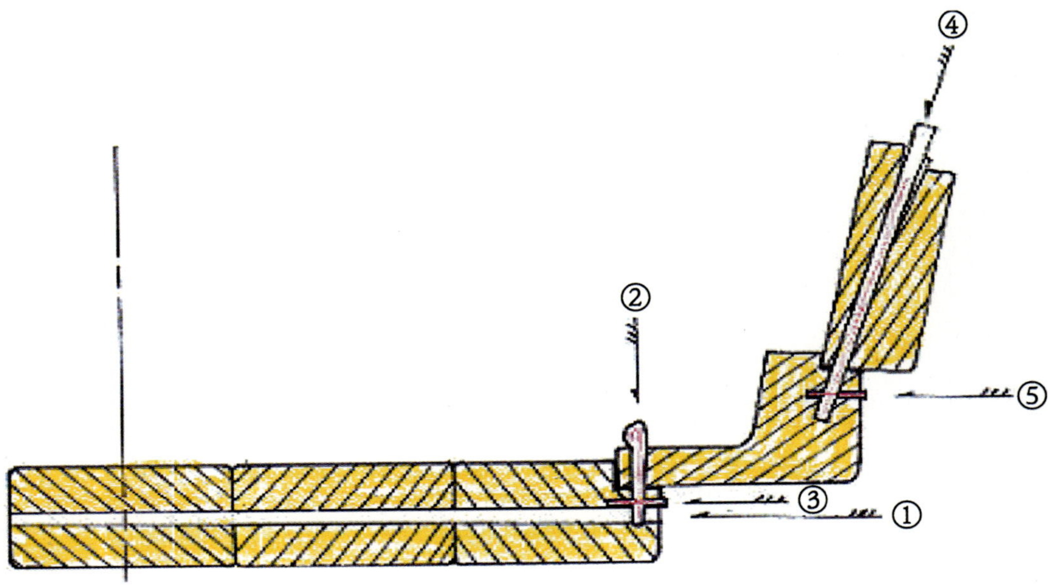

① 가쉐長槊, ② 목정木釘, ③ 은정隱釘, ④ 피쉐皮槊, ⑤ 은정隱釘

그림 42. 저판底板과 현판舷板의 구조 및 조립도ⓒ

(도면 : 이원식 2004)

3) 허일, 「8-9세기 우리나라 서해 및 인접해역의 항로와 선형특성에 관한 연구」, 공학박사학위논문, 부경대학교 대학원, 2000, p. 25.

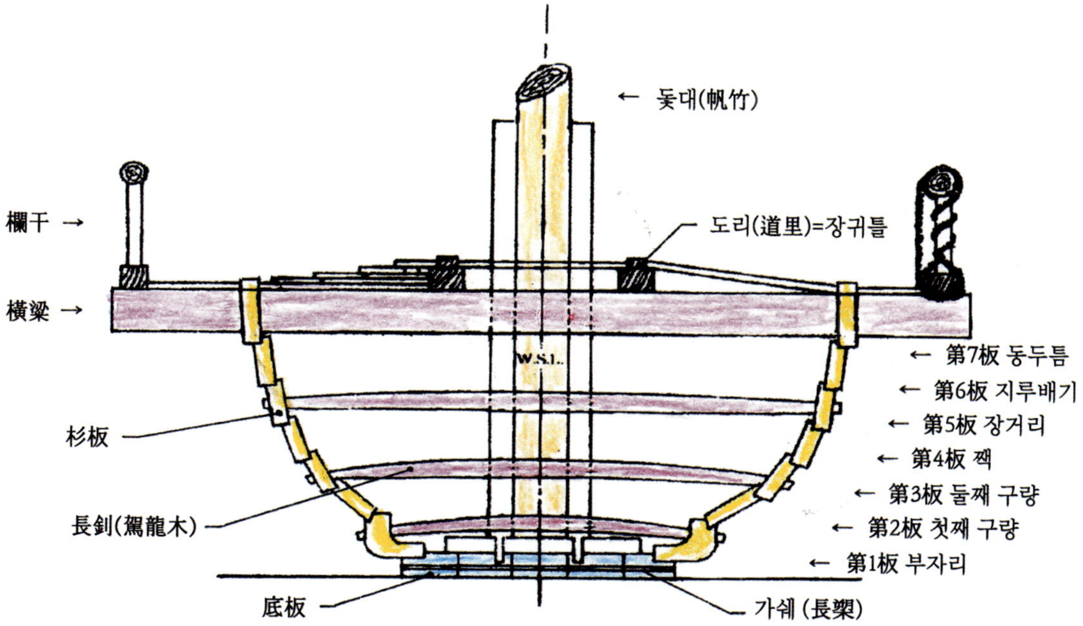

그림 43. 중앙 횡단면도ⓒ
도면 : 이원식 2004

그림 43은 연안선의 구조와 조선기법을 잘 나타내고 있다. 저판底板은 각목角木 5조條를 횡橫으로 잇대어 놓고 가쇄長槊를 때려박아 연결하여 편평하게 만들었다. 제1번현판舷板(부자리)의 구조와 피쇄皮槊를 때려박아 봉합縫合하는 방식은 구조선 초기의 조선 공작 기법이지만, 여타 부분은 현재까지 전승되고 있는 전통 한선의 조선 공작 기법과 동일하다. 현재까지 확인된 바를 근거로 하면, 한선의 조선 기법은 11세기 고려시대 이전에 이미 정립되었다고 할 수 있다.

완도선의 중앙 횡단면도 그림 43과 20세기 초기 한선의 중앙부구조도 그림 44를 비교하여 보면 기본적인 구조와 조선 기법이 유사하거나 거의 동일하다는 것을 알 수 있는데, 이는 완도선의 선체 구조가 20세기 초의 전통 한선에까지 전승되고 있다는 것을 의미한다.

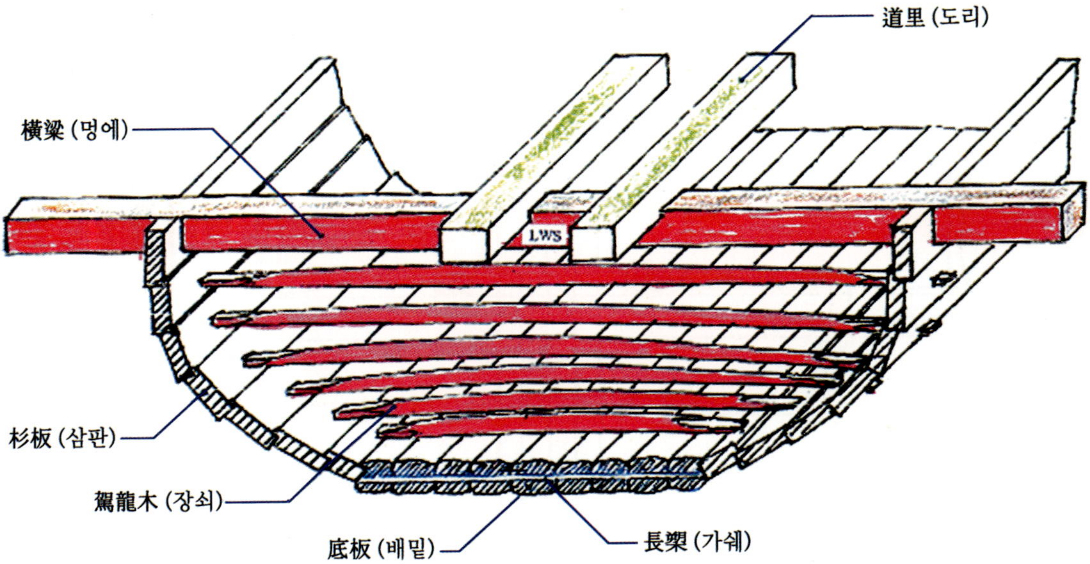

그림 44. 20세기 초 연안선沿岸船의 중앙 단면구조도ⓒ
도면 : 이원식 2004

3) 완도선莞島船의 구조 특성

① 배밑판底板은 뗏목木筏과 같은 다용골多龍骨 평직저판식平直底板式 평저선平底船 구조 이다. 저판底板은 가쉐長槊라는 창槍과 같이 생긴 목전木栓을 때려 박아 만들었다.

② 현판舷板은 개탕어린탑접식開鍚魚鱗搭接式(Reverse clinker－built method)으로 조립하였다. 현판은 상판에서 하판으로 피쉐皮槊라는 목정木釘을 때려 박아 봉합縫合하였다.

③ 멍에橫梁는 양현兩舷의 제7번현판(동두틈)에 설치하였다.
멍에橫梁의 방두枋頭(도출목挑出木)는 제7번현판 밖으로 도출挑出하였다.
멍에橫梁 위에 겻집鋪板을 횡橫으로 포설鋪設하고, 도출목 위에 신방信防과 난간欄干을 설치하였다.

④ 장쇠加龍木는 멍에橫梁 아래 3개 현판舷板에 현판을 관통하여 설치하였다.

⑤ 이물船頭과 고물船尾은 방노방축형方艫方舳型 구조로 되어 있다.

⑥ 이물비우艫板와 고물비우舳板는 횡식橫式 평판 구조로 되어 있다.

⑦ 키舵(치鴟)는 선미船尾에서 축판舳板 밑으로 내려꽂는 전향타前向舵이다.

⑧ 돛대帆竹는 양兩 종연간縱椽間에 수립竪立(세우다)하였다.

4.4.2 달리도선達里島船

달리도선達里島船은 1995년에 전라남도 목포시 달리도 앞바다 해저에서 발굴 인양되었다. 13세기~14세기경의 연안 운수선運輸船으로 판명되었다. 달리도선의 잔존 선체는 가쉐長槊로 옆에서 결합한 저판底板 3조, 우현판右舷板 4조, 좌현판左舷板 2조, 축판舳板(고물비우) 파편 일부 등이다. 선체 내에는 분리되었던 좌현 제3판의 일부, 가룡목 1점, 우현판 일부가 잔존하고 있었다. 현판은 후판으로 중첩하여 피쉐皮槊를 때려박打込는 개탕어린탑접식開鍚魚鱗搭接式(Clinker built method)이다.

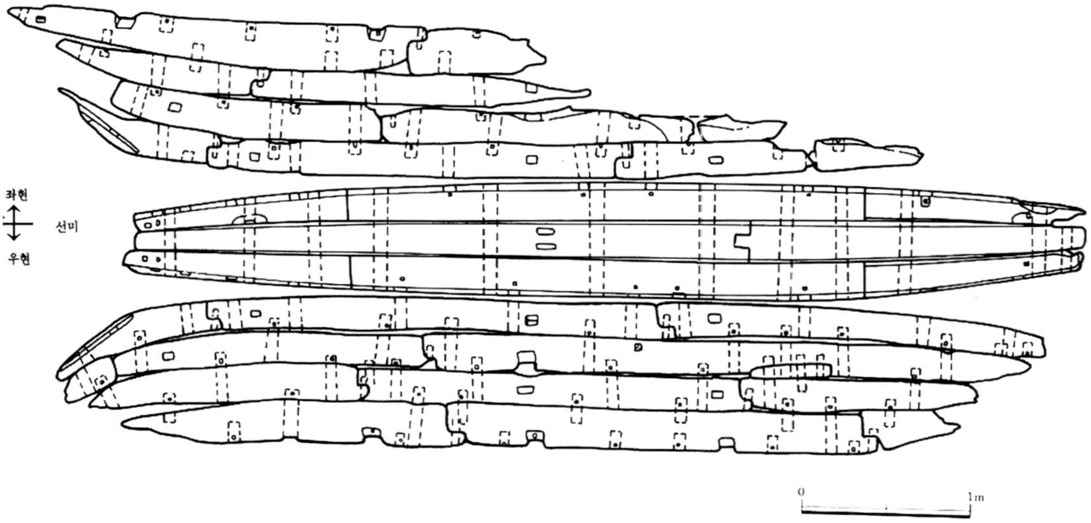

그림 45. 달리도선의 잔존 선체 전개도ⓒ
출전 : 목포 달리도선, 국립해양유물전시관, 1999.

4.4.3 원양무역선遠洋貿易船(봉래 제3호고대선蓬萊 第3號古代船)

1) 봉래 제3호고대선蓬萊 第3號古代船의 발굴 경위

중국 산동성山東省 봉래시蓬萊市는 2005년 7월에 봉래수성蓬萊水城의 원래 규모를 복구하기 위하여 복원공사를 하던 중에 수성水城의 만내灣內 갯벌에서 고대선 3척을 발굴하였다. 발굴한 3척 중에 봉래 제3호고대선(Penglai No. 3 ancient ship)은 선체의 구조와 조선공작기법이 중국 해선과 달랐으며, 4선창船艙과 6선창船艙 바닥에서 고려청자 수파연주문완水波聯珠紋碗과 고려청자 국화화판문완菊花花瓣紋碗이 각각 출토되었고, 고려

도충형호陶茧形壺와 도옹陶瓮 등도 출토되었다. 목포의 국립해양유물전시관 학예연구 관계자는 고려청자의 제작 시기는 1350년(고려 충정왕忠定王 2년, 원나라 지정至正 10년)에서 1380년(고려 우왕禑王 6년, 명나라 홍무洪武 13년) 사이로 추정하고 있다. 중국 등주登州의 문물 관계자들은 제1호고대선은 원말元末 명초明初의 해선이고, 제2호고대선은 명초明初의 해선인 점을 고려하여 제3호고대선은 명초明初에 침몰한 것으로 추정하고 있다.

그림 46. 봉래 제3호고대선의 잔존 선체ⓒ
출전 : 봉래고선(Ancient ships in Penglai), 중국 산동성. 채판 13. 3호선

2) 역사적 배경

2006년 8월 22－25일에 봉래시에서 봉래고선국제학술연토회蓬萊古船國際學術硏討會가 개최되었다. 연토회硏討會에서 중국과 한국의 역사학자와 조선공학자들은 봉래 제3호고대선은 중국의 선형과는 전연 상이한 고려시대의 한선이라고 밝혔다.

국제학술연토회國際學術硏討會에서 박현규朴現圭 교수는 봉래 제3호고대선의 침몰 시기는 선창 안에서 출토된 고려청자의 제작 년대가 1350년~1380년이고, 한국과 중국의 역사 문헌의 기록에 고려의 개경開京과 등주登州(봉래蓬萊) 간에 해운이 재개된 시기는 1373년(고려 공민왕恭愍王 22년, 명明 홍무洪武 6년)에서 1409년(조선 태종 9년, 명明 영락永樂 7년) 사이로서 이를 종합하여 보면 명조明朝의 건국 초기에 고려의 무역선이 황해黃海를 횡단하여 봉래로 항해를 하여 갔던 것으로 추정된다고 하였다.

그러나 한국과 중국의 역사 문헌에서 원조元朝 말기에 고려의 해선이 등주登州로 왕래하였다는 기록은 찾을 수 없었다. 원조元朝 이후 등주登州－개경開京 간의 황해횡단항로黃海橫斷航路는 1373년에 명明의 홍무제洪武帝에 의하여 재개되었으나, 1409년 명明의 영락永樂 년간年間에 수도首都를 금릉金陵(남경南京)에서 연경燕京(북경北京)으로 천도遷都하였으므로 이후 등주登州－개경開京 간의 황해횡단항로黃海橫斷航路는 이용하지 않게 되었다.

3) 침몰 원인

조선시대의 중국과 관련된 문헌 기록에 등주고항登州古港(봉래수성蓬萊水城)의 내만內灣과 출입구에서 조선의 해선이 북풍 또는 유빙遊氷에 의해서 침몰할 위험에 처하였던 기록이 있다. 이것으로 미루어 보면 봉래 제3호고대선은 동절에 북풍과 류빙流氷 또는 폭설에 의하여 침몰되었거나 하절에 홍수를 만나 근처의 하천이 범람하고 토양土壤이 붕괴되어 침몰된 후 토사에 묻혀버린 것으로 추정할 수 있다.

4.5 고려선의 복원

4.5.1 왕건의 누선樓船

1) 고려 태조 왕건의 누선樓船(누전선樓戰船)에 관한 고려사高麗史(914년)의 기록

고려사 세가世家 제1권에 태조 왕건이 건조하고 운용한 전함에 대하여 다음과 같은 기록이 있다.

태조는 "전함 70여척에 이천 명의 군사를 태우고 가서 나주羅州에 이르렀다."
[戰艦七十餘艘載兵士二千人往至羅州]
"태조는 100여척의 전선을 더 건조 운용하였는데, 큰배大船 10여척은 각방各方이 16보步(1보步는 6자尺)이고 선상에 누노樓櫓를 세웠으며 선상(포판鋪板)에서 말을 달릴 수 있다. 군사 삼천여명을 거느리고 군량을 싣고 나주로 갔다."고 하였다.
[太祖增治舟舸百餘艘大船十艘各方十六步上起樓櫓可以馳馬領軍三千餘人載糧餉往羅州]

위의 내용은 실제로 배 위에서 말을 달리게 할 수 있다는 것이 아니라 그 정도로 전선戰船이 크다는 뜻으로 해석되며 중국의 누선樓船에서 유래한 표현이다. 누로樓櫓는 적군의 화살을 피할 수 있는 판옥板屋으로 상장上粧을 꾸민 다락樓으로서 그 위에 적군을

감시하고 공격할 수 있는 망루를 설치하였다.

중국 역사서에는 이미 한무제漢武帝 때부터 누선樓船이 등장한다. 무경총요武經總要(1044년 누선조樓船條)를 보면 "누선樓船은 선상에 삼중으로 다락樓을 세웠는데, 그 중에 큰 누선樓船에서는 수레를 몰고 말을 달릴 수 있었다."고 하였다. 실제로 수레를 몰고 달렸다기보다는 배가 컸다는 의미로 해석할 수 있다.

왕건은 해군대장의 직으로 수군함대를 직접 이끌고 왕이 되기 전에 다섯 차례, 왕이 된 후에 한 차례, 도합 여섯 차례(903년~935년)에 걸쳐서 견훤甄萱의 나주羅州 수군기지(전 신라의 서남해방수西南海防守)를 공략하였고 936년에 후백제를 멸망시켰다.

태조 왕건이 막강한 수군력을 동원하고 운용할 수 있었던 것은, 왕건이 예성강禮成江의 예성항禮成港(예성강 하류의 벽난도碧瀾渡)을 중심으로 하여 이전부터 부친인 왕융王隆과 더불어 중국과의 해상무역을 통한 재력의 축적을 기반으로 한 해상세력을 길러오고 조선기술과 함선건조 능력을 겸비한데 있다고 할 수 있다.

2) 고려 누선樓船의 특징

고려 태조의 누선樓船이 중국의 누선을 모방한 것은 아니다. 중국의 누선樓船은 선상에 삼층 누각을 세우고 양현兩舷에 각 7쌍의 노櫓를 달았으나 돛帆裝은 없었으며, 강이나 운하에서 운항하는 강선江船 내지 운하선運河船이었다. "청명강상도淸明江上圖"에는 운하를 운항하는 누선樓船과 강선江船이나 하선荷船(짐을 나르는 배)들이 보인다.

고려 태조의 누선樓船은 대형 전함으로서 주로 개경開京의 예성항禮成港에서 서해 연근해를 돛을 달고 항해하여 나주羅州를 공략하는데 운용되었으므로 노역櫓役 장치보다는 오히려 돛帆裝이 더 중요시 되었다. 또한 태조의 누선樓船은 선상에 누로樓櫓 즉 판옥板屋으로 상장上粧을 꾸민 다락樓을 세우고 그 위에 적군을 감시하고 공격할 수 있는 망루를 설치하였으며, 포판鋪板(갑판甲板)의 좌우 현측舷側에 방패를 세우고 각궁角弓 사수射手들이 배치되어 있는 전선으로서 누전선樓戰船이라고 할 수 있다.

고려 태조가 당시의 전함의 길이가 무려 96척尺이나 되는 장대한 누선樓船을 운용하였다는 것은 실로 놀라운 사실이라 아니 할 수 없다. 고려의 누선은 연안을 항해하는 함선이지만 통일신라의 장보고가 운용하였던 원양무역선의 조선 기술과 조함造艦 경험 등을 바탕으로 해서 전함이 건조되었을 것이며 조선 기술이 그만큼 발달하였다는 증거가 된다.

고려 태조는 전함 70～100척을 건조하였는데 이들 전함에 기선騎船하는 동원된 군사는 2,000～3,000명이었던 것으로 미루어 보면, 한 척당 기선 군사는 평균 30명 내외로 추정된다. 대형 전함인 누전선樓戰船에는 함선의 크기로 보아 기선 군사는 80～100명

내외로 추정한다.

수군의 역사에서 기선 인원이 30명 정도인 함선의 예는 여러 곳에서 발견된다. 조선 초기 세종실록지리지世宗實錄地理志에 기록되어 있는 중대선中大船과 경국대전經國大典에 기록되어 있는 소맹선小猛船의 기선 인원은 30명이고, 조선 후기의 병선兵船의 기선 인원은 17~36명이라고 기록되어 있다. 역사 기록이나 연안선沿岸船이 발달하게 된 지리적 여건으로 보아 30명 정도 기선할 수 있는 함선이 가장 전투하기에 적합했던 것으로 사료된다.

그림 47. 고려 태조 왕건의 누선(3D 그래픽)ⓒ
출전 : www.koreanship.culturecontent.com
고증 설계 : 이원식

3) 고려 왕건 누선樓船의 복원

고려 왕건 누선樓船의 복원은 고려사高麗史, 고려사연구高麗史硏究, 고려도경高麗圖經, 고선도보古船圖譜, 완도선莞島船, 달리도선達里島船, 단원檀園의 선박 회화繪畫 등을 참고로 하고, 서남해西南海에서 발굴 인양한 고려청자 운반선의 잔존선체와 사진 그리고 잔존치수를 참조하였으며 전통 한선인 당두리唐道里의 선형을 원용援用하여 기본도와 공작도를 작성하였다. 이어서 조선공학적 주요치수를 계산하고 선도와 구조도를 작성하였다. 이를 기본으로 하여 한선의 조선법식造船法式과 조선공작기법에 따라 한선조선기술(기능)전승자 이원식이 복원을 하였다.

914년 고려 왕건 누선樓船(대전선大戰船)의 주요 치수는 다음과 같으며 축척 1/25로 복원 모형선을 제작하였다.

주요 치수(Principal Dimensions)

전 장全 長 (Length Over All)	106.0자尺	(30.75 m)
선 장船 長 (Length of Hull)	90.0자尺	(26.10 m)
전 광全 廣 (Breadth of Ship)	35.5자尺	(10.30 m)
선 광船 廣 (Breadth Molded)	29.5자尺	(8.56 m)
형 심型 深 (Depth Molded)	12.1자尺	(3.50 m)
흘수심吃水深 (Draft Molded)	8.0자尺	(2.32 m)
선요고船腰高 (Height of Hull)	12.9자尺	(3.74 m)
저판장底板長 (Length of buttom Plate)	70.0자尺	(20.30 m)

* 1자尺(Feet)=0.29 m

① 고려 왕건 누선. 전경ⓒ

② 고려 왕건 누선. 좌현ⓒ

③ 고려 왕건 누선. 우현ⓒ

④ 고려 왕건 누선. 선수ⓒ

⑤ 고려 왕건 누선. 선미ⓒ

그림 48. 고려 왕건 누선樓船의 축척 모형선(①~⑤)ⓒ

4.5.2 과선戈船

고려사지高麗史志 권卷36 병兵2에 "현종顯宗 원년(1009년) 3월에 75척의 과선戈船을 건조하여 진명구鎭溟口에 배정하여 정박하게 하고 동북東北의 해적을 방어하게 하였다"라고 하였다. 고려 중기 현종顯宗 2년(1011년)부터 숙종肅宗 2년(1097년)까지 87년 동안 함경도 지방을 비롯하여 강원도, 경상도 동해 연안에 여진족女眞族들의 침입이 잦아지자, 고려는 도부서都府署 또는 선병도부서船兵都府署를 여러 곳에 두어 이들의 침입에 대처하였다. 이 도부서의 임무는 대체로 수군을 이끌고 해상에서 침입하는 여진족을 방어했던 수군방어본부水軍防禦本部였던 것으로 보인다.

고려 과선은 이러한 동북방 여진 수군 해적의 침략을 방어하고 공략하기 위하여 건조한 전함으로서 태조 왕건의 누선에서 발전된 것으로 볼 수 있다. 고려 해선의 기본 선형인 맹선猛船을 병선兵船으로 개장改粧하여 해안방어에 배속하고 필요한 때에는 병선을 초마선哨馬船으로 개장改粧하여 병조겸용선兵漕兼用船으로 운용하였다. 그러나 과선戈船은 맹선猛船을 전선戰船 전용專用으로 개장改粧하고 무장武裝을 더하여 전선戰船 전용專用으로 운용하였다. 그러므로 과선戈船을 과맹선戈猛船이라고도 한다.

이 전선戰船에 관해서 다음과 같은 기록이 보인다. 여진 해적에게 잡혔다가 풀려난 일본 여인 내장석녀內臟石女(안짱다리여자)는 "고려의 배는 높고 크다. 배 안에 숨어서 적선賊船과 싸우므로 적은 감히 덤비지 못한다. 배 안은 크고 넓었으며,… 선상 주위의 패판牌板을 두겹二重으로 만들고 배 위에 노루櫓壘(누로樓櫓)를 좌우 각 네 곳에 설치하였다. 따로 떨어진 곳에 노질을 하는 노군이 5~6명이 있다. 한쪽 뱃전에 각각 7~8척의 노가 있다. 이물의 앞면에 쇠뿔鐵角을 설치하였는데 이는 적선賊船을 충파衝破할 때 쓰인다. 큰 돌을 배 안에 들여와 적선賊船에 던져 때려 부순다."라고 하였다. 일설一說에는 과선의 뱃전舷欄에 과戈(마름모 가지창)를 꽂았다고도 한다.

또한 현종 10년(1019년) 3월에는 여진족이 병선 50여 척으로 동해를 건너 일본의 규슈九州 북쪽 해안에 도착하여 쓰시마對馬島, 이끼시마壹岐島를 습격하고 다음 달에는 하까다博多 지방의 연해를 침략하고 귀환하는 것을 고려 전함 1,000여 척이 공격하여 격살하고 포로로 잡혀갔던 일본인들을 본국으로 돌려보냈다는 기록이 남아 있다.

이와 같은 고려 수군의 해상 활동은 견고하고 성능이 좋은 함선에 힘입은 바가 크다고 할 수 있다. 고려 말기에는 검선이 있었는데, 이것은 뱃전에 단검을 빈틈없이 꽂아 놓아 적이 배 안으로 뛰어들지 못하도록 한 것이다. 고려 말기 우왕禑王 때 손광우가 왜구와 싸우다가 다쳐서 검선劍船을 타고 위기에서 빠져 나왔다는 기록이 처음 보인다. 이 검선은 고려 중기의 과선을 본 따서 만든 것으로 추정된다.

1) 과선戈船의 정의定義

과선戈船을 과맹선戈猛船이라고도 한다.

1. 과戈라는 글자는 싸움(전투)이나 전쟁을 의미한다. 또는, 양쪽에 칼날이 있는 마름모 모양의 꺽창槍을 이른다.
2. 과선戈船은 양쪽에 칼날이 있는 마름모 창을 뱃전에 박아 꽂아 적 수군이 근접하지 못하게 하였으며, 이물에는 선수판船首板인 덕판德板에 충각衝角(쇠뿔鐵角)을 덧붙여 적선에 추돌追突하여 적선을 충파衝破한다.
3. 그러므로 과선은 뱃전에 창을 꽂고 이물 덕판에 철각을 덧붙인 병선을 이른다.
4. 대·중·소의 맹선猛船은 병선과 초마선으로 겸용을 하지만 과선은 병선 전용이다.
5. 과선은 동해안의 포구에 배정하여 여진의 해적을 방어하고 해적을 공략하였다.
6. 과맹선戈猛船은 맹선猛船에 과戈를 꽂고 철각(쇠뿔)을 덧붙인 병선兵船을 이른다.

2) 과선의 복원

그림 49. 고려의 과선戈船(추정 선양船樣)ⓒ
도면 : 이원식, 2003/2008.10.15. (수정)
소장 : 원인고대선박연구소

복원 설계 :

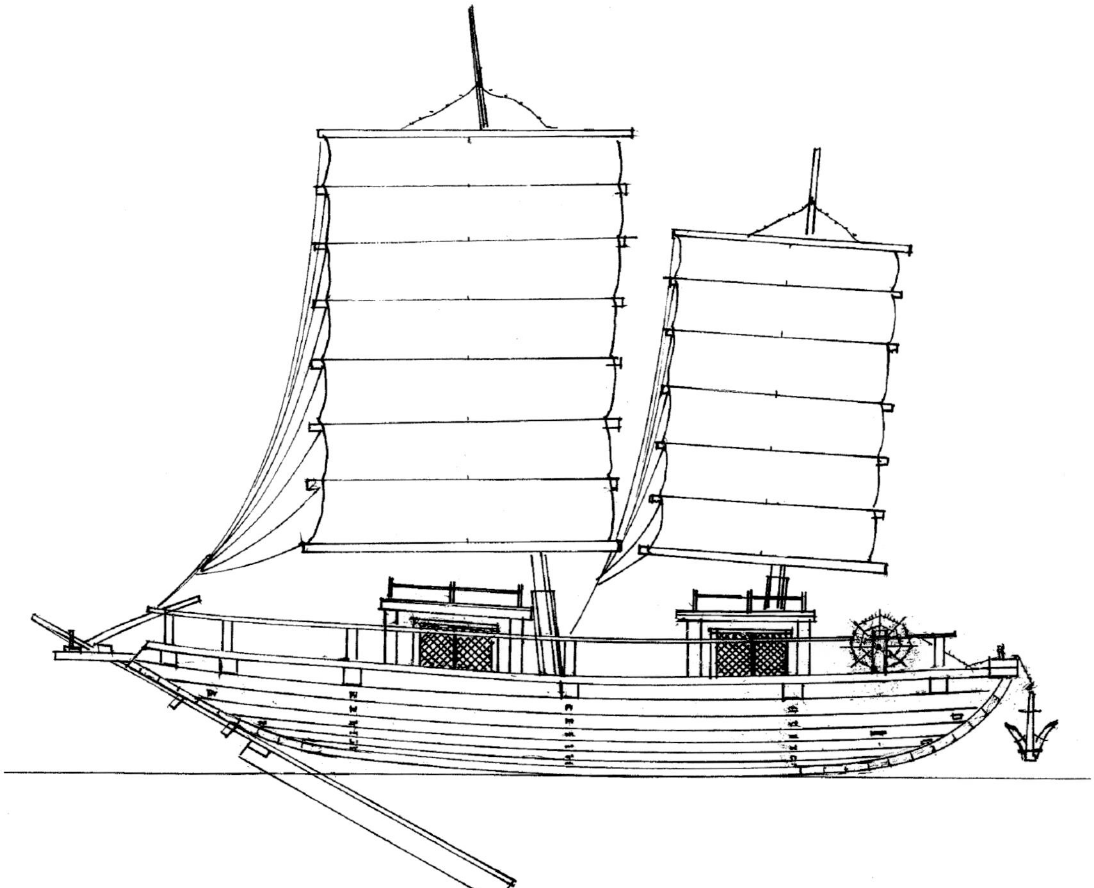

그림 50. 과선의 복원 설계 스케치ⓒ

출전 : www.koreanship. culturecontent.com

설계 : 이원식, 원인고대선박연구소

고려시대 과선의 추정 주요치수(원형)
배의 길이 : 84.0자 (28.0m)
배의 너비 : 28.5자 (9.5m)
배의 깊이 : 9.0자 (3.0m)

과선의 축척 모형선 치수(축척 : 1/25)
배의 길이 : 3.36자 (1.12m)
배의 너비 : 1.14자 (0.38m)
배의 깊이 : 0.36자 (0.12m)

상기의 치수를 근거로 하여 축척 1/25로 제작한 모형선의 그림은 다음과 같다.

① 고려 과선. 전경ⓒ

② 고려 과선. 좌현ⓒ

③ 고려 과선. 우현ⓒ

④ 고려 과선. 선수ⓒ

⑤ 고려 과선. 선미ⓒ

그림 51. 고려 과선의 축척 모형선(①~⑤)ⓒ

4.5.3 고려 원양무역선遠洋貿易船(봉래蓬萊 제3호고대선)

1) 역사 자료 조사

고려의 대표적인 문인文人이며 시인詩人인 이규보李奎報의 '예성강 누상시禮成江 樓上詩'를 살펴보면, 동국 이상국 전집東國 李相國 全集 권卷16 '우루상又樓上(예성강루상) 관조觀潮, 증贈 동료同寮 김군金君' 시詩에

「潮來復潮去. 來船去船首尾衝相連. 朝發此樓底. 未午棹入南蠻天.
人言舟是水上驛. 我道追風駿足較此猶遷延. 何況區區蠻觸界.
假此水道何處不洄沿.」
밀물이 들어오고 다시 썰물이 나가니.
들어오는 배와 나가는 배는 이물과 고물이 서로 다다라(연이어) 잇대었도다.
아침에 이 다락(누각) 밑을 뜨면(아래를 떠나면).
오정(한 낮)이 아니 되어 배는 남쪽 나라 하늘에 들어가는구나.
사람들이 이르기를 배는 물 위의 역마라고 하나.
나는 바람의 뒤를 좇는 가라말(준마)의 발굽도 이에 비하면 더디다고 하겠다.
어찌 남쪽 나라에 닿는 지경 뿐 이겠는가.
이 나무배의 물길을 빌리면 어느 곳의 바닷가인들 들르지 못하겠느냐.

(해석 : 이원식)

예성항을 벽난도碧瀾渡라고 부르기도 한다. 그러나 벽난도의 위치는 경기도 개풍군 서면과 황해도 연백군 사이를 흐르는 예성강 하류에 즉 개경開京의 서편 강 건너에 있는 나루이다. 고려시대에는 벽난도에 송나라 사절이 유숙하는 벽란관碧瀾館이라는 객사客舍가 있었다고 한다. 예성강 하구에는 당시 국제적 무역항인 예성항이 있었다. 〈신증동국여지승람〉〈세종지리지〉

고려시대에는 아래 그림에 보이는 배와 같은 원양무역선이 예성항에서 중국, 남만南蠻으로 왕래하였다.

그림 52. 1800년대 대동강의 원양무역선ⓒ
출전 : 단원 김홍도金弘道의 '평양감사향연회平壤監司饗宴會' 그림

2) 봉래 제3호고대선의 잔존 선체 구조 및 조선 기법

앞의 4.4.3절에서 언급한 바와 같이 2005년 7월에, 중국 봉래시에서 봉래 제3호고대선을 발굴하였는데 이 고대선은 중국의 고대선박 조선공작기법과는 전혀 다른 방법으로 조선되었으며 한선식 고대선으로 추정한다는 간략한 기술보고서와 선체 사진(그림 46 참조)을 중국의 席龍飛(Xi Longfei) 교수로부터 통보를 받았다. 그 후 2006년 8월 22−25일에 봉래시에서 봉래고선국제학술연토회蓬萊古船國際學術研討會가 개최되었다. 저자가 학술연토회에서 발표한 바 있는 봉래 제3호고대선에 대한 선형과 구조 그리고 주요치수에 대하여 간략하게 기술한다.

봉래 제3호고대선은 한국의 서남해안(전라도 해안) 및 서해안(충청도 해안)에서 발굴 인양한 고려시대의 완도선, 달리도선, 군산도선의 선형, 그리고 배밑 저판底板에 가쉐長栔를 타입打込하는 조립방법, 현판舷板을 하향형下向型 어린식魚鱗式으로 탑접搭接하고 피쉐皮栔로 봉합縫合하는 조립방법, 선체 주재료 등에서 한선과 동일하다.

그러나 봉래 제3호고대선에는 장폭長幅의 장좌檣座(외좌桅座)가 있고 격벽(선창벽)과 보강용 변늑골邊肋骨이 있는 대신에 가룡목駕龍木이 없다. 격벽과 보강용 변늑골邊肋骨 구조는 한선에서는 최초로 발견된 구조이고 조선공작기법이다. 이러한 조선기법은 송선宋船, 아라비아선, 인도선에서 찾아 볼 수 있다. 중국 천주泉州의 낙양강洛陽江 하구의 후저항后渚港에서 발굴한 송나라 해선이나 한국의 신안에서 발굴 인양한 송나라 무역선에도 장폭長幅의 장좌檣座(외좌桅座)와 격벽과 보강용 변늑골이 있다. 이로 미루어 보면 고려는 송나라 조선기술을 도입하였던 것으로 볼 수 있다.

3) 선체의 구조 및 조선 기법으로 확인된 고려 원양무역선

조선학의 주요 치수 및 주요 치수비 항목에 대하여 비교 검토를 하여본 결과, 봉래 제3호 고대선은 선장船長, 선광船廣, 선심船深에 있어서 달리도선에 대하여 약 253%, 226%, 218% 각각 더 큰 규모의 원양해선으로 판명되었다.

봉래 제3호고대선과 달리도선은 3조條의 저판底板으로 구성되어 있고 가쇄長栔로 저판底板을 꿰뚫어서 연접連接을 하였다. 저판底板 길이는 봉래 제3호고대선이 232% 더 길고, 현판舷板 조립방법은 상각형上角型 개탕어린탑접식開鍚魚鱗搭接式 즉 하현판下舷板의 윗면에 턱을 따내고 그 위에 상현판上舷板을 중첩重疊하여 얹은 다음 피쇄皮栔를 타입打込하여 봉합縫合하는 기법(Reverse Clinker-Build Method)으로서 서로 같다.

완도선, 달리도선, 군산도선은 연안을 운항하는 연안선의 선체 구조라고 한다면 봉래 제3호고대선은 연안은 물론이고 연안에서 멀리 떨어진 대해(대양)를 운항할 수 있는 선체 구조(Hull form and structure)를 가진 근해무역선 겸 원양무역선이다.

주요 치수의 항목이 동일하다는 것은 선박의 형태와 구조가 동일하다는 것을 의미한다. 다시 말하면 봉래 제3호고대선의 선체 구조는 12세기, 14세기, 20세기의 한선의 해선 선체 구조와 동일하고 조선 공작 기법도 동일하다는 것을 의미한다.

봉래 제3호고대선은 12세기의 완도선, 14세기의 달리도선 군산도선, 20세기의 진도선과는 동족의 조손祖孫 관계의 해선海船이라고 할 수 있다.

이상의 비교 검토와 확인 등을 종합하여 볼 때 봉래 제3호고대선은 고려의 해선으로서 한국의 전통 한선에 속하는 해선이며 경기만京畿灣에서 황해黃海를 횡단하여 중국의 봉래로 왕래하던 원양무역선이라고 단정할 수 있다.

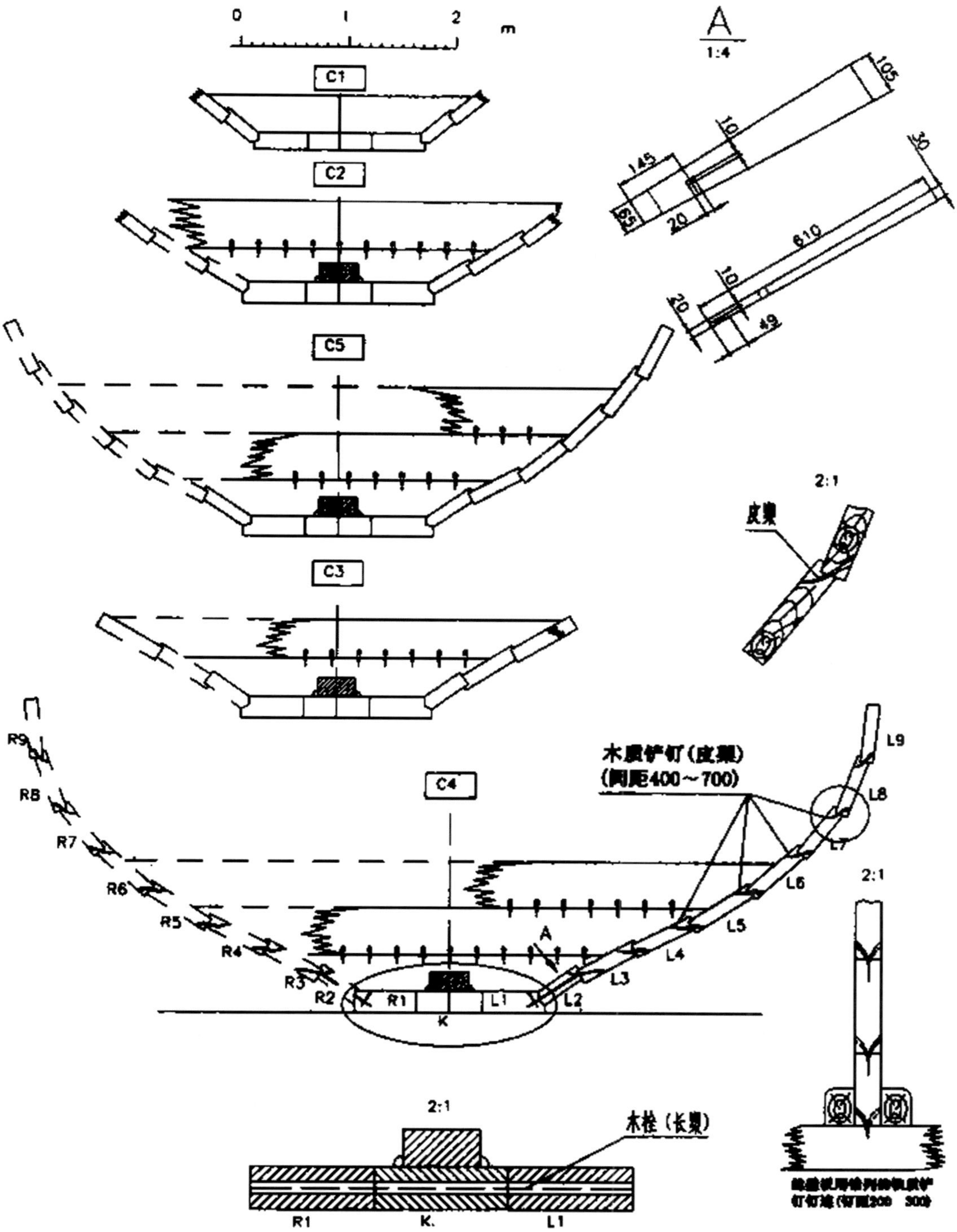

그림 53. 봉래 제3호고대선의 횡단면도ⓒ
출전 : 봉래고선(Ancient ships in Penglai), 중국 산동성.
고증 : 이원식, 원인고대선박연구소

4) 고려 원양무역선의 규모(크기)와 기선騎船 인원

고려 원양무역선의 규모와 기선(승선) 인원은 아래와 같이 추정할 수 있다.

삼국시대부터 고려시대까지 선박의 규모에 대한 역사 기록이 희소하므로 기선(승선)인원으로 규모를 추측할 수밖에 없다. 송나라 상인이 고려로 왕래할 때 운용한 선박 중에서 30~50명이 타고 온 배가 31척으로 가장 많았고, 60~69명이 12척, 100명 이상 타고 온 경우가 10척이었다고 전해오고 있다. 송나라 원양해선이나 고려의 원양해선이나 30~50명이 기선하였던 선박은 중선中船으로서 일반적인 크기였으며, 60~69명이 기선하였던 선박은 중대선中大船, 100명 이상이 기선하였던 선박은 대선大船이라고 볼 수 있다.

5) 고려 해선海船과 중국 봉래 제3호고대선의 비교

본 장에서는 한국에서 발굴한 완도선, 달리도선, 군산십이동파도선 등 각 배에 대한 발굴보고서에 게재된 선박의 주요 치수와 席龍飛(Xi Longfei) 교수로부터 접수한 봉래 제3호고대선의 주요 치수를 상호 비교한 결과를 소개하고자 한다.

진도선, 완도선, 달리도선, 군산도선, 봉래 제3호고대선의 활동 해역, 선형, 저판底板 조립방법, 현판舷板 조립방법, 저판底板 봉합용 가쉐長栔, 현판舷板 봉합용 피쉐皮栔, 선체의 주재료 등을 상호 비교하여 보고 또 조선학의 주요 치수 및 주요 치수비 항목에 대하여 비교比較 검토를 하여본 결과는 선박의 주요치수가 동일 또는 근사하다는 결론을 얻을 수 있었다.

>>> 고려 해선海船과 봉래 제3호고대선의 활동해역, 선형, 구조 등의 비교

표 6. 고려 해선과 봉래 제3호고대선의 활동해역, 선형, 구조 등의 비교표ⓒ

番號	項目	1) 珍島船	2)3) 莞島船	4) 達里島船	5) 群山島船	6) **蓬萊3號船**	差異	
1	海域	南西	南西	南西	西南	**西北**	同一	
2	船型	平底船	平底船	半平底船	半平底船	**半平底船**	同一	
3	底板(條)	12	5	3	3	**3**	同一	
	長梁(條)	12	6	12	7	**17**	同一	
4	舷板(條)	7	7	7	7	**9**	同一	
	舷板船釘	皮栔	皮栔	皮栔	皮栔	**皮栔**	同一	
5	舷板 造立式	開錫, 魚鱗搭接 Clinker built	開錫, 魚鱗搭接 Clinker built	開錫, 魚鱗搭接 Clinker built	開錫, 魚鱗搭接 Clinker built	**開錫, 魚鱗搭接 Clinker built**	同一	(上角型)
6	駕龍木	有	有	有	有	**無**	不同	
7	隔壁(艙壁)	無	無	無	無	**有**	不同	(新發見)
8	周邊肋骨	無	無	無	無	**有**	不同	(新發見)
9	廣幅檣座	無	無	無	無	**有**	不同	(新發見)
10	主材料	松木	松木	松木	松木	**松木**	同一	
11	時代	1900年	1100년	1300年	1200年	**1300年**	不同	

>>> 고려 해선과 봉래 제3호고대선의 주요 치수 비교

표 7. 고려 해선과 봉래 제3호고대선의 주요치수 비교표ⓒ (단위 : m)

番號	項目	20世紀 珍島船 ①	12世紀 莞島船 ②③	11世紀 達里島船 ④	11世紀 群山島船 ⑤	*14世紀 蓬萊3船 ⑥	比較(%)				
							珍島	莞島	達里	群山	**蓬萊**
1	全船長	12.54	*11.85	*12.00	*15.00	***34.51**	1.04	0.99	1.0	1.25	**2.88**
2	船體長	12.35	*11.32	*11.46	*14.32	***29.00**	1.08	0.99	1.0	1.25	**2.53**
3	船頭廣	1.02	*0.95								
4	船腰廣	3.75	*3.52	*3.60	*4.50	***8.12**	1.04	0.98	1.0	1.25	**2.26**
5	船尾廣	1.64	*1.53								
6	船深	1.40	*1.67	*1.60	*2.50	***3.48**	0.87	1.04	1.0	1.56	**2.18**
7	船頭高	2.08	*2.32								
8	船腰高	1.55	*1.87	*1.85	*2.83	***3.70**	0.83	1.01	1.0	1.53	**2.00**
9	船尾高	2.06	*2.32								
10	底板長	6.08	*6.50	*9.50	*10.70	***22.04**	0.64	0.68	1.0	1.13	**2.32**
11	底板頭廣	1.20	*1.00	0.65	1.10	***1.11**	1.85	1.53	1.0	1.70	**1.71**
12	底板腰廣	1.76	1.65	1.15	1.73	**1.78**	1.53	1.43	1.0	1.50	**1.55**
13	底板尾廣	1.34	*1.40	0.52	0.80	***1.20**	2.58	2.69	1.0	1.60	**2.31**
14	底板頭高					**起0.92**					
15	底板尾高					***起1.20**					
16	舷弧中高					***0.70**					
17	底廣/厚	0.15/0.15	0.33/0.20	0.43/0.25	0.73/0.33	**0.62/0.22**	0.6	0.8	1.0	1.3	**0.88**
18	底龍骨條 底板(條)	12	5	3	3	**3**			1.0		**1**
19	舷板條	7	7	7	7	***9**			1.0		**1.29**
20	舷板廣	0.35	0.35	0.3~0.4	0.30	**0.4~0.62**			1.0		**1.55**
21	舷板厚	0.045	0.12	0.12	0.12	**0.12**			1.0		**1**
22	隔壁	無	無	無	無	**有**	–	–	–	–	**–**
23	邊肋骨	無	無	無	無	**有**	–	–	–	–	**–**
24	廣幅檣座	有2	無	無	無	**有2**	–	–	–	–	**–**
25	駕龍木	有	有	有	有	**無**	–	–	–	–	**–**
26	皮槊	眞, 栗木	眞木	眞木	眞木	**栗木**	–	–	–	–	**–**

27	皮槊間釘	無	無	無	無	**鐵釘**	–	–	–	–	–
28	皮槊心距	0.15~0.17	0.7~1.2	0.5~0.9	0.7~0.9	**0.7~1.3**			1.0		1.44
29	長槊, 介	眞木, 12	眞木, 6	眞木, 12	眞木, 7	**欒木, 17**	–	–	–	–	–
30	長槊心距	0.3~0.41	0.7~1.2	0.7~1.1	0.7~1.1	**0.8~1.1**	–	–	–	–	–
31	首尾 起	直	起	起	起	**起**	–	–	–	–	–
32	蹄筒 穴	檣座上 有2	底板 有1	底板 有1	底板 有1	**檣座上 有2**	–	–	–	–	–
33	桅(檣)	1+2	*1+2	*1+2	*1+2	***1+3**	–	–	–	–	–

* 추정 계산치

자료 :

① 수산시험장, '어선조사보고서－권2', 조선총독부, 1928.

② 문화재관리국, '완도해저유물', 문화공보부, 1985.

③ 허일, '8－9세기 우리나라 서해 및 인접해역의 항로와 선형특성에 관한 연구', 공학박사 학위논문, 부경대학교 대학원, 2000.

④ 이원식, '고려 완도선의 주요 치수 추정과 구조 복원에 관한 연구', 공학석사 학위논문, 한국해양대학교 대학원, 2004.

⑤ 국립해양유물전시관, '木浦 達里島船', 도서출판 무돌, 1999.

⑥ 국립해양유물전시관, '군산십이동파도 해저유적', 예맥기획, 2005.

⑦ 조직위원회, '봉래 고선적기술상황', 봉래고선국제학술연토회, 2006.

>>> 고려 해선과 봉래 제3호고대선의 주요 치수비 비교

표 8. 진도선, 완도선, 달리도선, 군산도선, 봉래 제3호선의 주요 치수비 비교표ⓒ

	値數比		珍島船	*莞島船	*達里島船	*群山島船	*蓬萊3號船	參 考 1795龜船
1	船體長/船廣	L/B	3.29	3.22	3.18	3.18	3.57	3.0
2	船體長/船深	L/D	8.82	6.78	7.16	5.72	8.33	11.2
3	船體長/底板長	L/l	2.03	1.74	1.20	1.33	1.31	1.29
4	底板長/底板腰廣	l/b	3.45	3.94	8.26	6.18	12.38	4.33
5	船廣/船深	B/D	2.68	2.10	2.25	1.80	2.33	3.73
6	船廣/底板腰廣	B/b	2.13	2.13	3.13	3.18	4.56	1.93
7	船長/船腰高	L/h	7.97	6.05	6.19	5.06	7.84	7.62
8	底板 頭廣/腰廣/尾廣	b/m/s	0.68/1/0.76	0.61/1/0.85	0.57/1/0.45	0.63/1/0.46	0.62/1/0.45	0.8/1/0.7
9	底頭廣/底板長	b/l	0.20	0.19	0.07	0.09	0.05	0.19
10	底腰廣/底板長	m/l	0.29	0.25	0.12	0.16	0.08	0.22
11	底尾廣/底板長	s/l	0.22	0.22	0.05	0.01	0.054	0.16

주 : 船體長 = L, 船腰高 = h(船底下面↔橫梁上面). * : 추정 계산치

>>> 고찰

상기 표 6, 7, 8 에서 각 선의 선형, 현판(외판)조립방식, 결구結構, 주요 치수와 치수비를 비교하여 보았다. 이 비교표 상에서 고려의 연안 운반선과 봉래 제3호고대선의 선형, 현판(외판)조립방식, 결구, 주요 치수의 항목이 동일하다는 것을 확인하였다. 선박의 제 주요항목이 동일하다는 것은 선박의 형태와 구조가 동일하다는 것을 의미한다. 환언하면 봉래 제3호고대선의 선체 구조는 11세기~20세기의 한선의 선체 구조와 동일하고, 조선 공작 기법도 동일하다는 것을 의미한다.

상기의 표 6, 7, 8 비교표를 검토 분석한 결과

㉮ 잔존선체의 치수는 측정한 수치로 기록하여 작성하였으므로 그대로 인정이 된다.

㉯ 잔존하지 않는 부재에 대한 기록 치수는 임의로 정한 수치라는 의심을 갖게 된 다. 한선의 치수 비례법으로 검산하여 본 결과 비례치가 과대 또는 과소하다.

㉰ 예시하면, 저판장底板長, 선심船深, 선체장船體長의 치수들이 그렇다. 이들 수치들은 어떠한 비례 나 법칙이나 설계도의 작도에 의해서 산출된 것이 아니라는 것을 확인하였다.

㉱ 그러므로 표 8 치수비 비교표에서 보면 알 수 있는 바와 같이 선박의 L/B, L/D, L/l, B/D, B/b, l/b 등의 비가 공통성이 없는 것으로 나타난다. 물론 해저에 서 잔해를 발굴 인양하여 각부치수를 측정하고, 잔존하지 않는 부재에 대한 치수는 추정을 하여야 하는 난점이 있으나, 기본적인 원칙을 수립하면 추정 치수라 하더라도 원형에 근사한 수치를 구할 수 있다고 사료된다.

㉲ 봉래 제3호고대선은 완도선, 달리도선, 군산도선과 동종의 한선류韓船流의 해선海船이다. 달리도선과 비교하면 선체의 선형이 근사하며, 선체 각부의 치수 비례가 근사하고 저판장底板長의 대소비大小比가 232 : 100으로 근 230% 더 큰 규모의 해선으로 판단된다. 구조에서 현판舷板은 상각형上角型 개탕어린랍접식開鍚魚鱗搭接式으로 동일하며, 특별히 광폭장좌廣幅檣座, 선창벽船艙壁(격벽), 변늑골邊肋骨이 있다. 이는 획기적인 발견이다.

상기의 검토와 분석을 통하여 얻은 결과는 아래와 같다.

㊀ 봉래 제3호고대선, 완도선, 달리도선, 군산도선 등 고대선은 동일한 선형, 동일한 조선 공작 기법으로 조선造船되었다는 것을 확인하였다.

㊁ 주요 치수와 치수비 에서는 달리도선과 봉래 제3호고대선의 주요 치수비, 선형, 구조에서 상호간에 공통점이 있다는 것을 확인하였다.

㊂ 봉래 제3호고대선은 고려시대의 해선으로서 한국의 남서해안과 북서해안에서 활동하던 해선이며 특히 배밑은 반평저선半平底船의 독특한 구조를 하고 있으며 선형(Hull form)은 달리도선과 동일하고 선체의 규모는 달리도선에 비하여 저판장底板長에 있어서는 약 232% 장대하고 선체의 길이, 폭에 있어서는 약 253%, 226% 정도 장대한 것으로 추정되는 근해-원양운수선이라는 것을 확인하였다.

㊃ 완도선은 연안을 운항하는 연안선의 선체 구조라고 한다면 봉래 제3호고대선은 연안은 물론이고 연안에서 멀리 떨어진 근해와 대양에서 운항할 수 있는 선체 구조(Hull form and structure)를 가진 근해-원양 즉 원거리 운반선이라는 것을 확인하였다.

㊄ 봉래 제3호고대선은 달리도선에 비하여 선창의 내부 구조가 특이한데 가룡목駕龍木 대신에 후판의 선창벽(격벽)과 변늑골邊肋骨이 설치되어 있다. 선창벽(격벽)과 변늑골은 한선의 선창 구조에서는 최초로 발견된 구조이고 조선공작 기법이다.

㊅ 선체장船體長을 비교하여 보면 달리도선은 약 12m인데 비하여 봉래 제3호고대선은 약 29m가 된다.

〉〉〉 고려 원양무역선의 복원

1300년 고려 원양무역선의 복원은 중국 산동성 봉래시 문물국에서 편찬한 발굴보고서인 '봉래고선蓬萊古船'과 '국제학술연토회문집國際學術硏討會文集 봉래고선', 고려도경高麗圖經, 고선도보古船圖譜, 완도선, 달리도선, 단원檀園의 선박 회화繪畫 등을 참고로 하고, 봉래 제3호고대선의 잔존치수와 잔존선체의 사진을 참조하였으며 전통 한선인 당두리唐道里의 선형을 원용하여 기본도와 공작도를 작성하였다. 이어서 조선공학적 주요치수를 계산하고 선도와 구조도를 작성하였다. 이를 기본으로 하여 한선의 조선법식과 조선공작기법에 따라 한선조선기술(기능)전승자 이원식이 복원을 하였다.

1300년 고려 원양무역선의 주요 치수는 다음과 같으며 축척 1/25로 모형선을 제작하였다.

주요 치수(Principal Dimensions)

전 장全 長 (Length Over All) ······ 119.0자尺 (34.51 m)
선 장船 長 (Length of Hull) ······ 100.0자尺 (29.00 m)
전 광全 廣 (Breadth of Ship) ······ 34.0자尺 (9.86 m)
선 광船 廣 (Breadth Molded) ······ 28.0자尺 (8.12 m)
형 심型 深 (Depth Molded) ······ 12.0자尺 (3.48 m)
흘수심吃水深 (Draft Molded) ······ 7.8자尺 (2.26 m)
전 고全 高 (Height) ······ 14.5자尺 (4.20 m)
저판장底板長 (Length of buttom Plate) ······ 76.0자尺 (22.04 m)

* 1자尺(Feet) = 0.29 m

① 고려 원양무역선. 전경ⓒ

② 고려 원양무역선. 좌현ⓒ

③ 고려 원양무역선. 우현ⓒ

④ 고려 원양무역선. 선수ⓒ ⑤ 고려 원양무역선. 선미ⓒ

그림 54. 고려 원양무역선의 축척 모형선(①~⑤)ⓒ

5. 조선 시대朝鮮 時代

조선시대에는 해금정책海禁政策으로 인하여 민간의 해양 활동이 통제된 반면 수군제도와 조운漕運제도가 발달하였다. 특히 고려 말부터 극성을 부렸던 왜구倭寇의 침략으로 영향을 받아 전함이 발달하게 되었는데, 조선시대 전함의 전형이 된 전선戰船(판옥선板屋船)을 비롯해 귀선龜船(거북배), 방패선防牌船 등 우수한 성능을 갖춘 전함들이 다수 건조 되었다. 조선 중기 임진왜란을 극복할 수 있었던 것도 이처럼 우수한 전함의 건조 능력이 뒷받침 되었다고 할 수 있다.

전함 이외에 세곡을 운반하는데 활용했던 조운선과, 통신사가 일본을 왕래하며 타고 다녔던 사견선(통신사선), 국가 기관에서 활용했던 관선官船 등 다양한 선박에 대한 기록과 자료들이 남아 있다.

조선 후기 즉 1895년에 수군水軍이 혁파革罷되어 해체되었다. 세곡稅穀 운송에 기선汽船이 활용됨으로써 전통적인 군선軍船과 조운선漕運船은 자취를 감추게 되었다. 한일합방韓日合邦 이후 민간 선박들도 일본의 식민지 정책인 소위 개량선박의 보급정책으로 인하여 급격히 그 구조가 변경되었다. 일제 강점기인 1930년대를 전후해서 순수한 우리의 한선韓船은 그 맥이 끊어져 가기 시작하였다.

5.1 전선戰船

조선시대의 전선이라고 하면 판옥선板屋船이 대부분이었으며 이 판옥 전선은 당두리唐道里의 기본 구조로 되어 있다. 전선戰船은 포판鋪板 위에 판옥板屋을 꾸며 적의 총탄으로부터 노군櫓軍과 군사들을 안전하게 보호하였으며 피해를 막았다.

전선은 조선시대 수군의 주력함으로서, 막강한 화력과 견고한 구조와 기동성을 가지고 있었다. 귀선龜船(거북배)과 비교할 때, 2층 판옥板屋과 장대將臺가 있다는 점만 다를 뿐 기본적인 구조는 같았다. 귀선(거북배)은 적의 지휘선을 공격하고 적 함대의 전열戰列을 와해시키는 돌격선의 역할이었다면, 전선은 그 뒤를 이어 막강한 화력으로 전투를 승전勝戰으로 이끄는 전함이었다. 전선의 종류에는 대, 중, 소 세 가지가 있었으며, 대형은 천자총통天字銃筒, 지자총통地字銃筒, 현자총통玄字銃筒, 황자총통黃字銃筒을 모두 탑재하였고, 중형 소형은 지자총통地字銃筒, 현자총통玄字銃筒, 황자총통黃字銃筒을 탑재하였다.

조선 시대의 초기에서 후기까지 전선에 대한 제도制度의 변천은 다음 표 9와 같다.

표 9. 조선시대 전선의 제도와 변천

구분	연대	자료명	선박의 분류		
제도	1454	세종실록지리지	대선大船	중대선中大船	중선中船
제도	1455	단종실록	대선大船	중선中船	소선小船
제도	1460	경국대전	대맹선大猛船	중맹선中猛船	소맹선小猛船
실제	1592－1815	호좌수영지 湖左水營誌	일전선一戰船 이전선二戰船	삼전선三戰船 사귀선四龜船	
제도	1615	권반權盼의 실행절목實行節目	전선戰船	차선次船 지차선之次船	
제도	1746	속대전續大典	전선戰船	방선防船	병선兵船, 사후선伺候船
도본	1800	각선도본各船圖本	상전선上戰船	읍진전선邑鎭戰船	병선兵船

표 10. 이순신 수사李舜臣 水使가 창제創制한 귀선(거북배)의 배밑船底 길이

자료명資料名	연대年代	배밑판 길이底板長
호좌수영지湖左水營誌	1592－1815	10발把
이충무공 종가 소장 귀선도 李忠武公 宗家 所藏 龜船圖	1600－1800	10발把
여암전서 병선론旅菴全書 兵船論	1712－1782	10발把

통제사統制使가 기선騎船하는 전선(싸움배)을 상전선上戰船 또는 좌선座船이라고 한다. 전선(싸움배) 중에서 제일 크다. 큰 총통(천자총통, 지자총통, 현자총통, 황자총통)을 탑재하고 좌우 현舷의 멍에 뻴목의 노창櫓窓에 노櫓 10자루 씩을 건다. 절도사節度使가 기선騎船하는 전선(싸움배)을 읍전선邑戰船, 수군만호水軍萬戶 부사府使 군수郡守가 기선騎船하는 전선(싸움배)을 진전선鎭戰船이라고 한다. 전선(싸움배) 중에서 두 번째 세 번째로 크다. 중간 총통(지자총통, 현자총통, 황자총통)을 탑재하고 좌우 현舷의 멍에 뻴목의 노창櫓窓에 노櫓 8자루 씩을 건다.

1) 각선도본各船圖本 자료 (전병각선도戰兵各船圖라고도 한다)

이 선박 그림들은 정조正祖(1776－1800) 때 그려진 것으로 알려지고 있다. 모두 6장의 투시透視 설계도가 들어 있는데 전선도戰船圖, 상장을 떼어낸 철상장전선도撤上粧戰船圖, 평전선도平戰船圖, 병선도兵船圖, 조선도漕船圖, 북조선도北漕船圖 등 각 1장씩이다. (서울대학교 규장각 소장所藏)

옛날의 조선용 설계도로서, 건축용 설계도를 그리는 기법으로 그렸다. 45° 투시도법으로 선박을 자세하게 그렸고 채색도 하였다. 그리고 구조에 대한 설명과 주요치수도 기록하여 놓았다.

그림 55. 전선도戰船圖 – 각선도본 중에서
사진 : 이원식ⓒ

그림 56. 철상장撤上粧 전선도戰船圖 – 각선도본 중에서
사진 : 이원식ⓒ

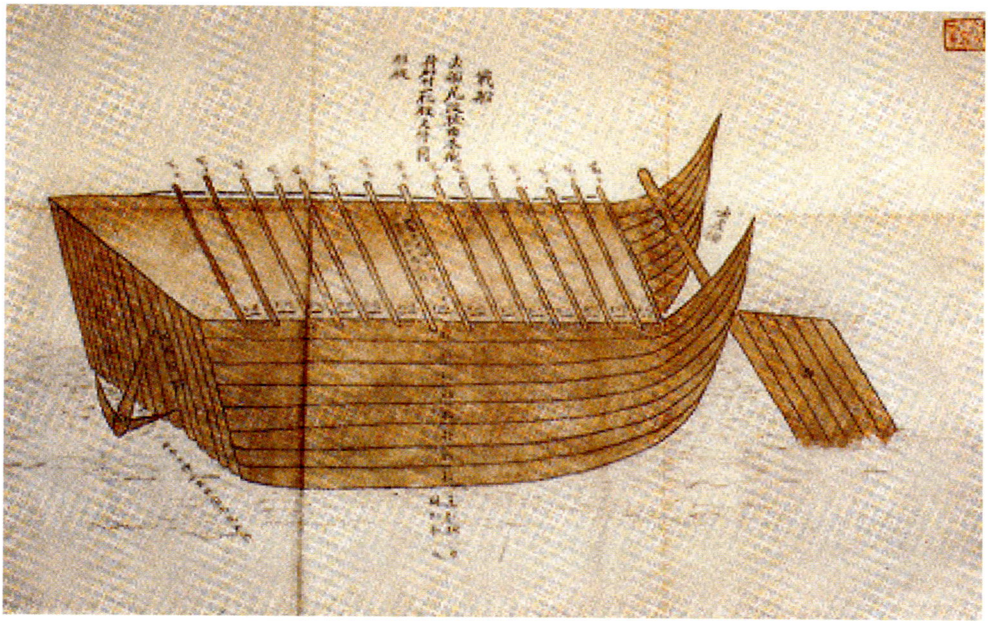

그림 57. 평전선도平戰船圖 – 각선도본 중에서
사진 : 이원식ⓒ

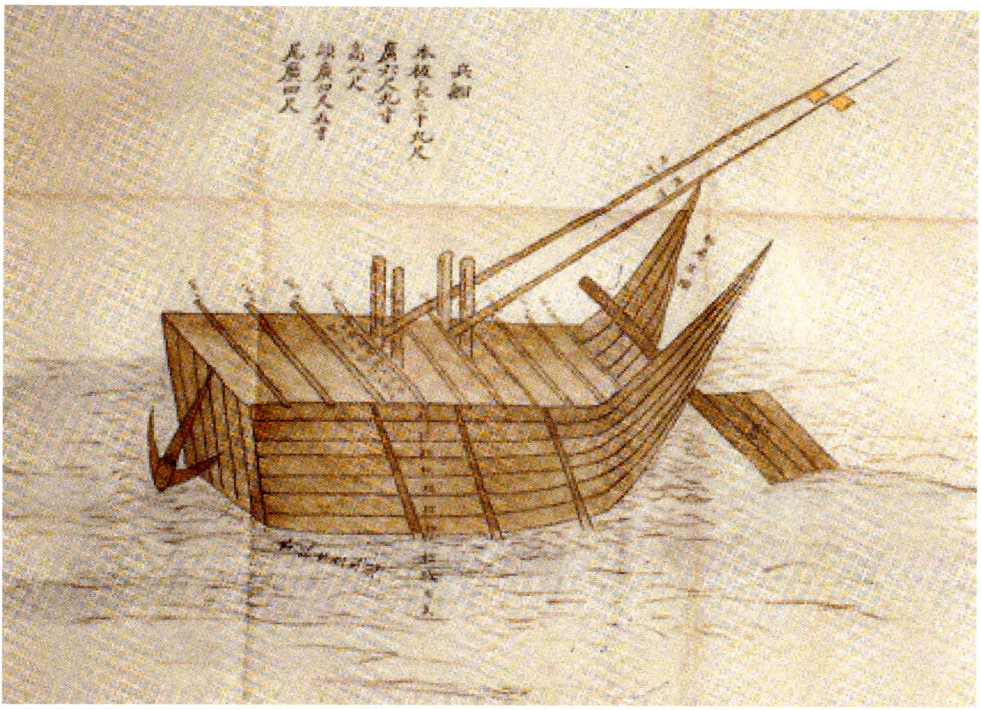

그림 58. 병선도兵船圖 – 각선도본 중에서
사진 : 이원식ⓒ

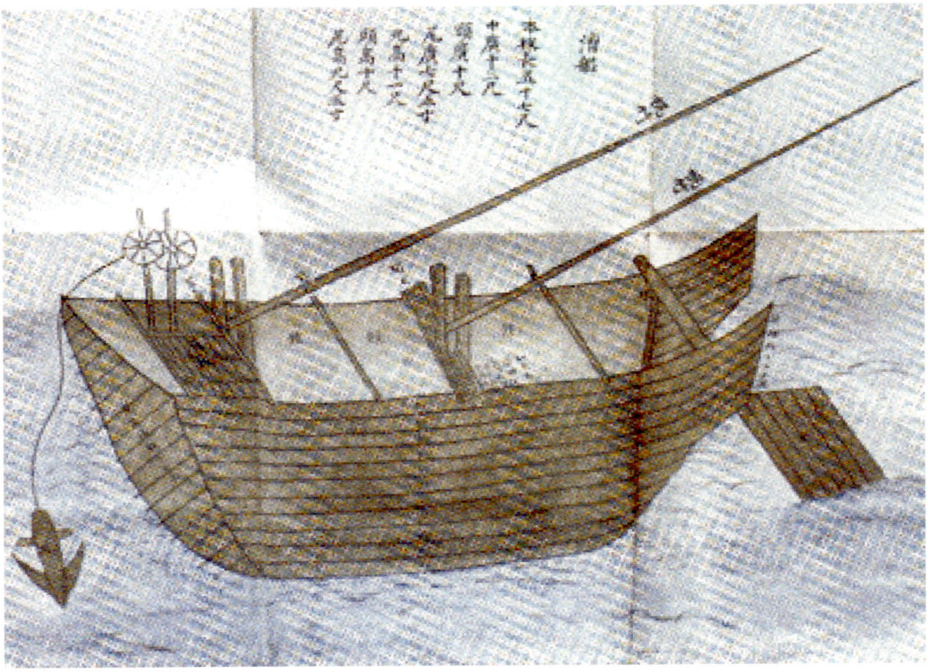

그림 59. 조선도漕船圖 - 각선도본 중에서
사진 : 이원식ⓒ

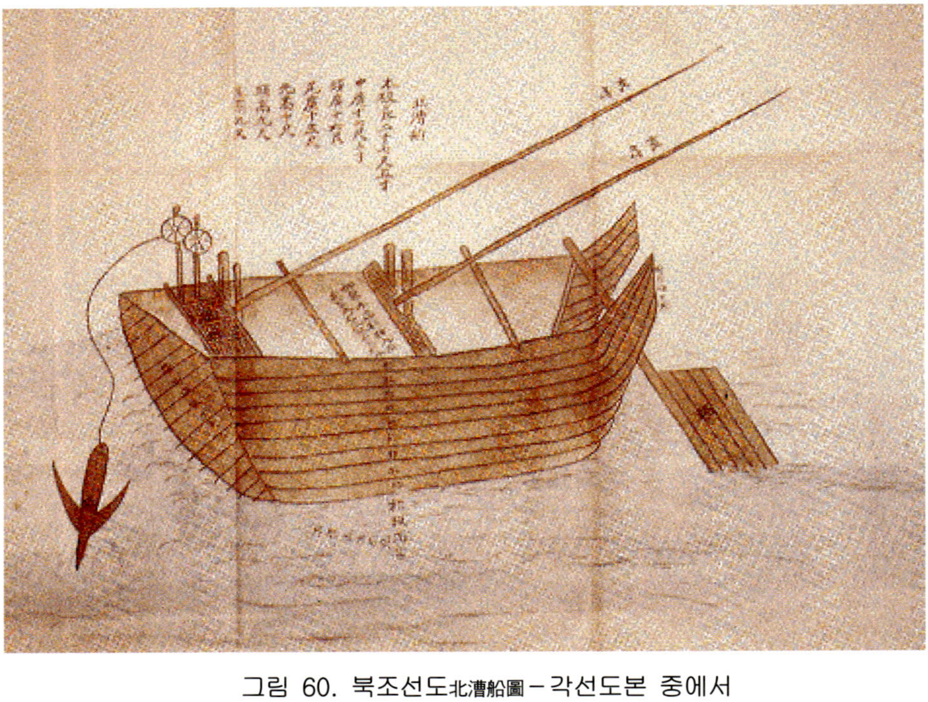

그림 60. 북조선도北漕船圖 - 각선도본 중에서
사진 : 이원식ⓒ

2) 전선戰船의 복원

앞에서 설명한 대로 전선에는 여러 가지의 종류가 있으나 그 구조와 선형이 비슷하므로 대표적인 선박으로 귀선(거북배)을 선정하였다. 귀선(거북배)의 역사적 사료와 참고자료를 집중분석하고 검토하여 실제를 구체화하고자 하며, 여타 전선의 복원에도 참고하도록 하였다. 따라서 귀선(거북배)과 판옥선의 순으로 복원하기로 하였다.

5.1.1 귀선龜船(거북배)

귀선龜船(거북배)의 장하고 용맹한 모습은 비교적 근래에 제작된 한산대첩기념비의 밑좌대座臺에 놓여 있는 1795년식 귀선(거북배) 모형(기본설계 : 이원식)과 해군사관학교 박물관 앞바다에 전시된 1795년식 귀선(기본설계: 이원식)과 세종로 광화문광장에 설치된 이순신동상 앞 귀선에도 잘 나타나 있다. 해외에도 미국 워싱턴 시에 자리한 해군기념박물관(Navy Memorial Museum)과 중국 북경의 천안문 광장에 있는 역사박물관에 전시되어 있다. 중국의 것은 1957년에 평양박물관이 복원 제작하여 기증한 것이다.

귀선(거북배)은 다름 아닌 한선의 일종이고 한국의 전통적인 조선술에 따라 조선된 것이다. 우리는 전통적인 한선의 구조 형태와 조선술造船術을 통해 귀선(거북배)의 구조와 형상을 이해할 수 있게 될 것이다.

참고로, 귀선을 거북선이라고 호칭하는 것이 이제는 상용화 되어 있지만 저자는 귀선의 우리말은 '거북선'이 아니라 '거북배'라고 하는 것이 옳다고 주장한다.

'거북'은 우리말이고 '선船'은 한자漢字로서 '거북선'이라는 말은 잘못 된 것이다. '거북선'이라는 말은 일본식 조어造語의 잔재殘滓이다. 거북바위, 거북머리, 거북이알, 거북무덤, 거북꼬리 등을 거북암巖, 거북두頭, 거북란卵, 거북묘墓, 거북미尾라고 하지 않는다.

바닷배, 나룻배, 고기잡이배, 노릿배, 뗏목배, 싸움배 등을 바닷선, 나룻선, 고기잡이선, 노릿선, 뗏목선, 싸움선이라고 하지 않고 한자로 해선海船, 진선津船, 어선漁船, 유선遊船, 목배木排, 전선戰船이라고 한다. 우리말로 '거북배' 또는 '거북이배'를 한자로 귀선龜船이라고 하는 것과 같은 맥락이다.

1. 역사적 근거

1.1 1592년식 귀선龜船

귀선龜船은 임진년(1592년)에 일본 왜적의 기습 침략으로 발발한 이른바 임진왜란을 당하여 초기에 왜적 수군선水軍船과의 해전에서 승첩勝捷을 거두고, 왜적 수군水軍의 서진西進을 차단함으로써 왜적의 수륙水陸 병진竝進을 좌절시키고 전쟁을 승리로 이끄는 견인차 역할을 해내었으며, 귀선을 창제하고 또 이 귀선을 지휘하여 왜적 수군과 육군을 물리친 충무공忠武公 이순신李舜臣과 더불어 청사에 영원히 빛나고 있다.

그러나 1592년식 귀선의 구조, 선형, 주요치수에 대한 상세하고 구체적인 자료들이 전하여지지 않고 있다. 따라서, 당시의 사료史料와 후대에 기록된 사료 그리고 간접 자료를 탐색 발굴하고 정리하여 1592년식 귀선의 구조 형태와 성능을 규명하여야 한다. 관련 사료는 다음과 같다.

이충무공李忠武公의 난중일기亂中日記(초草)

이순신 수사水使가 임진년에 왜적의 침략을 받아 왜적과 해전海戰을 수행하는 중 진중陣中에서 기록한 일기를 난중일기亂中日記라고 한다. 이 중 임진년 2월 일기에 귀선의 조선과 관련되는 기록이 있다. 이 기록은 1592년식 귀선의 조선 과정을 단편적으로 기록한 것이긴 하지만 귀선의 구조 형태를 파악하는데 있어서 중요한 문헌 사료라고 할 수 있다. 이와 관련된 기록만을 발췌하면 다음과 같다.

1) "2월 1일 선창으로 나가서 쓸 만한 널빤지를 고르는데 이때 수장水場 안에 작은 고기떼가 몰려들어 왔기에 그물을 쳐서 2,000여 마리를 잡았다. 장한 일이다... 그대로 전선戰船 위에 앉아 술을 마셨다."
   (二月一日 出船滄 点擇可用板子時 水場內 鯈魚雲集 張網獲二千余個 可謂壯矣 ... 仍坐戰船上飮酒...)
2) "2월 8일 귀선에 쓸 범포帆布(돛베) 29필을 보내와 받았다."
   (二月八日 捧龜船帆布二十九疋)
3) "3월 27일 겸해서 귀선에서 대포의 발포 실험을 하였다."
   (三月二十七日 兼龜船放砲)
4) "4월 11일 돛베로 돛을 만들기 시작하였다."
   (四月十一日 始製布帆)
5) "4월 12일 아침을 먹은 후에 배를 타고 귀선의 지자포와 현자포를 쏘아 보았다."
   (四月十二日 食後騎船 放龜船地玄字砲)

그림 61. 전라좌수영全羅左水營 성도城圖ⓒ
출전 : 호좌수영지(충민사 필사) 영인본

전라좌수영全羅左水營 성도城圖에 대한 설명

1) 전라좌수영 성城의 남문 밖에 선창船倉이 있고, 선직간船直間 남쪽에 사전선四戰船을 계류하여 놓은 선소船所가 보인다. 그 아래에 수장水藏이라고 써놓은 곳이 있다. 이곳이 이순신 수사가 2월 1일 일기에서 고기를 잡았다는 수장水場이다. 귀선은 선창船倉 남쪽 해안에서 좌괴坐塊하여 조선造船 공작工作을 하고 선체가 완성되면 수장水場으로 진수進水를 한다.

2) 이순신 수사가 3월 27일 일기에 귀선에서 대포 쏘는 것도 겸해서 시험하였다고 한 곳은 수장에서 나와서 장군도將軍島를 지나서 돌산도突山島 앞 넓은 바다에서 운항시험과 발포시험을 한 것으로 추정한다.

이순신李舜臣 수사水使의 임진장초壬辰狀草

이순신 수사가 임진년에 왜적의 침략을 당하자, 귀선을 선봉에 배치한 함대를 지휘하여 출전하던 때의 상황, 귀선의 창작創作 동기, 왜적과의 전투 상황 및 전과戰果, 군사 운용상의 건의建議, 진중陣中의 경비警備 상황, 군량軍糧의 조달調達, 군무軍務에 관한 보고, 왕명王命의 복명復命 등 왕에게 올린 장계狀啓와 장달狀達 등을 필사한 등본謄本을 임진장초壬辰狀草라고 한다.

이순신 수사는 제2차 출동 때(1592년 5월 29일－6월 10일) 사천해전泗川海戰과 당포해전唐浦海戰에 귀선을 출전시켰다는 기록이 당포파왜병장唐浦破倭兵狀에 남아 있다.

당포파왜병장唐浦破倭兵狀에는 이순신 수사가 창제한 귀선의 구조와 형태 그리고 왜적 수군과의 해전 상황 등이 상세하게 기록되어 있다.

가. 귀선의 조선造船 장소와 완공 시기

전선戰船 1척을 새로 건조하는데는 약 6개월의 일정이 필요하다. 여러 가지 조건에 따라 다르겠지만 벌목伐木을 할 수 있는 계절을 택하여 조선造船을 하게 되므로 벌목 일정에 따라 달라질 것이다. 벌목은 입추立秋 후부터 입춘立春 사이에 하게 되는데, 귀선에 사용할 목재는 1591년 가을걷이가 끝난 후 벌목을 하는 계절에 맞추어서 마련磨練하고 이어서 착공을 하였다고 볼 수 있다. 난중일기에 보면 이순신 수사는 1592년(임진년) 2월 19일부터 2월 26일까지 예하隷下 5관官 5포浦를 순시하였다. 이때 예하 진포鎭浦의 병기兵器의 수리 및 정비와 새로 건조한 전함을 확인하였으며, 새로 건조한 전함에서 대포의 방포放砲(발포)시험도 하였다.

2월 25일에는 발포진鉢浦鎭의 전비戰備가 불비하여 군관軍官을 벌한 일도 있다.

이순신 수사는 전라좌수영 본영 남문 앞마당의 갯가 수장이 있는 언덕바지에서 영귀선營龜船을 건조한 것 같다. 이 영귀선營龜船은 5관官 5포浦에서 전함을 신조新造한 같은 시기인 1592년(음력) 2월 26일 경에 선체는 이미 완성하여 수장으로 진수[4]를 한 다음 상장上粧을 치장治粧하였던 것으로 추정한다. 영귀선營龜船과 방답귀선防踏龜船, 순천귀선順天龜船 등 3척을 건조하였는데, 옛날의 전라좌수영 관할 지방이었던 여수麗水 일원에서는 방답귀선은 방답진의 선소船所에서 순천귀선은 순천부의 선소船所에서 조선을 한 것으로 추정을 하고 있다.

4월 11일에는 귀선에 사용할 포범布帆 제작에 착수하였고, 4월 12일에는 귀선에서 지자포地字砲와 현자포玄字砲의 방포放砲(발포)시험을 하였다고 일기에 기록한 것으로 보아 4월 12일에는 포범布帆을 제외한 모든 조선 공작은 완료하였다고 보여 진다. 귀선에서 대포를 방포(발포)한다는 것은 선체의 모든 부분이 견고하게 공작이 이루어졌다는 것을 의미한다. 3월 27일 일기에 "겸시귀선방포兼試龜船放砲"라고 하였는데, '겸해서'라는 말은 '선체의 운항 시험을 하는 길에 대포의 방포 시험도 겸해서 하였다.'라는 것이다. 이때 불비한 점이 있었다고 하면 보수를 하고 출동 전에는 보수를 완료하였을 것이다.

위의 기록에서 1592년식 귀선의 형태와 성능을 알아보기로 한다.

첫째, 범포帆布로 범帆을 제작하였다.

둘째, 각종 대포를 방포할 수 있는 견고한 구조로 건조되었다.

셋째, 천자포, 지자포, 현자포, 황자포 등 대구경의 대포를 장착하였다.

나) 귀선龜船의 출전出戰

1) 제1차 출동 1592년 5월 5일-5월 9일

이순신 수사가 제1차 출동 때 올린 옥포파왜병장玉浦破倭兵狀 장계狀啓에는 귀선이 출전하였다는 기록은 안 보인다. 다른 자료에서도 제1차 출동 때 귀선이 출전하였다고 하는 기록은 보이지 않는다[5].

2) 제2차 출동 1592년 5월 29일-6월 10일

이순신 수사가 제2차 출동 때 올린 장계인 당포파왜병장唐浦破倭兵狀에서 사천해전泗川

---

4) 전통 한선의 조선은, 바닷물이 들어오는 갯가에서 하게 되는데 최대 만조 때의 물 높이를 고려하여 터를 잡고 선수가 바다 쪽으로 향하게 하고 좌괴(坐塊=船臺를 놓고 着工하는 것)를한다. 선체의 공작이 완료되면 앞의 바다로 바로 진수하게 된다. 진수 후에는 바닷물 위에서 상장을 치장한다. (참조 : 「軒聖遺稿」船役 條).

5) 제1차 출동 때 '突擊將 臣 軍官 李彦良'의 이름이 보이고, 제2차 출동 때에 '龜船突擊將 及第 李奇男, 臣 軍官 李彦良'이 보인다. 제3차 출동 때에는 '左突擊將 及第 李奇男, 保人 李彦良', '右突擊將 及第 朴以良' 등이 보이는데 제1차 출동 때 '突擊將 軍官 李彦良'이 龜船에 騎船을 하고 出戰하였는지 아닌지의 與否는 確認할 길이 없다. 突擊將의 人員數로 보아 3隻의 龜船이 出戰한 것을 알 수 있다.

海戰과 당포해전唐浦海戰에서 귀선을 출전시켰다고 하였다. 이 당포파왜병장에서 귀선의 조선 동기, 구조 형태, 해전에 대한 내용을 발췌하면 아래와 같다.

1. "신이 왜적의 난리를 염려하여 전선과 다른 제도의 귀선(거북배)을 만들었습니다. 앞(이물)에는 용의 머리를 달았고 입에서 대포를 놓으며 잔등에는 쇠꼬챙이를 꽂았습니다. 배안에서는 밖을 내다볼 수 있으나 밖에서는 안을 들여다 볼 수 없습니다. 비록 적의 배가 수백이라도 그 가운데로 뚫고 들어가 대포를 쏠 수 있습니다." (臣嘗慮島夷之變 別制龜船 前設龍頭 口放大砲 背植鐵尖 內能窺外 外不能窺內 雖賊船數百之中 可以突入放砲)
2. "이번 싸움 길에 돌격장이 귀선(거북배)을 타고 나왔습니다. 먼저 귀선(거북배)으로 하여금 적의 선대 가운데로 돌진하여, 천자총통 지자총통 현자총통 황자총통 등 여러 모양의 대포를 쏘게 하였습니다." (今行 以爲突擊將所騎 而先令 龜船 突進賊船中先放天地玄黃各樣銃筒)
3. "그러므로 먼저 귀선(거북배)으로 하여금 적의 층루선 아래로 곧 바로 다가가 용의 입안에서 현자총통의 쇠알(철환)을 치켜 쏘았습니다. 또 천자총통과 지자총통에서 대장군전을 쏘아 그 적선을 깨어 부수었습니다." (故先使龜船 直衝 層樓船下 以龍口仰放玄字鐵丸 又放天地字大將軍箭 撞破其船)
4. "먼저 귀선(거북배)으로 하여금 돌입하게 하여 천자총통, 지자총통, 현자총통을 쏘아 큰 적선을 꿰뚫고... 돌격장이 탄 귀선(거북배)이 또 적의 층각선 아래로 다가가 총통을 치켜 쏘아 그 층각(대장이 앉아 있는 곳)을 깨어 부수었습니다. ... " (先使龜船突入 放天地字銃筒貫徹大船 ... 突擊將所騎龜船 又衝層閣之下 仰放銃筒 撞破其閣)

위의 기록들을 통해서 1592년식 귀선의 구조 형태와 성능을 알 수 있다. 기록에서 확인할 수 있는 것을 간략하게 정리하여 기술하면 다음과 같다.

1. 귀선은 전선戰船의 규모와 동일한 동종의 전함이다.
2. 귀선에는 선수船頭에 용두龍頭를 설치하였다.
3. 선수船頭의 용두龍頭 안의 현자총통에서 철환鐵丸을 발포放砲한다.
4. 선상을 판자로 복개覆蓋하고 판자에는 철첨鐵尖을 꽂았다.
5. 선내船內에서는 밖을 내다볼 수 있으나 외부에서는 선내를 들여다 볼 수 없다.
6. 귀선에는 돌격장突擊將이 기선騎船하고 선봉이 되어 왜적의 선대로 돌진한다.

7. 왜적 선대로 돌진하여 천자총통, 지자총통, 현자총통, 황자총통 등을 발포放砲한다.
8. 용구龍口에서 현자포 철환鐵丸을 발포放砲하여 왜적선의 층각層閣을 우선으로 파괴한다.
9. 천자총통과 지자총통에서 대장군전大將軍箭과 차장군전次將軍箭을 발포하여 적선을 파괴 한다.

이충무공전서李忠武公全書

1795년(정조 19년)에 편찬한 '이충무공전서李忠武公全書'의 기록에서, 1592년(임진년)에 전라좌도수군절도사 이순신全羅左道水軍節度使 李舜臣이 창제創制한 귀선의 구조와 성능을 알아보면 대략 다음과 같다.

"장차 왜적의 침입을 염려하여 따로 전선戰船 크기 만 한 배를 만들었는데 배 위를 둥그스럼하게 판자로 덮고 그 위에 창칼을 꽂았다. 적군들이 배에 기어오르거나 뛰어 내리면 그 창칼에 찔려 죽게 된다."

"배의 앞에는 용머리를 달고 그 용의 입을 통하여 대포알을 쏘았다. 뒤에는 거북꼬리를 달고 총구를 냈다. 배의 좌우에는 각각 6개의 대포 구멍을 냈다. 귀선(거북배)에는 돌격장이 타고 함대의 선봉이 되어 나간다. 적이 에워싸고 덮치려 하면 일시에 대포를 쏘아(방포放砲=포사격砲射擊) 가는 곳마다 휩쓸어 임진왜란의 크고 작은 해전에서 크게 공을 세웠다. 모습이 엎드린 거북과 같으므로 '귀선龜船(거북배)'이라고 하였다." (이충무공전서)

이상과 같은 자료들이 있지만, 이것만 가지고는 1592년의 임진왜란 당시의 귀선을 복원하기가 어려우며 국내에서 이에 관심을 가지고 있는 많은 학자들 사이에도 귀선의 형태와 성능에 대한 이견이 있으므로, 이에 대한 폭 넓은 연구 검토를 거쳐 차후에 1592년 귀선의 모형선을 복원 할 예정이다. 우선 이견이 있는 부분과 불명확한 부분에 대한 내용을 발췌하여 다음과 같이 정리하였다. 앞으로 1592년 귀선에 대한 복원 연구 작업을 진행하면서 신중하게 검토하여 그 결과를 반영 할 예정이다.

표 11. 1592년/1795년 전라좌수영 귀선의 문제점·의문점에 대한 검토(외관을 중심으로)ⓒ

區分	問題點	1795년 龜船	1592년 龜船	疑問點
側面	防牌(板門) 數	2+12+12+2	2+10+10+2	防牌의 形態
	砲穴 數	좌우 각 10, 전후 각2	좌우 각 6	砲穴의 模樣
	砲 配置 數	좌우 각 4, 전후 각 2	좌우 각 4, 전후 각1	龜尾 放砲方法
	砲의 種類	천자,지자,현자,황자	천자,지자,현자,황자	砲擊과 櫓役
	砲穴없는 防牌	좌우 각2	좌우 각2	
	板門 間隔	7.0尺	6.5尺~6.8尺	
	板門 높이	4.3尺	4.3尺~4.5尺	
	板門 기둥 數	12+1=13	10+1=11	
	信防+中枋+偃防	信防+中枋+偃防	信防+偃防	
	舷板(杉板)	開錫魚鱗塔接 7판	開錫魚鱗塔接 7판	
	橫梁(駕木) 數	15 (信防을 貫通)	11 (橫梁 위에 信防)	
	板門 構造	城樓 板門式	城樓 板門式	城樓 板門式
	櫓 配置	좌우 각 8	좌우 각 8	砲擊과 櫓役
正面	龍頭 仰口放砲	直立. 吐煙	傾斜. 放砲	放砲 方法
	鬼面	龜船圖, 龜船之制	無	鐵材, 衝破用
後面	船尾 翼	龜船圖	韓船, 戰船圖	上向 角度
	船尾屋欄	龜船圖	韓船, 戰船圖	龜尾 構造
	舵	龜船圖, 龜船之制	龜船圖, 龜船之制	舵柄·舵板(葉)
上面	龜背 鐵甲	無, 畵龜紋	無	城樓門 鐵板
	刀錐 鐵尖	無, 畵龜紋	刀錐 鐵尖	座金, 防水法
	龜背 出入門	左右 各2	無	船艙+鋪板+廳板
	廳板	廳板 有 (3層)	廳板 無 (2層)	船艙+鋪板+廳板
	龜背 將臺	無	有·無 ?	設置·活用 方法
	龜背 銃穴	左右 各6	無	小口徑砲
	桅(帆竹)	頭桅, 腰桅	頭桅, 腰桅	*鋪板에서 竪眠
船底	構造·主要値數	平底 韓船式, 龜船之制	平底 韓船式, 底板長	長廣深의 値數
	艫板	龜船圖, 7 曲木 龜船之制, 4 橫板	韓船式 橫板 非雨	韓船 非雨
	舳板	龜船之制, 7 橫板	龜船之制, 7 橫板	邊肋骨 有無

표 12. 1592년/1795년 전라좌수영 귀선의 문제점에 대한 검토(명칭, 구조, 운항, 해전, 기타)ⓒ

구분	문제점, 의문점	1795년 귀선	1592년 귀선	증명 자료
명칭	귀선(龜船)을 거북船이라 하고 있다.	ⓧ	ⓧ	한글 어법
구조 형태	1795년식 귀선을 이순신 귀선이라 하면서 학술, 저술, 방송연출, 모형·원형(경남)제작.	ⓧ	--	귀선지제, 귀선도, 이순신 장계
	귀배판 위에 장대를 설치했다.	ⓧ	?	종가 귀선도
	귀배판(거북 잔등판)에 철갑을 씌웠다.	ⓧ	ⓧ	귀선지제, 귀선도, 장계
	1795년 귀선 잔등에 철판을 덮었다.	ⓧ	--	귀선지제, 귀선도
	1795년 귀선 잔등에 창을 꽂았다.	ⓧ	--	귀선지제, 귀선도
	1592년 귀선 잔등에 창을 꽂았다.	--	ⓞ	이순신 장계·행록
	귀선은 철갑선이다.	ⓧ	ⓧ	귀선지제, 귀선도
	1795년 귀선은 3층 구조이다.	ⓞ	--	귀선지제, 귀선도
	1592년 귀선은 2층 구조이다.	--	ⓞ	이순신 장계·행록
운항 해전	우현 방포, 우현 후미+좌현에서 노 젓기	ⓞ	ⓞ	이순신 일기, 장계
	좌현 방포, 좌현 후미+우현에서 노 젓기	ⓞ	ⓞ	이순신 일기, 장계
	노역 즉 노 젓기는 2층 포판에서 한다.	ⓞ	ⓞ	이순신 장계
	천지현황 대형포는 2층에서 방포한다.	ⓞ	ⓞ	이순신 일기, 장계
	소(小) 총통, 화승총은 3층에서 방포한다.	ⓞ	없음	귀선지제, 귀선도
	1795년 귀선이, 임진왜란 해전에 참전했다.	ⓧ	--	이순신 장계
	적선에 충돌하는 전법을 당파라고 한다.	ⓧ	ⓧ	이순신 장계
	1795년 귀선의 귀면(鬼面)은 충돌 때 쓴다.	ⓧ	없음	소설, 드라마, 만화
	서양식 oar를 6번 현판에 꽂고 젓는다.	ⓧ	ⓧ	귀선도, 전진도
	노는 횡량 위 노로(櫓櫨)에서 젓는다.	ⓞ	ⓞ	귀선도, 전진도
	1795년 귀선 鬼面으로 적선을 충돌한다.	ⓧ	없음	귀선지제, 귀선도

1.2 1795년식 통제영 귀선龜船(거북배)과 전라좌수영 귀선龜船(거북배)

1795년(정조 19년)에 편찬한 '이충무공전서李忠武公全書'의 책머리에 1795년 당시의 통제영귀선과 전라좌수영귀선의 그림이 있고 귀선지제龜船之制가 있다. 귀선지제는 모두 694 자로 되어 있는데 1795년식 귀선의 주요치수와 구조 그리고 성능에 대하여 설명하고 있다.

2. 1795년 당시의 귀선龜船의 구조

2.1 1795년에 반포한 이충무공전서의 귀선지제龜船之制와 귀선도龜船圖

이충무공전서 권수卷首에 통제영귀선統制營龜船과 전라좌수영귀선全羅左水營龜船의 귀선도龜船圖 2장이 있다. 45도 측면 투시도법으로 그렸는데 도화서圖畵署 화원畵員이 그린 것으로 추정하고 있다. 귀선도龜船圖 다음에 귀선지제龜船之制가 있는데 여기에는 통제영귀선과 전라좌수영귀선에 대한 주요치수 및 구조와 성능에 대한 설명이 기록되어 있다.

다음은 1795년식 통제영 및 전라좌수영 귀선도龜船圖와 귀선지제龜船之制를 나타낸다.

그림 62. 1795년식 통제영귀선도
사진, 소장 : 이원식ⓒ

그림 63. 1795년식 전라좌수영귀선도
사진, 소장 : 이원식ⓒ
출전 : 이충무공전서. 청주판.ⓒ

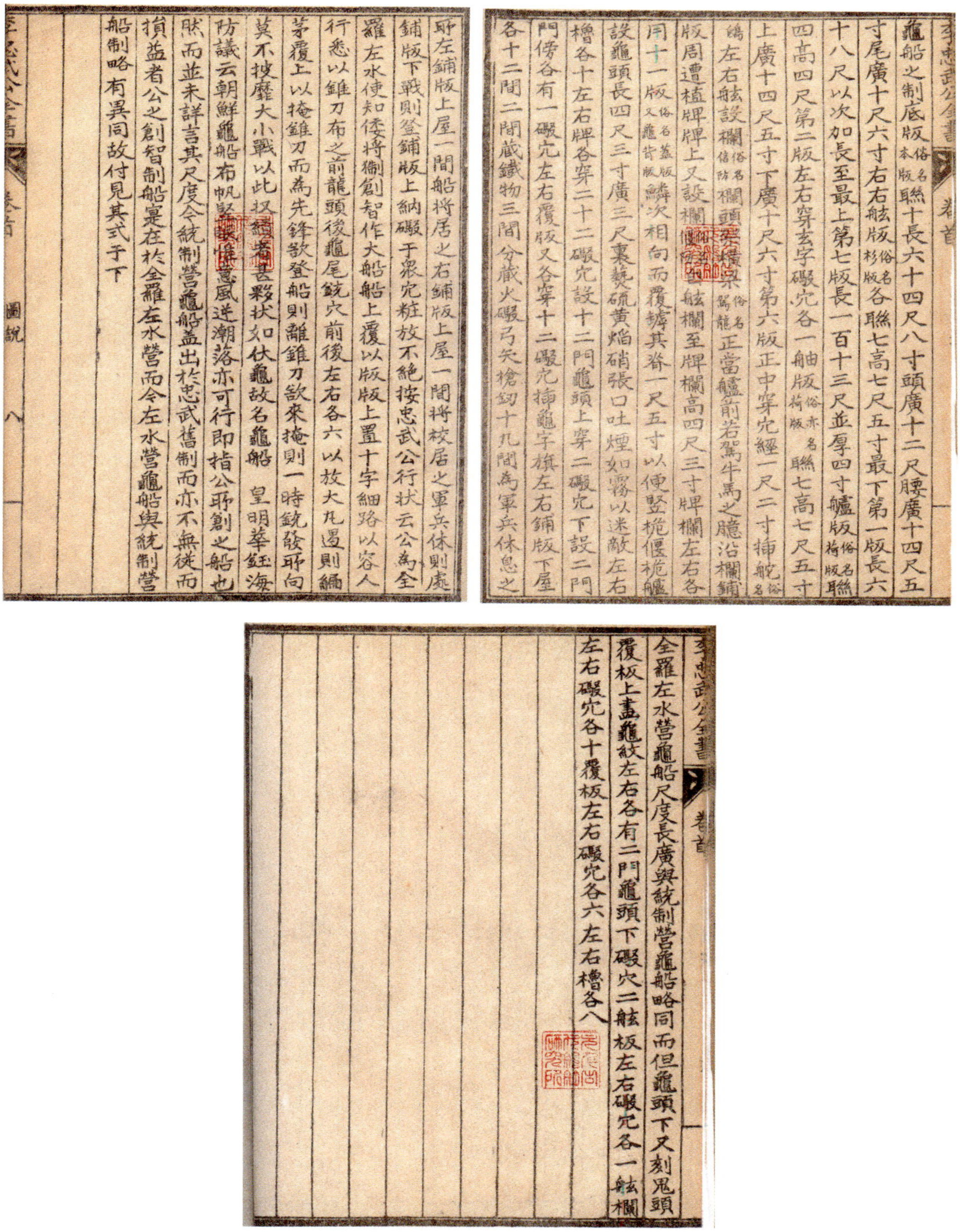
龜船之制底版(俗名本版)聯十長六十四尺八寸頭廣十二尺腰廣十四尺五寸尾廣十尺六寸右右舷版(俗名杉版)各聯七高七尺五寸最下第一版長六十八尺以次加長至最上第七版長一百十三尺並厚四寸艣版(俗名檣版)聯四高四尺第二版左右穿玄字礮穴各一舳版(俗亦名檣版)聯七高七尺五寸上廣十四尺五寸下廣十尺六寸第六版正中穿穴經一尺二寸揷舵(俗名鴟)左右舷設欄(俗名信防)欄頭設橫梁(俗名駕龍)正當艣前若駕牛馬之臆沿欄鋪版周遭植牌牌上又設欄舷欄至牌欄高四尺三寸牌欄左右各用十一版(俗名蓋版又名龜背版)鱗次相向而覆鋪其脊一尺五寸以便竪桅偃桅艣設龜頭長四尺三寸廣三尺裏爇硫黃焰硝張口吐煙如霧以迷敵左右櫓各十左右牌各穿二十二礮穴設十二門龜頭上穿二礮穴下設二門門傍各有一礮穴左右覆版又各穿十二礮穴揷龜字旗左右鋪版下屋各十二間二間藏鐵物三間分藏火礮弓矢槍劒十九間爲軍兵休息之所左鋪版上屋一間船將居之右鋪版上屋一間將校居之軍兵休則處鋪版下戰則登鋪版上納礮于衆穴粧放不絕按忠武公行狀云公爲全羅左水使知倭將猘創智作大船船上覆以版版上置十字細路以容人行悉以錐刀布之前龍頭後龜尾銃穴前後左右各六以放大丸遇則編茅覆上以掩錐刀而爲先鋒欲登船則離錐刀欲來掩則一時銃發所向莫不披靡大小戰以此收功者甚夥狀如伏龜故名龜船　皇明華廷海防議云朝鮮龜船布帆[illegible]風逆潮落亦可行即指公所創之船也然而並未詳言其尺度今統制營龜船盖出於忠武舊制而亦不無從而損益者公之創智制船寔在於全羅左水營而今左水營龜船與統制營船制略有異同故付見其式于下

全羅左水營龜船尺度長廣與統制營龜船略同而但龜頭下又刻鬼頭覆板上畫龜紋左右各有二門龜頭下礮穴二舷板左右礮穴各一舷欄左右礮穴各十覆板左右礮穴各六左右櫓各八

그림 64. 귀선지제龜船之制
사진, 소장 : 이원식ⓒ
출전 : 이충무공전서. 청주판ⓒ

2.2 1795년식 통제영귀선統制營龜船의 구조

『이충무공전서의 귀선지제』는 귀선(거북배)에 대한 제도制度를 설명한 것으로서 통제영귀선에 대한 내용은 다음과 같다.

귀선의 제도, 배밑은 10쪽을 이어 붙였는데 길이는 64자尺 8치寸, 머리 쪽(이물) 너비는 12자尺, 허리(한판)의 너비는 14자尺 5치寸이고, 꼬리쪽(고물) 너비는 10자尺 6치寸이다. 좌우 삼판은 각각 7쪽을 이어 무어 올렸는데, 높이는 7자尺 5치寸이다. 맨 아래 첫째 판(부자리)의 길이는 68자尺이고 차츰 길어져서 맨 위 일곱째 판(동두틈)의 길이는 113자尺가 된다. 두께는 다 같이 4치寸이다. 이물비우는 가로 널판으로 4장을 이어 붙였는데 높이는 4자尺이고, 둘째 판 좌우에 현자 대포구멍을 각각 1개씩 뚫었다. 고물비우는 가로 널판으로 7장을 이어 붙였는데 높이는 7자尺 5치寸이다. 위쪽 너비는 14자尺 5치寸이고, 아래쪽 너비는 10자尺 6치寸이다. 여섯째 판 한 가운데에 직경 1자尺 2치寸 되는 구멍을 뚫어 치(키)의 킷다리를 꽂았다. 좌우 뱃전 밖으로 빠져 나온 멍에 뺄목 위에 신방(도리)을 걸고 신방 앞머리 쪽에 멍에(덕판 멍에)를 가로로 걸었는데, 바로 이물(뱃머리) 앞에 닿게 되어 마치 소나 말의 가슴에 멍에를 메인 것 같다. 신방을 따라 가면서 안쪽으로 포판을 깔고 신방 위에 기둥을 세우고 방패를 둘러 세웠다. 방패 위에 또한 언방을 걸었는데, 신방에서 언방까지의 높이는 4자尺 3치寸이다. 언방의 좌우에서 안쪽으로 각각 11장의 덮개 널판(거북 잔등 판)으로 고기의 비늘처럼 겹쳐서 올려 덮었다. 그 잔등 한 가운데에는 1자尺 5치寸의 틈(등골)을 내어서, 돛대를 세웠다 뉘었다 하기 편하게 하였다.

뱃머리에 거북머리를 설치하였는데 길이는 4자 3치, 너비는 3자이고, 그 속에서 유황 염초를 태워 벌어진 입으로 연기를 안개같이 토하여 적을 혼미케 한다.

좌우의 노櫓는 각각 10개씩이고, 좌우 방패판에는 각각 22개씩의 포砲 구멍을 뚫었으며, 12개의 문을 설치하였다. 거북머리 위에도 2개의 포 구멍을 뚫었고, 아래에 2개의 문을 설치하였으며 문 곁에도 각각 포 구멍이 1개씩 있다. 또한 좌우 복판覆版에도 각각 12개의 포 구멍을 뚫었으며, 귀龜자 기를 꽂았다.

좌우 포판鋪板 아래 방이 각각 12간인데 2간은 철물을 쟁였고, 3간은 화포火砲·궁시弓矢·창검槍劍을 갈라 두며 19간은 군사들이 쉬는 곳으로 되어 있다. 왼쪽 포판鋪板 위의 방 한 간은 선장船將이 쓰고, 오른쪽 포판 위의 방 한 간은 장교가 있는데, 군사들이 쉴 때에는 포판 아래에 있고 싸울 때에는 포판 위로 올라와 모든 포 구멍에 포를 걸어 놓고 쉴 새 없이 쟁여 쏘아 댄다.

상고하건대 '충무공행장忠武公行狀'에 이르되 "공이 전라좌수사가 되어 왜가 쳐들어오려 함을 알고, 큰배를 지혜롭게 만들되 배 위에는 판자를 덮고, 판자 위에는 십十자로 좁은 길을 내어 사람이 겨우 다닐만하게 하고, 모두다 칼송곳錐刀을 깔았으며, 앞은 용머리 뒤는 거북꼬리이고, 총구멍은 전후 좌우에 6개씩으로 큰 탄환을 쏘며, 적을 만나면 거적으로 위를 덮어 칼 송곳을 가리어 선봉이 되고, 적이 배에 오르려 하면 칼 송곳에 부딪치며, 와서 덮치려 하면 일시에 총을 쏘아 가는 곳마다 휩쓸지 못하는 바가 없어, 크고 작은 싸움에 이것으로 공적을 세운 것이 심히 많으며, 형상이 엎드려 있는 거북과 같으므로 귀선이라 이름을 지었다"라고 하였다.

명나라 화옥華鈺의 '해방의海防議'에 이르되 "조선의 귀선은 돛대를 세우고 눕히기를 임의로 하고 역풍이건 퇴조 때이건 마음대로 갈 수 있다."하였는데, 그것은 바로 공이 창제한 배를 가리키는 것이다.

그런데 모두 그 치수에 대하여는 자세히 말하고 있지 않다. 지금의 통제영귀선은 대개 충무공의 구제舊制에서 나온 것이지만 역시 치수의 가감이 없지 않다. 충무공이 이 배를 창조創造한 곳은 전라좌수영이었는데 지금의 좌수영귀선은 통제영귀선의 제도와 약간 다르기로 이하에 그 제식을 붙여 써둔다.

"龜船之制. 底板俗名本板聯十長六十四尺八寸, 頭廣十二尺, 腰廣十四尺五寸, 尾廣十尺六寸, 左右舷板俗名杉板, 各聯七高七尺五寸, 最下第一板長六十八尺, 以次加長, 至最上第七板長一百十三尺, 並厚四寸, 艫板俗名荷板聯四高四尺, 第二板左右穿玄字砲穴各一, 舳板俗名荷板聯七高七尺五寸, 上廣十四尺五寸下廣十尺六寸, 第六板正中穿穴經一尺二寸, 挿舵俗名鴟, 左右舷設欄俗名信防, 欄頭架橫梁俗名駕龍, 正當艫前若駕牛馬之臆, 沿欄鋪板, 周遭植牌, 牌上又設欄俗名偃防, 自舷欄至牌欄高四尺三寸, 牌欄左右各用十一板俗名蓋板又龜背板, 鱗次上向而覆, 罅其脊一尺五寸, 以便竪桅偃桅, 艫設龜頭長四尺三寸廣三尺, 裏爇硫黃焰硝`張口吐煙如霧以迷敵, 左右櫓各十, 左右牌各穿二十二砲穴 設十二門, 龜頭上穿二砲穴下設二門, 門傍各有一砲穴, 左右覆板又各穿十二砲穴, 挿龜字旗, 左右鋪板下屋各十二間, 二間藏鐵物, 三間分藏火砲弓矢槍劍, 十九間爲軍兵休息之所, 左鋪板上屋一間船長居之, 右鋪板上屋一間將校居之, 軍兵休則處鋪板下, 戰則登鋪板上, 納砲于衆穴, 粧放不絕. 按忠武公行狀云, 公爲全羅左水使知倭將猘, 創智作大船, 船上覆以板, 板上置十字細路, 以容人行 悉以錐刀布之, 前龍頭, 後龜尾, 銃穴前後左右各六, 以放大丸, 遇敵則編茅覆上, 以掩錐刀, 以爲先鋒, 敵欲登船則離錐刀, 欲來掩則一時銃發, 所向莫不披靡, 大小戰以此收績者甚多, 狀如伏龜故名龜船. 皇明華鈺海防議云, 朝鮮龜船, 布帆竪眠惟意, 風逆潮落亦可行. 卽指公所創之船也. 然而並未詳言其尺度, 今統制營龜船, 蓋出於忠武舊制而亦不無從而損益者, 公之創智制船, 寔在於全羅左水營, 而今左水營龜船與統制營船制略有異同, 故付見其式于下."

2.3 1795년식 전라좌수영귀선의 구조

귀선지제龜船之制에 기록되어 있는 1795년식 전라좌수영귀선에 대한 설명은 아래와 같다.

"전라좌수영귀선의 길이와 너비 등의 칫수는 통제영귀선과 대략 같으나, 다만 거북 머리 아래에 또 귀신머리(귀두鬼頭)를 조각하여 달았다. 거북 잔등 덮개판 위에는 거북무늬를 그렸고, 좌우에 각각 문이 2개씩 있다. 거북 머리 아래에 포砲 구멍이 2개 있고, 뱃전舷板 좌우에 포砲 구멍이 각각 1개씩 있다. 현란舷欄 좌우에 포砲 구멍이 각각 10개씩 있고, 거북 잔등 덮개 판 좌우에 소포小砲 구멍이 각각 6개씩 있다. 좌우에 노가 각각 8자루씩 있다."

"全羅左水營龜船, 尺度長廣與統制營龜船略同, 而但龜頭下又刻鬼頭, 覆板上畵龜紋, 左右各有二門, 龜頭下砲穴二, 舷板左右砲穴各一, 舷欄左右砲穴各十, 覆板左右砲穴各六, 左右櫓各八."

『이충무공전서』의 1795년식 귀선(거북배)에 대한 설명은 대부분 통제영귀선에 대한 설명이고, 마지막 부분만이 전라좌수영귀선에 대한 설명이다. 이 그림과 설명문은 귀선(거북배)에 관하여 많은 것을 알려주는 매우 귀중한 자료이다.

임진왜란 당시의 귀선(거북배)은 이순신이 수사로 있던 전라좌수영의 예하 선소船所에서 건조되었다. 그러므로 '이충무공전서'의 1795년식 전라좌수영귀선은 임진왜란 당시의 귀선(거북배)으로 착각하기 쉽다. 그러나 그것은 잘못이고, 두 귀선 모두 임진왜란 이후 200여년이 지난 1795년(정조시대)의 귀선(거북배)이다. 그 중에서 통제영귀선이 1592년에 충무공이 창제한 귀선(거북배)에 가깝다고 하였다.

『이충무공전서』의 전라좌수영귀선은 1795년(정조시대)의 귀선(거북배)으로서 임진왜란 당시 이순신 수사의 전라좌수영 귀선(거북배)과 똑 같은(동일한) 선형과 구조의 귀선(거북배)은 아니다.

2.4 1795년식 통제영귀선과 전라좌수영귀선의 중앙횡단면도

본 저자가 작성한 통제영귀선과 전라좌수영귀선의 중앙횡단면도(우리말 용어 첨부)는 다음과 같다. 귀선의 구조, 형태, 용어를 참고할 수 있도록 하였다.

1) 1795년식 통제영 귀선도와 중앙횡단면도(우리말 용어 첨부)

통제영 거북배

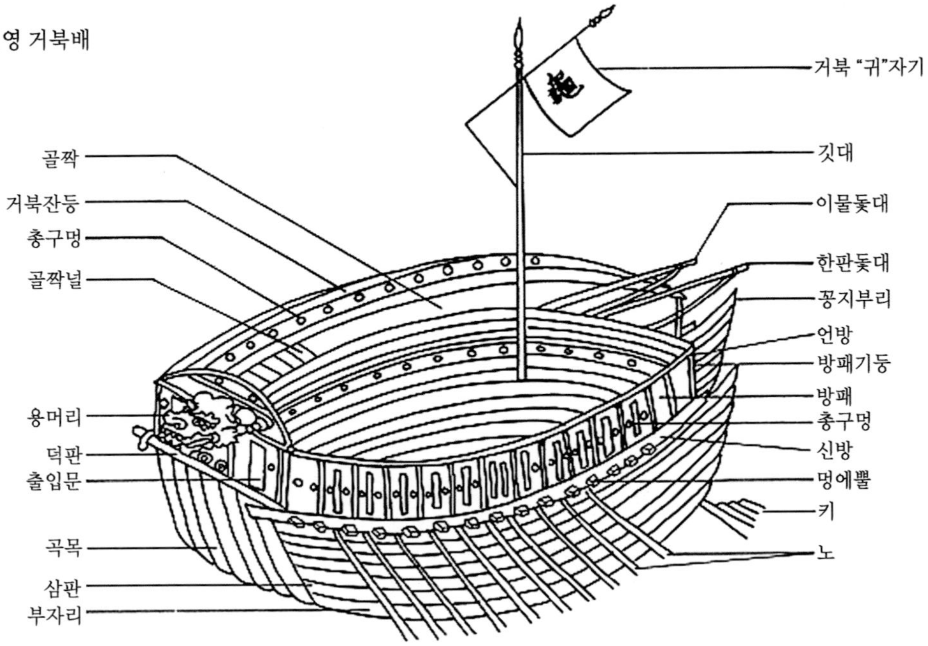

통제영 거북배 중앙 단면도(내부 구조) (이원식 도면, 1975)

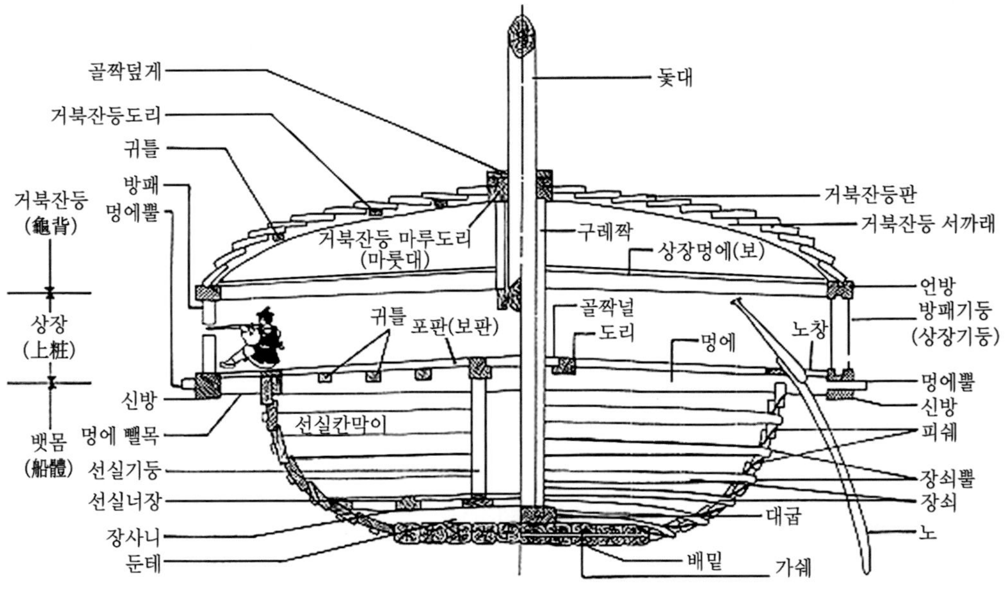

그림 65. 1795년식 통제영 귀선

출전 : 이원식, [한국의 배], 대원사, 1990ⓒ

2) 1795년식 전라좌수영귀선도와 중앙횡단면도(우리말 용어 첨부)

전라좌수영 거북배

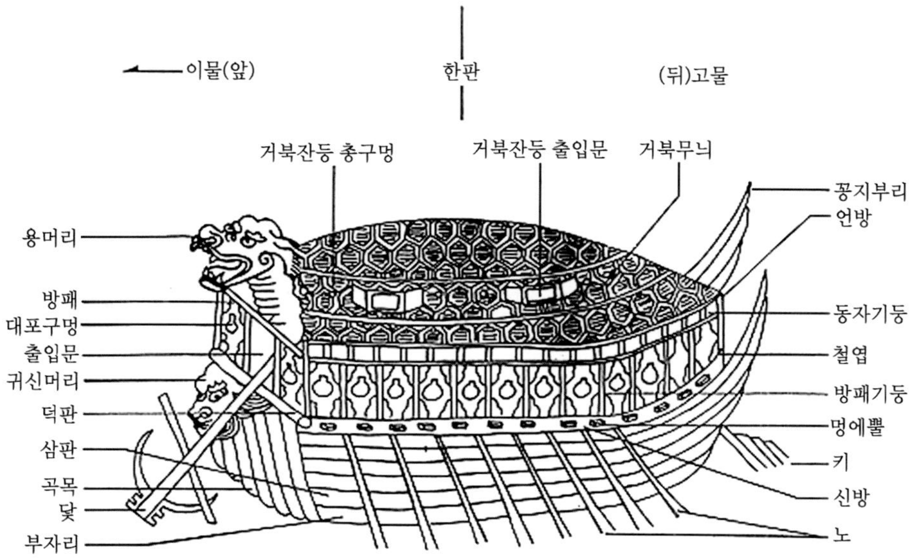

전라좌수영 거북배 중앙 단면도(내부 구조) (이원식 도면, 1975)

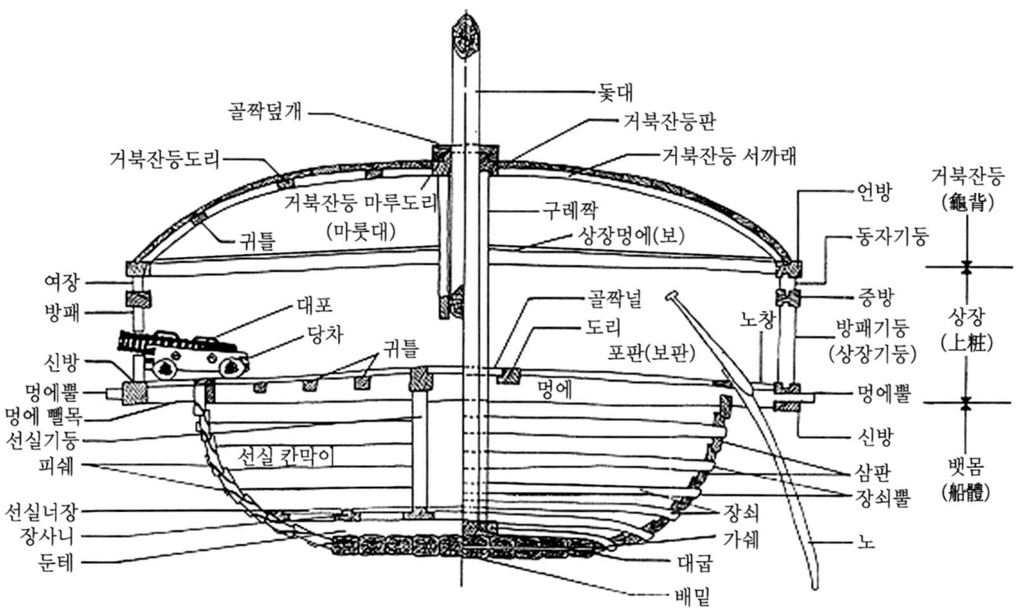

그림 66. 1795년 전라좌수영 귀선

출전 : 이원식, [한국의 배], 대원사, 1990ⓒ

3. 귀선龜船의 주요치수

귀선지제龜船之制에 기록되어 있는 치수를 현대의 조선학적 주요치수의 요목으로 정리하면 아래 표 13과 같다.

표 13. 1795년식 귀선의 주요치수표ⓒ

번호	주요치수 요목		치수(자尺)	치수(m)
	龜船之制, 古代船 用語	우리말 용어		
1	全船長	배 전체 길이	*	*
2	船體長	배 몸체의 길이	*	*
3	船頭廣	배 이물 너비	*	*
4	船腰廣	배 한판 너비	*	*
5	船尾廣	배 고물 너비	14.5	4.53
6	船頭高	배 이물 높이	*	*
7	船腰高	배 한판 높이	*	*
8	船尾高	배 고물 높이	7.5	2.34
9	船深	배 선창 깊이	7.5	2.34
10	底板長	뱃밑 길이	64.8	20.24
11	底板頭廣	뱃밑 머리 너비	12.0	3.75
12	底板腰廣	뱃밑 허리 너버	14.5	4.53
13	底板尾廣	뱃밑 고물 너비	10.6	3.31
14	底板厚	뱃밑 두께	*	*
15	舷板 數	삼판의 수	7 板	–
16	第一舷板長	부자리의 길이	68.0	21.24
17	第七舷板長	동두틈의 길이	113.0	35.30
18	舷板厚	삼판의 두께	0.4	0.12
19	艫板 數	이물비우의 수	4 板	–
20	舳板 數	고물비우의 수	7 板	–
21	揷舵 穴	킷다리 구멍	1.2	0.37
22	防牌高	방패의 높이	4.3	1.34
23	龜背板 數	잔등 판의 수	11 板	–
24	龍頭長	용두의 길이	4.3	1.34
25	龍頭廣	용두의 너비	3.0	0.94
26	帆竹挾板 間隔	돛대 골짝 너비	1.5	0.47
27	底板 數	뱃밑의 수	10 條	–

위의 표에서 * 표의 칸에는 1795년식 귀선의 주요치수가 누락되어 있다.

3.1 1795년식 귀선의 누락 주요치수에 대한 추정

본 연구에서는 1795년식 통제영귀선과 전라좌수영귀선 중에서 현재 널리 알려져 있고, 1592년식 귀선의 조선지인 전라좌수영과 관련이 있는 1795년식 전라좌수영귀선에 대한 누락 주요치수를 추정하고자 한다.

3.1.1 1795년식 귀선의 누락된 주요치수와 추정 방법

1) 누락된 주요치수의 요목은 아래와 같다.

(1) 전선장(全船長)

(2) 선체장(船體長)

(3) 선두광(船頭廣)

(4) 선요광(船腰廣)

(5) 선두고(船頭高)

(6) 선요고(船腰高)

(7) 선미고(船尾高)

2) 누락 주요치수 추정 산출을 하기 위한 자료의 활용 및 치수의 산출 방법

1795년식 귀선龜船의 경우, 여타 한선의 L/D와 B/D의 치수비와 비교하여 볼 때 선심船深(D)이 작다는 것을 확인한 바 있다. 참고하여야 할 사항이다.

1795년식 귀선龜船은 해저에서 발굴 인양한 고려의 연안선 근해선, 1800년대 전선戰船, 조선통신사선, 20세기 초의 연안선과는 동족의 조손관계祖孫關係의 해선海船이라는 결론을 확인한 바 있다.

주요치수의 요목要目이 동일하다는 것은 선박의 형태와 구조가 동일하다는 것을 의미한다. 다시 말하면 귀선龜船의 선체 구조는 12세기의 해선海船, 17세기의 귀선龜船, 19세기의 전선戰船과 조선통신사선, 20세기의 해선海船 등의 선체 구조와 같고, 조선 공작 기법도 같다는 것을 의미한다.

1970년대에 귀선龜船을 연구하던 김용국金龍國 선생은 "전선戰船, 병선兵船등 예전 우리나라 해군 함정의 구조를 파악한다면 귀선의 구조도 '사과반思過半'일수 있는 것이다."라고 하였다.

강만길姜萬吉 교수는 "일반 전선戰船과 귀선龜船의 차이는 조선왕조 후기의 경우 상장上

粧 부분과 귀두龜頭 등에 있을 뿐"이라 하였다.

김재근 교수는 "이충무공전서李忠武公全書는 귀선의 구조를 종합적으로 기록하고 있는 유일한 사료史料이다. 그러나 귀선을 해명解明하는데 이것만 가지고는 일정한 한계가 있고, 또한 한선 구조의 지식이 없이는 그것들을 올바로 해석할 수도 없다."라고 하였다.

3) 위와 같은 점에 유의하여 다음과 같은 방법으로 누락 치수를 추정하고자 한다.

1795년식 귀선과 1800년대 읍진전선邑鎭戰船과의 치수 비교에서 두 함선의 치수가 대략 같다는 것을 확인한 바 있으며 전선戰船과의 비교표를 활용하고자 한다.

1795년식 귀선과 조선통신사선 중선中船과의 치수 비교에서도 두 선박의 치수가 근사하다는 것도 확인한 바 있으며 조선통신사선 중선中船과의 비교표를 역시 활용하고자 한다.

조선통신사선 중선中船은 전선戰船의 조선造船 기법에 따라 도해선식渡海船式으로 조선을 하였으며 주요치수가 누락된 것이 없고, 조선통신사선 중선은 1795년식 귀선과는 저판장底板長에 있어서 67.5 : 64.8=1 : 0.96의 비율로 근사하므로 조선통신사선의 주요치수를 기본으로 하는 비율 계산 방법을 원용하여 1795년식 귀선의 누락된 주요치수를 추정 산출하고자 한다.

누락된 치수의 추정 산출과 선도의 작도를 병행하여 가면서 적정치適正値를 확인하고, 주요치수가 확정되면 선도 및 선체구조도를 작도하고자 한다.

3.1.2 누락된 치수의 추정 계산

누락된 치수를 추정하기 위하여 ① 1차, ② 2차, ③ 3차로 계산을 하였다. 계산 내용은 아래와 같다.

1) 선요광船腰廣 : (추정치수 : ① 28.0, ② 29.0, ③ 29.2)

선요광船腰廣은 현판舷板 상면上面의 높이에서 선체 중앙부의 너비를 이른다.

〈계산 근거〉

① 한선에서 선요광船腰廣은 선체장船體長의 1/3의 비율로 정하므로(선체장/선요광의 평균치수비=3), 이와 관련이 있는 선체장의 길이를 고려하여 28.0으로 작도하고, 선요광을 28.0으로 추정하였다.

② 한선에서는 저판요광底板腰廣에 [선요광/저판요광의 평균치수비=2]를 곱해서 선요광을 정하므로, 저판요광 14.5에 2를 곱해서 29.0으로 하였다. 선도 및 선체구조도에

서 선요광을 29.0으로 작도하여 적정한 것을 확인하였다.

예 : 완도선=2.12, 진도선=2.13

③ 조선통신사선 중선의 선요광 30.5에 대하여 0.96[6]의 비율로 계산하면 29.2가 된다.

2) 선두광船頭廣 : (추정치수 : ① 16.8, ② 17.0, ③ 16.8)

선두광船頭廣은 선체의 머리 쪽 즉 선두船頭(이물머리)의 너비를 이른다.

〈계산 근거〉

① 선두광은 선도 및 선체구조도를 작도할 때 상장上粧 구조를 고려하고 선미광船尾廣과의 비를 고려하여 선요광에 대하여 평균 60% 정도의 수치를 택한다. 선두광은 선요광에 대하여 60%에 해당하므로, 28.0에 0.60의 비율을 곱하면 16.8이 된다. 선미광은 선요광에 대하여 평균 52% 정도가 된다.

② 선두광은, 저판두광底板頭廣 12.0을 두 변으로 하는 직각삼각형의 사변斜邊의 길이와 근사한 값을 가진다. 즉, 두 변을 12.0으로 하는 직각삼각형의 사변斜邊의 길이는 16.9705이 된다. 이 16.9705를 소수점 한자리에서 올림하면 17.0이 된다.

증명 : 기하학에서 두 변을 12.0으로 하는 직각삼각형의 사변을 구하면,

$(12.0\times 12.0)+(12.0\times 12.0)=288$에서 사변은 $\sqrt{288}$ 즉, 16.9706이 된다.

또는 12.0에 $\sqrt{2}$를 곱한 값도 16.9706이 된다.

③ 조선통신사선 중선의 선두광 17.5에 대하여 0.96의 비율로 계산하면 16.8이 된다.

④ 1795년식 귀선의 일부 치수에 대한 계산의 예에서 확인한 바 있는 자네치장여尺四寸長餘의 도형법圖形法을 응용하면 아래와 같다.

12.0을 수평으로 하고, 수직은 12.0에 자네치장여尺四寸長餘의 길이로 곱하여 올리면 수직은 16.8이 된다.

3) 선체장船體長 : (추정치수 : ① 84.0, ② 87.0 ③ 88.32)

선체장船體長은 귀선의 노판艣板 즉, 선두판船頭板(이물비우)에서 축판舳板 즉, 선미판船尾板(고물비우)까지의 길이를 이른다.

6) 저판장에 있어서 조선통신사선과 1795년식 전선의 비율은 67.5 : 64.8=1 : 0.96 임.

〈계산 근거〉

① 한선에서는 선요광船腰廣에 선체장/선요광의 평균치수비 3을 곱해서 선체장을 정한다. 남, 남서, 서해안에 있어서 한선의 선체장/선요광의 치수비는 평균 3이 된다.[7] 선요광을 28.0으로 하고 여기에 평균치수비 3을 곱하면 선체장은 84.0이 된다.

② 선요광을 29.0으로 하고 여기에 평균치수비 3을 곱하면 선체장은 87.0이 된다.

③ 조선통신사선 중선의 선체장 92.0에 대하여 0.96의 비율로 계산하면 88.32가 된다.

4) 선두고船頭高 : (추정치수 : ① 9.6 ② 9.6 ③ 9.6)

선두고船頭高는 저판底板 하면下面의 기선基線으로부터 선두船頭 노판艫板의 상면上面의 선단先端까지의 높이를 이른다.

〈계산 근거〉

① 귀선의 선두와 선미 간의 거리에 대한 현호弦弧의 높이를 2.0%(1.68)로 하여 작도를 하고 선체장을 84.0으로 할 때 선두고는 9.6이 된다. 여기에서 2.0%는 선도를 작도할 때, [한선의 길이에 대한 현호 높이의 비율]을 참고로 하였다.

② 귀선의 선두와 선미 간의 거리에 대한 현호의 높이를 2.0%(1.68)로 하여 작도를 하고 선체장을 87.0으로 할 때 선두고는 9.9가 된다.

③ 귀선의 선두와 선미 간의 거리에 대한 현호의 높이를 2.0%(1.68)로 하여 작도를 하고 선체장을 88.3으로 할 때 선두고는10.1이 된다.

5) 선미고船尾高 : (추정치수 : ① 10.3 ② 10.7 ③ 10.8)

선미고船尾高는 저판底板 하면下面의 기선基線으로부터 축판舳板(선미판)의 상면上面까지의 높이를 이른다.

〈계산 근거〉

① 귀선의 선두와 선미 간의 길이에 대한 현호의 높이를 2.0%(1.68)로 하여 작도를 하고 선체장을 84.0으로 할 때 선미고는 10.3이 된다.

② 귀선의 선두와 선미 간의 길이에 대한 현호의 높이를 2.0%(1.68)로 하여 작도를 하고 선체장을 87.0로 할 때 선미고는 10.7이 된다.

---

7) 본 저자가 남서해안의 전통 한선 및 개량 한선의 선체장/선요광의 치수비를 조사하여 본 결과 평균 3 : 1의 값을 가진다는 것을 확인한 바 있다.

③ 귀선의 선두와 선미 간의 길이에 대한 현호의 높이를 2.0%(1.68)로 하여 작도를 하고 선체장을 88.3으로 할 때 선미고는 10.8이 된다.

④ 귀선지제에 축판고舳板高는 7.5로 기록되어 있다. 선도와 선체구조도에서 선미고를 7.5로 작도하여 보면 선체의 현호가 그려지지 않고 선요고船腰高나 선미고가 수평선상에 놓이게 된다. 우선 현호에 맞추어 축판고를 7.5로 작도하고, 추정한 선미고 10.3/10.7/10.8에서 각각 7.5를 뺀 나머지를 선미구배船尾句配로 처리하기로 한다. 선미구배船尾句配의 구배고句配高는 2.8/3.2/3.3이 된다. 선미구배를 중국 고대선 용어(한어漢語)에서는 '기起'라 하고 한선에서는 '꺾음'이라고 한다. '여암전서旅菴全書'에서는 "거지擧地"라고 하였다.

6) 선요고船腰高 : (추정치수 : ① 8.5 ② 8.5 ③ 8.5)

선요고船腰高는 배의 중앙에서, 저판底板 하면下面의 기선基線으로부터 제7현판 또는 횡량橫梁의 상면上面까지의 높이를 이르는 것으로서, 선심船深에 저판底板의 두께를 더한 수치가 된다.

〈계산 근거〉

① ② ③ 귀선의 선요고는 선심船深 7.5에 저판의 두께 1.0을 더한 8.5가 된다.

7) 전선장全船長 : (추정치수 : ① 104.0 ② 107.0 ③ 108.3)

한선에 있어서 전선장全船長은 배의 포판鋪板의 높이에서 길이 방향으로 노판艫板(이물비우) 앞에서 선미익船尾翼 즉, 고물의 꽁지부리 끝까지의 길이를 이른다.

〈계산 근거〉

① 귀선지제龜船之制에 기록되어 있는 제7현판의 길이는 113.0이다. 여기에 선체장을 84.0으로 하여 선도를 작도하여 보면 전선장/선체장의 치수비가 1.3452가 된다. 선미익船尾翼의 길이가 29.0이 되어 너무 길다. 선체장 84.0에 20.0을 더하여 104.0으로 정하기로 한다. 치수비는 1.2381이 된다. 귀선의 선체장 84.0에 선미익의 길이 20.0을 더하여 선도와 선체구조도를 작도하여 보았다. 전체적으로 보아 적정하다. 전선장/선체장의 치수비는 104/84=1.2381로서 평균 치수비 1.2에 근사하다. 한선의 선미익의 평균치수비는 1.20이다. 선미란船尾欄에서 수군水軍 군사가 활동 할 수 있는 공간의 길이는 20.0이 되고 너비는 14.5가 된다.

② 선체장이 87.0일 때, 선체장 87.0에 선미란船尾欄의 공간의 길이를 20.0으로 작도하여 보았다. 이때 전선장은 107.0 이 된다. 전선장/선체장의 치수비는 1.2299로서 평균치수비에 근사하다.

③ 선체장이 88.3일 때, 선체장 88.3에 선미란의 공간의 길이를 20.0으로 작도하여 보았다. 이때 전선장은 108.3이 된다. 전선장/선체장의 치수비는 1.2265로서 평균치수비에 근사하다.

임진왜란 이후 전선의 체제體制가 점증하는 추세에 따라 선체장이 점점 늘어났는데, 선미익船尾翼도 이에 따라 점증하였다고 판단된다.

3.2 1795년식 귀선의 추정 주요치수에 대한 정리

3.2.1 1795년식 귀선의 추정 주요치수에 대한 계산표

1795년식 귀선의 주요치수 추정에 있어서 비율 계산에 의하여 추정 산출한 주요치수를 정리하여 표로 나타내면 아래와 같다.

표 14. 1795년식 귀선의 누락 치수 추정 계산표ⓒ (단위: 자尺)

番號	主要値數 要目		1795年式 龜船				朝鮮通信使船 中船	漏落 値數 小數點 整理
	通信使船 用語	龜船 用語	龜船之制	1次 推定	2次 推定	通信使船과의 比較 3次推定	交隣志	値數 確定
1	全長	全船長	–	104.0	107.7	109.3	114.0*	109.0
2	上長	上粧長	–	84.0	87.0	88.3	92.0	88.0
3	上頭廣	船頭廣	–	17.0	17.0	16.8	17.5	17.0
4	上腰廣	船腰廣	–	28.0	29.0	29.28	30.5	29.0
5	上尾廣	船尾廣	14.5	–	–	19.2	20.0	–
6	上頭高	船頭高	–	9.6	9.9	10.1	–	10.1
7	上腰高	船腰高	–	8.5	–	9.6	10.0	–
8	上尾高	船尾高	–	10.3	10.7	10.8	–	10.8
	舳板高	舳板高	7.5	–	–	–	–	–
9	杉高	舷高	7.5	–	–	–	–	–
10	元高	船腰高	–	8.5	8.5	9.6	10.0	8.5

11	本板長	底板長	64.8	–	–	64.8	67.5	–
12	底板頭廣	底板頭廣	12.0	–	–	10.1	10.5	–
13	底板腰廣	底板腰廣	14.5	–	–	11.28	11.75	–
14	底板尾廣	底板尾廣	10.6	–	–	9.36	9.75	–
15	底板 厚	底板 厚	–	1.0	1.0	1.0	–	1.0

3.2.2 1795년식 귀선의 주요치수의 정리

조선통신사선 중선의 치수를 기본으로 하여 추정 산출한 치수가 가장 합리적인 것으로 판단되어 이를 확정 치수로 정하기로 하였다. 귀선지제에 기록되어 있는 치수와 누락된 치수를 추정 산출한 치수 등을 정리하면 다음 표 15와 같다.

표 15. 1795년식 귀선의 주요치수 정리표ⓒ

番號	主要値數 要目		1795年式 龜船의 龜船之制 値數+增補 値數				
	通信使船 用語	龜船 用語	龜船之制	1次推定	2次推定	3次推定	確定 値數
1	全長	全船長	–	104.0	107.7	109.3	109.0
2	上長	上粧長	–	84.0	87.0	88.3	88.0
3	上頭廣	船頭廣	–	17.0	17.0	16.8	17.0
4	上腰廣	船腰廣	–	28.0	29.0	29.28	29.3
5	上尾廣	船尾廣	14.5	–	–	19.2	14.5
6	上頭高	船頭高	–	9.6	9.9	10.1	10.1
7	上腰高	船腰高	–	8.5	8.5	9.6	8.5
8	上尾高	船尾高	–	10.3	10.7	10.8	10.8
	舳板高	舳板高	7.5	–	–	–	7.5
9	杉高	舷高	7.5	–	–	–	7.5
10	元高	船腰高	–	8.5	8.5	9.6	8.5
11	本板長	底板長	64.8	–	–	64.8	64.8
12	底板頭廣	底板頭廣	12.0	–	–	10.1	12.0
13	底板腰廣	底板腰廣	14.5	–	–	11.28	14.5
14	底板尾廣	底板尾廣	10.6	–	–	9.36	10.6
15	底板 厚	底板 厚	–	1.0	1.0	1.0	1.0

3.2.3 1795년식 귀선의 추정 주요치수표

표 15. 1795년식 귀선의 주요치수 정리표 상의 추정 치수를 추가하여 1795년식 귀선의 주요치수를 표로 나타내면 표 16과 같다.

표 16. 1795년식 귀선의 추정 주요치수ⓒ

番號	主要値數 要目		1795年式 龜船의 推定 主要値數	
	通信使船 用語	龜船 用語	推定 値數(尺)	推定 値數(m)
1	全長	全船長	109.0	34.05
2	上長	上粧長	88.0	27.49
3	上頭廣	船頭廣	17.0	5.31
4	上腰廣	船腰廣	29.3	9.15
5	上尾廣	船尾廣	14.5	4.53
6	上頭高	船頭高	10.1	3.15
7	上腰高	船腰高	8.5	2.65
8	上尾高	船尾高	10.8	3.37
	舳板高	舳板高	7.5	2.34
9	杉高	舷高	7.5	2.34
10	元高	船腰高	8.5	2.65
11	本板長	底板長	64.8	20.24
12	底板頭廣	底板頭廣	12.0	3.75
13	底板腰廣	底板腰廣	14.5	4.53
14	底板尾廣	底板尾廣	10.6	3.31
15	底板 厚	底板 厚	1.0	0.31

3.2.4 1795년식 귀선의 주요 치수비

표 16. 1795년식 귀선의 추정 주요치수표 상의 추정 치수를 기본으로 하여 1795년식 귀선의 치수비를 산출하여 표로 나타내면 표 17과 같다.

표 17. 1795년식 귀선의 주요 치수비ⓒ

番號	主要 値數比 要目			値數/値數	値數比
	古代船 用語	우리말	略語		
1	船體長/船腰廣	선체장/선요광	L/B	88.0/29.3	3.0034
2	船體長/船深	선체장/선심	L/D	88.0/ 7.5	11.7333
3	船體長/船腰高	선체장/선요고	L/h	88.0/ 8.5	10.3529
4	船體長/底板長	선체장/저판장	L/l	88.0/64.8	1.3580
5	船腰廣/船深	선요광/선심	B/D	29.3/ 7.5	3.9064
6	船腰廣/底板長	선요광/저판장	B/l	29.3/64.8	0.4522
7	船腰廣/底板腰廣	선요광/저판요광	B/b	29.3/14.5	2.0207
8	底板長/底板腰廣	저판장/저판요광	l/b	64.8/14.5	4.4690
9	船 頭/腰/尾 廣比	선 두/요/미 광비	BF/B/BA	17.0/29.3/14.5	0.59/1/0.49
10	底 頭/腰/尾 廣比	저 두/요/미 광비	bf/b/ba	12.0/14.5/10.6	0.83/1/0.73

3.3 1795년식 전라좌수영귀선의 선도와 구조설계도

앞의 3.2.2절에서 귀선지제의 1795년식 귀선지제의 치수와 누락된 치수를 계산하여 정한 표 13. 1795년식 귀선의 주요치수 계산치 정리표 중에서 1차 계산치를 기초로 하여 작성한 1795년식 전라좌수영귀선의 선도와 선체구조도 등의 설계도는 다음과 같다. (연구의 진행 순서에 따라 1차 계산치에 대한 선도를 첫 번째로 작성하였다)

3.3.1 1795년식 전라좌수영귀선의 선도

앞의 절에서 산출하여 추정한 주요치수와 주요치수비를 기본으로 하여 선도(Lines)를 작성하였다. 이 선도는 선체구조도를 작도할 때 기본 도면으로 사용하게 된다. 또한 이 선도는 유체정역학流體靜力學(Hydrostatic) 계산을 하기 위한 자료로 활용하여 선형계수船型係數와 정적복원성靜的復原性을 계산할 때 이용하고자 한다. 이 선도를 이용하여 축척 모형선을 제작하기 위한 기초 도면으로 활용하고자 한다.

1) 1795년식 귀선 치수표(Off－Sets Table)

표 18. 1795년식 귀선의 치수표(Off－Sets Table)ⓒ

Off－Sets Table of the Turtle Ship in the 18th Century(1795) Scale＝1 : 50																
Half Breadth (unit＝m)									Height above Base Line (unit＝m)							
Station	Botm	1/2	1WL	2WL	3WL	4WL	5WL	Deck	Botm	4BL	5BL	6BL	7BL	8BL	Deck	Station
Deck		–	–	–	–	–	–	50.0							86.0	Deck
－2 st.		–	–	–	–	–	–			–	–	–	–	–		－2 st.
－1 st.		–	–	–	–					–	–	–	–	–		－1 st.
A.P.& stern		–	32.0	36.2	39.9	42.6	44.2	45.5		–	62.7	60.1	57.5	54.8	64.0	A.P.& stern
0 st.		–	–					47.0		–	–	–	–	–	63.6	0 st.
1 st.		–	–	39.2	45.9	51.0	55.0	58.0		21.1	37.8	–	–	–	60.6	1 st.
stern plate	32.0	–	–	–	–	–	–	–	10.0	30.3	–	–	–	–	–	stern plate
2 st.	36.4		46.0	54.9	60.2	64.0	67.0	68.5	5.2	6.7	13.5	29.5	–	–	57.9	2 st.
3 st.	40.0	49.5	58.0	66.2	71.1	74.0	76.0	77.0	2.0	–	5.2	11.8	27.3	–	55.6	3 st.
4 st.	43.9	59.0	66.5	74.6	79.0	81.5	83.2	84.0	0.3	–	1.8	5.5	13.5	33.3	53.9	4 st.
*5 st.	45.5	63.5	70.0	78.5	82.8	85.5	87.5	88.0	0	–	0.7	3.3	10.0	22.8	53.0	*5 st.
6 st.	44.8	61.7	68.4	77.0	81.6	84.5	86.8	87.5	0.2	–	1.1	4.1	11.5	25.8	53.1	6 st.
7 st.	42.6	53.5	62.5	71.0	76.0	79.5	82.5	83.5	1.8	–	3.8	8.2	18.4	41.6	54.0	7 st.
8 st.	39.7		52.5	60.6	65.9	70.2	74.0	75.5	4.8	–	8.4	19.0	39.5	–	55.6	8 st.
bow plate	37.0								8.0	31.4						bow plate
9 st.		–	39.0	47.5	53.0	58.0	62.0	65.5		–	24.2	44.9	–	–	57.5	9 st.
10 st.		–	–	–	–	43.2	49.6	55.0		–	50.4	–	–	–	59.5	10 st.
F.P.& bow			36.0	36.6	39.5	43.2	48.0	53.0							60	F.P.& bow

2) 1795년식 전라좌수영귀선의 선도(Body plan, Sheer plan, Half－breadth plan)

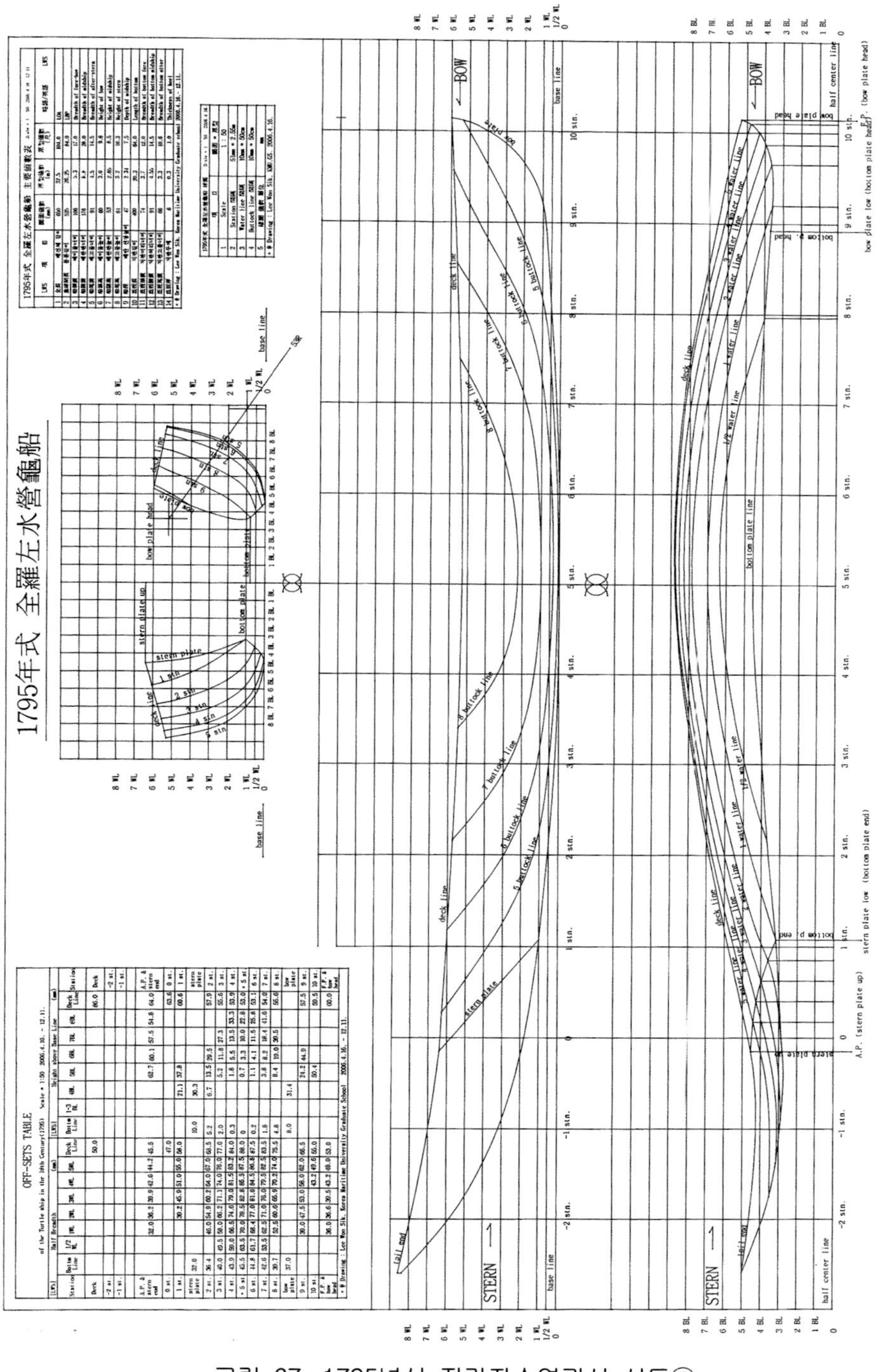

그림 67. 1795년식 전라좌수영귀선 선도ⓒ
도면 : 이원식

3) 1795년식 전라좌수영귀선의 선도(Body plan 확대)

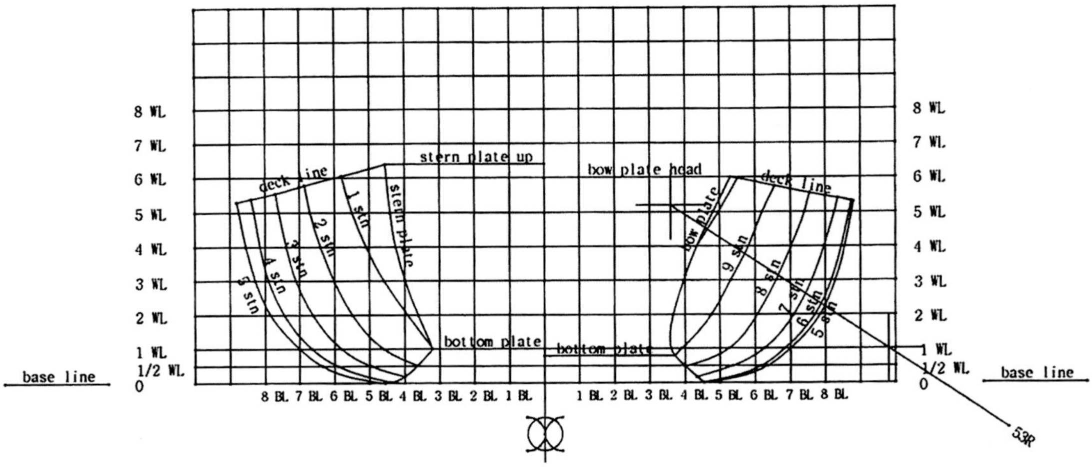

그림 68. 1795년식 전라좌수영귀선 선도(Body plan 확대)ⓒ
도면 : 이원식

3.3.2 1795년식 전라좌수영귀선의 선체구조도

1795년식 전라좌수영귀선의 선도(Lines)를 기초로 하여 작도한 선체구조도(중앙횡단면도, 측면도, 평면도)는 아래와 같다.

1) 1795년식 전라좌수영귀선의 선체구조도(중앙횡단면도, 측면도, 평면도)

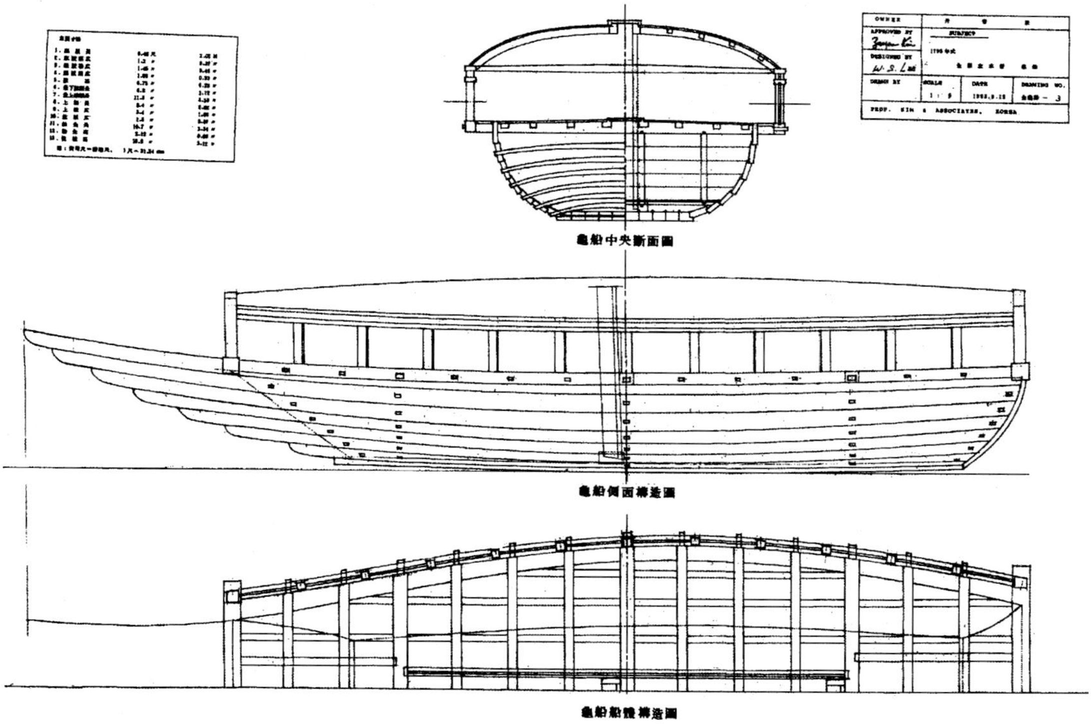

1) 중앙횡단면도 2) 측면도 3) 평면도

그림 69. 1795년식 전라좌수영귀선의 선체구조도ⓒ
도면 : 이원식

2) 1795년식 전라좌수영귀선의 선체구조도 (측면외관도, 평면외관도)

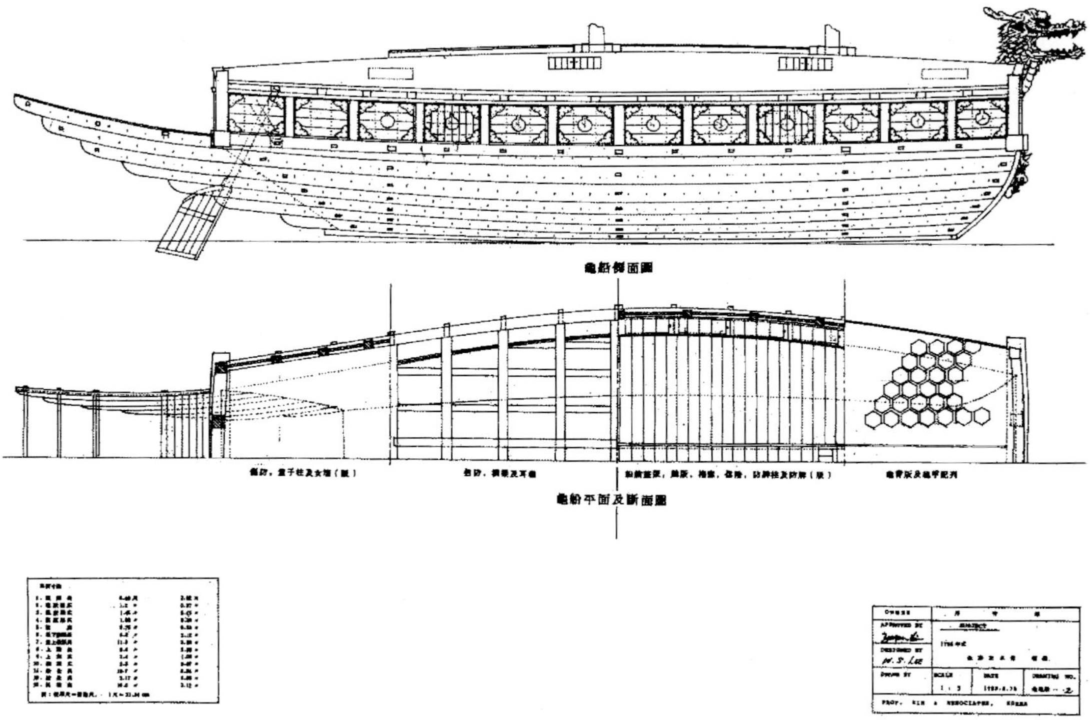

측면 외관도 및 평면 외관도

그림 70. 1795년식 전라좌수영귀선의 선체구조도ⓒ
도면 : 이원식

3.3.3 1795년식 전라좌수영귀선의 측면투시도

1795년식 전라좌수영귀선의 설계도와 축척모형선을 기본으로 하여 작성한 투시도는 아래 그림과 같다.

측면 45도 투시도

그림 71. 1795년식 전라좌수영귀선 투시도ⓒ

도면 : 이원식ⓒ

4. 1795년식 전라좌수영귀선의 축척 모형선

1795년식 전라좌수영귀선의 설계도를 기본으로 하여 제작한 축척 1/25의 모형선의 그림은 다음과 같다.

① 1795년식 전라좌수영귀선. 전경ⓒ

② 1795년식 전라좌수영귀선. 좌현ⓒ

③ 1795년식 전라좌수영귀선. 우현ⓒ

④ 1795년식 전라좌수영귀선. 선수ⓒ

⑤ 1795년식 전라좌수영귀선. 선미ⓒ

그림 72. 1795년식 전라좌수영귀선 축척 모형선(①~⑤)ⓒ

5.1.2 판옥선板屋船

1. 판옥선板屋船의 역사적 배경

왜구倭寇는 1510년 삼포왜란三浦倭亂을 시작으로 1555년의 을묘왜변乙卯倭變에 이르기까지 여러 차례 조선朝鮮의 남해안에 침입하여 왔다. 뿐만 아니라 왜구의 함선艦船도 전보다 더 장대하고 선고船高가 높아 졌다. 오히려 조선의 함선보다도 그 규모가 더 커졌다. 판옥선이 개발되기 전의 조선朝鮮의 평전선平戰船과 왜구倭寇의 옥선屋船간의 선체의 높이 즉 선체고船體高의 비례는 약 1 : 3 정도로 조선의 평전선이 취약했다. 이러한 왜구倭寇의 옥선에 대항하기 위하여 새로 판옥선을 개발하게 되었으며, 명종明宗 10년(1555년) 9월 16일에 왕이 망원정望遠亭 앞 서강西江에 나아가 신조新造 병선兵船인 전선戰船을 시험하였다.

그 후 명종明宗 12년(1557년) 4월 21일에 강원도 대포大浦에서 판옥선板屋船을 신조新造하여 진수進水하였다는 기록이 보이는데 여기에서 판옥선이라는 이름이 처음으로 기록에 나타난다.

판옥선은 '지금까지 사용하여 오던 평전선의 포판鋪板 위에 기둥을 세우고 판자(방패판문)로 뱃집板屋을 꾸몄으며 노군櫓軍들은 뱃집板屋 안에서 노櫓를 저었다' 고 하였다. 뱃집의 청판廳板(상갑판) 위에는 군사를 지휘하는 장대將臺를 설치하였다. 대선大船의 기선군사騎船軍士는 160명 정도가 된다.

임진왜란 해전에서는 제1 좌선座船 제2 차선次船 제3 읍진전선邑鎭戰船 등 주력 함선으로 선대를 편성하였으며 여러 해전에서 왜의 군선軍船을 격멸하였다.

전라좌수영의 수군절도사水軍節度使 이순신은 1592년에 임진왜란을 당하자 예하 오관오포五官五浦의 판옥전선 편대를 지휘하여 경상도로 구원에 나서 왜 수군과의 해전에서 연전연승을 하였다.

1597년 7월 16일 정유재란丁酉再亂 때 원균元均 통제사統制使가 지휘하였던 조선 수군은 칠천량해전漆川梁海戰에서 왜 수군에게 참패를 당하였다. 그러나 1597년 9월 16일 명량해전鳴梁海戰에서 이순신李舜臣 통제사統制使는 판옥전선 12척으로써 왜 수군 군선 133척을 격파하여 왜군의 서해西海 진출을 차단하는 전과를 수립하였다.

2. 전선戰船의 규모

2.1 전선의 크기

임진왜란에 참전하였던 전선의 정확한 제원을 남긴 기록은 없으나 전선과 관련된 후대의 기록을 참조하여 임진왜란 당시의 배의 크기를 추정할 수 있다.

임진왜란壬辰倭亂 이후 200년간에 전선 및 귀선의 본판장本板長이 점증漸增한 것을 표 19에서 알 수 있다.

표 19. 전선 본판장 치수의 점증 비교표ⓒ

年代 / 資料 / 戰船	1615年 光海君 7年	1687年 肅宗 13年	1787年 正祖 11年	1795年 正祖 19年	1800年 正祖 24年
	權盼의 實行節目	金壽恒의 狀啓	全羅右水營誌	李忠武公全書	各船圖本
大船 (上船)	70尺 (14把)	72.5尺 (14.5把)			90.0尺 (18把)
次船	55尺 (11把)	65.0－60.0尺 (12－13把)	73.0－70.0尺 (14.5－14把)		
之次船 (邑鎭)	50尺－47.5尺 (10把－9.5把)	65.0－57.5尺 (13－11.5把)			65.0척 (13把)
之次船 (龜船)	50尺－47.5尺 (10把－9.5把)	50－47.5尺 (10－9.5把)		64.8→65.0尺 (12.96→13把)	

* 1파把는 영조척營造尺으로 5자尺이다. 당시의 영조척 1자尺는 약 0.3124m로 추정된다.

2.2 전선도戰船圖

그림 55에 보이는 전선도는 평전선平戰船위에 상장上粧을 치장 하였다.

평전선 위에 신방信防(현란舷欄－멍에의 뺄목 위에 기둥을 세우기 위한 도리)을 걸고 그 위에 기둥을 세우고 판자로 판옥을 만들었다.

그래서 그림과 같이 판자로 상장을 꾸민 배를 판옥선板屋船이라고 한다. 임진왜란 때 전라좌수사 이순신은 왕에게 올리는 장계狀啓에서 '판옥선板屋船'이라고 하였다.

그림 55. 전선도戰船圖 안에 아래와 같이 치수와 구조를 설명하여 놓았다.

戰船

本板長九十尺 廣十八尺四寸 元高十一尺三寸 下層信防牌高五尺 船頭廣十五尺 船尾廣十二尺七寸 上粧長一百五尺 廣三十九尺七寸. 右統營上船尺量.

本板長六十五尺 元高八尺 中廣十五尺 船頭廣十二尺五寸 船尾廣七尺五寸. 右各邑鎭戰船尺量.

統營座副船駕木十六 本板十五立. 各邑鎮戰船駕木十五 本板十二三立.
飛荷直板十五立. 駕. 杉. 杉板七立. 櫓九隻. 本板十五立在水面不見. 帆竹. 船尾虛欄升旗竹. 䲹. 碇.

전선

배밑판의 길이는 90자, 한판의 너비는 18자 4치, 이물의 너비는 15자, 고물의 너비는 12자 7치이고, 배의 한판의 높이는 11자 3치이다. 판옥으로 치장한 배의 길이는 105자, 너비는 39자 7치이다. 신방(도리)에서 위의 패란(방패위에 있는 도리를 말하며 언방偃防이라고도 한다)까지의 높이는 5자이다. 위의 것은 통영의 상선上船(통제사가 타는 배)의 치수이다.

배밑판의 길이는 65자, 한판의 너비는 15자, 이물의 너비는 12자5치, 고물의 너비는 7자5치이고, 배의 한판의 높이는 8자이다. 위의 것은 수영水營에 속해 있는 각 관읍官邑과 진포鎭浦의 전선의 치수이다.

통영의 좌선이나 부선의 멍에는 16개씩이고, 뱃밑은 15개를 이어 붙였다. 각 관읍과 진포에 속한 전선의 멍에는 15개씩이고 배밑판은 12~13개를 이어 붙였다.

이물비우는 세로로 곧은 직판直板(이물비우를 곡목으로 만든 전선과 구분하기 위해서 직판이라고 쓴 것 같다) 판자 15쪽을 이어 붙였다. 뱃전 위에 멍에를 걸었다. 뱃전에 삼杉이라고 써 놓았다. 삼판 7쪽을 이어서 붙여 올렸다. 양쪽 뱃전의 멍에 뻘목에 조선식 큰 노 9자루씩을 걸고서 노를 젓는다.

배밑판은 네모진 통나무 15개를 이어 붙였는데 물속에 잠겨 있으므로 밖에서는 안 보인다. 이물 돛대와 한판 돛대가 있다. 고물 꼬리에는 널판을 깔지 않았고 난간이 없으며 비어 있다. 깃발을 올리는 깃대가 있으며 고물에는 치䲹(키舵)가 있고 이물에는 닻碇이 있다.

판옥전선은 2층으로 되어 있는데, 1층은 삼판 7쪽을 이어 붙여 올린 뒤에 멍에를 걸고서 그 위에 귀틀을 짜고 포판鋪版을 깐 곳까지를 이른다. 이것을 평선平船이라고 하는데 구조상 선체船體, 본체本體, 하체下體라고 한다. 2층은 멍에 뻘목위에 신방 도리를 걸고서 그 위에 기둥을 세우고, 판옥을 치장한데까지를 이른다.

상장 위에는 이물과 양쪽 뱃전을 따라 가면서 여장을 설치하였다. 상장의 언방 위에 뱃집 멍에를 걸고 판자를 까는데 이것을 청판廳板이라고 한다. 상장의 청판에서 이물 돛대와 한판 돛대를 뉘었다 세웠다 할 수 있게 장치를 하였다. 또 청판 위 한가운데에 다락을 만들었고, 그 위에 좌대를 만들고 가마지붕을 씌운 뒤 장막을 쳤다. 통제사는 이

좌대座臺에서 모든 배와 군사를 지휘한다. 이 좌대를 장대將臺라고 한다.

여러 가지 자료를 종합하여 보면, 임진왜란 이후의 전함이나 관용선의 로판艫板인 이물비우는 세로로 붙인 곧은 판자板子나 곡목曲木의 구조로 되어 있는 것을 알 수 있다. 따라서 가로로 되어 있는 보통 배와 구별한 것 같이 그려져 있다. 삼판의 고물 꼬리 날개인 선미익판船尾翼板을 높이 올렸는데 이는 전함의 위용을 나타내기 위한 것이나, 또는 현호를 늘리기 위한 조선 기법으로 볼 수 있다.

그림 73. 병풍 속의 전선－통제사의 좌선座船ⓒ
출전 : 이원식, [한국의 배], 대원사, 1990

영조 11년(1735년)에 판옥선 선두船頭의 로판艫板인 이물비우가 바위나 파도에 부딪쳐 자주 파손되므로 이를 곡목曲木으로 교체하자는 건의를 왕이 승낙하고 이대로 실행하였다. 그 후로 전함과 관선의 로판은 세로로 붙인 곧은 판자나 곡목의 구조로 바뀌어 조선造船을 하게 되었다.

2.3 1800년대 전선과 1795년식 귀선의 주요치수 비교

1800년대 전선과 1795년식 귀선은 당시의 전함이다. 1795년식 귀선과 1800년대의 동급의 읍진전선邑鎭戰船의 주요치수, 치수비, 구조 등을 비교하고 이충무공전서에 기록되어 있는 귀선지제龜船之制가 과연 당시 전함으로서 보편성이 있는가 하는 것을 확인하고자 한다. 1800년대 전선과 1795년식 귀선의 주요치수를 비교하면 아래 표 20과 같다.

표 20. 1800년대 전선과 1795년식 귀선의 주요치수 비교표ⓒ (단위 : 자尺)

番號	主要値數 要目		統營上戰船[1]	邑鎭戰船[1]	1795年式 龜船[2]	比率(%) 上戰船/邑鎭戰船/龜船
	戰船	龜船				
1	本板長	底板長	90.0	65.0	64.8	139/100/100
2	底板腰廣	底板腰廣	18.4	15.0	14.5	127/103/100
3	元高	元高	11.3	8.0	8.0	151/100/100
		舷高			7.5	
4	牌高	牌高	5.0	*4.3	4.3	116/100/100
5	船底頭廣	底板頭廣	15.0	12.5	12.0	125/104/100
6	船底尾廣	底板尾廣	12.7	(11.0) 7.5	10.6	120/(104)/100
7	上粧長	上粧長	105.0	*84.0	*84.0	125/100/100
8	上粧廣	上粧廣	39.7	*34.0	*34.0	117/100/100
9	駕木	駕木	16 개	15 개	14 개	114/107/100
10	底板	底板	15 개	12 개	10 개	150/120/100
11	直艫板	曲木	15 개	13 개	7 개	214/185/100

* 가정치임 자료 : 1) 각선도본 2) 이충무공전서 귀선지제

1800년대 전선과 1795년식 귀선의 주요치수와 비율을 비교하여 본 결과 1795년식 귀선은 읍진전선에 대하여 저판요광底板腰廣, 저판두광底板頭廣에서 5치寸씩 작고, 선저미광船底尾廣에서 읍진전선이 3자 1치가 작다. 읍진전선의 선저미광 7자 5치는 기록상의 착오로 볼 수 있다. 왜냐하면 저판요광, 선저두광에서 5치씩 컸던 것이 선저미광에서 3자

1치나 작아진다는 것은 이해가 안 되고, 선저미광의 치수가 줄어들 이유가 없으며, 줄어든 치수로 작도를 하여 보면 기형적인 선도가 된다. 선저미광을 수정하여 11자尺로 가정하여 보았다.

그렇게 되면 1800년대 읍진전선과 1795년식 귀선은 일부의 주요치수에 있어서 5치의 차이를 보이는 것이 되며, 거의 동일한 주요치수, 동일한 규모, 동일한 구조의 함선이라는 의미가 된다. 저판底板의 치수를 기준으로 하여 비교하여 보면 1795년식 귀선이 100% 일 때 통영상선統營上船은 176.2%가 되고, 읍진전선은 103.7%가 된다. 즉, 읍진전선은 1795년식 귀선과는 주요치수 평균치에 있어서 3.7%의 차이로 서로 근사하다는 결론을 얻었다. 이러한 결론이 의미하는 것은 1795년식 귀선의 주요치수, 선체 구조, 선형 등은 1800년대 읍진전선과 거의 동일하다는 것이다. 1795년식 귀선의 주요치수를 파把로 환산하여 보면 읍진전선과 대략 일치한다.

1795년식 귀선은 고려시대 완도선, 달리도선, 군산십이동파도선, 안좌도선이나 20세기의 연안선인 진도선과는 동족의 조손祖孫 관계의 해선海船이라는 것과 1800년대 전선과는 거의 동일한 규모와 동일한 구조의 전함이라는 결론을 얻을 수 있다.

그렇다고 하면 1795년식 귀선 및 1800년대 전선과 1592년식 귀선과는 역시 동족의 동일 계통의 해선이라는 것과 동일한 구조의 전함이라고 추정을 할 수 있다. 다시 말하면, 1795년식 귀선이나 1592년식 귀선의 선체 구조는 1800년대 전선이나 12세기, 19세기, 20세기의 한선의 선형과 구조 그리고 조선 공작 기법이 거의 같다는 것을 의미한다.

3. 판옥선板屋船(읍진전선邑鎭戰船)의 축척 모형선

임진왜란 이후 판옥전선의 체제는 점차로 커져서 1800년경에는 1592년 당시의 주요치수 보다 약 1.3배가 증대하였다.

읍진전선邑鎭戰船의 제원諸元 :

저판장 : 65자尺 (20.3m)
전선장 : 109자尺 (34.0m)
선 장 : 84자尺 (26.2m)
상장광 : 34자尺 (10.6m)
선 광 : 29자尺 (9.0m)
선 심 : 8자尺 (2.5m)

상기의 치수를 근거로 하여 축척 1/25로 제작한 모형선의 그림은 다음과 같다.

① 판옥선(읍진전선). 전경ⓒ

② 판옥선(읍진전선). 좌현ⓒ

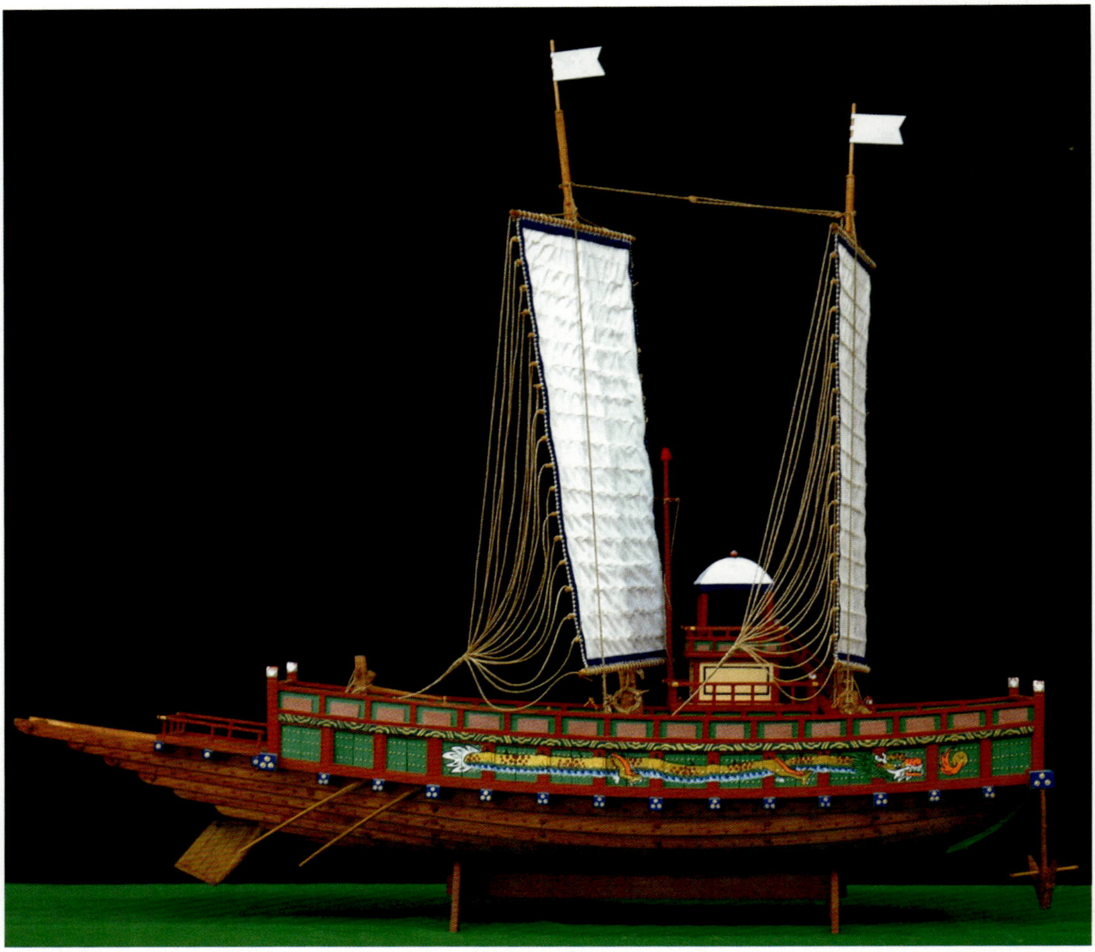

③ 판옥선(읍진전선). 우현ⓒ

④ 판옥선(읍진전선). 선수ⓒ

⑤ 판옥선(읍진전선). 선미ⓒ

그림 74. 판옥선(읍진전선)의 축척 모형선(①~⑤)ⓒ

5.2 사견선使遣船(통신사선通信使船)

5.2.1 통신사절通信使節

조선왕조朝鮮王朝 초기인 태종太宗, 세종조世宗朝에 충숙공忠肅公 이예李藝는 조선왕조 최초의 통신사通信使로서 1401년 이후 40여 차례 일본에 파견되어 왜구倭寇에게 납치되었던 667명의 백성들을 쇄환하고 삼포조약의 채결에 주도적 역할을 담당하였으며, 불교 대장경을 일본 국왕에게 전하였다.

선박의 조선기법의 개선과 비거도선의 운용을 품의하여 이를 실행하였으며 검선劍船의 개혁에도 공을 세웠다. 경상좌우도에 사견선使遣船(통신사선通信使船) 한척씩을 건조하여 배치하되 철정鐵釘으로 조선공작造船工作을 하고 사견선의 위용을 나타내기 위하여 기치旗幟를 광채가 나게 하기를 품의하였다.

이예李藝는 울산포蔚山浦에 살았는데 8세 때 왜구倭寇가 침구侵寇하여 예藝의 어머니를 납치하여 갔다. 성장하여 무관武官이 된 후, 통신사通信使로 40여 차례나 일본에 파견되어 667명의 백성은 쇄환刷還하였으나, 예藝는 끝내 어머니를 구출救出하지 못하고 73세로 생을 마감하였다.

임진년(1592년)에 조선朝鮮을 침략한 일본군은, 1598년 8월에 도요또미히데요시豊臣秀吉가 사망하고 조선에 침입하였던 일본군은, 조선의 이순신 수군과의 해전에서 패전을 거듭하자 패퇴敗退하여 철군撤軍하게 된다.

그 뒤 도꾸가와이에야쓰德川家康가 일본의 대권을 잡게 되자 대마도의 종의지를 통하여 히데요시의 침략을 사죄하는 사신을 조선에 보낸다. 조선에서는 사명대사를 일본에 파견하여 접촉하게 하였다. 그 뒤로 1607년부터 1811년까지 모두 12차례 공식적인 통신사를 파견하였다. 이 때 통신사 정사正使 부사副使 종사관從事官 일행과 역관譯官들을 태우고 바다를 건너가는 배를 사견선使遣船(사신 파견선) 또는 통신사선通信使船(통신사가 타는 배) 또는 도해선渡海船(바다를 건너가는 배)이라고 하였다. 공식 명칭은 조선통신사선朝鮮通信使船이다.

이와 같이 사신선使臣船을 건조建造하여 운용한 것은 조선왕조 초기에 이어 임진왜란 이후에 일본과 정식으로 수교하고 나서 부터이다. 사행使行에는 일본의 중앙정부인 덕천막부德川幕府를 상대로 에도江戶(동경)까지 가는 통신사행通信使行(신행信行이라고도 함)과 대마도對馬島까지 가는 문위행問慰行의 두 가지가 있었다.

일본에 파송되는 통신사절은 이조참의吏曹參議로 임명되는 정사正使, 전한급典翰級 인사로서 임명되는 부사副使, 교리급校理級 인사중에서 선발되는 종사관從事官 등을 주축으로 하여, 통사通事, 제술관製述官, 압물관押物官, 사자관寫字官, 화원畵員, 군관軍官 등 각 관官이 따르고, 호위護衛와 의장儀仗의 제원諸員들도 다수 동반하여, 대개는 표 21에 나타나 있는 바와 같이 500명 가까운 인원으로 구성되었다.

이들 일행은 통신사선을 타고 부산의 영가대를 떠나 일본 사공의 안내를 받으며 쓰시마對馬島와 이끼시마壹岐島를 경유하여 현해탄을 건너고, 새도나이까이瀨戶內海를 통하여 오오사까大阪에 이르러 하선下船하여 일본 측이 마련한 천어좌선川御坐船에 갈아타고 요도가와淀川을 거슬러 올라가 후꾸미伏見 부근에 이르러 상륙한 다음 육로를 따라 에도江戶(동경)에 이르는 것이 보통이었다.

표 21. 역대 통신사행 일람ⓒ

횟수	연대		정사	총인원
	왕대	서기		
1	선 조 40	1607	呂裕吉	467
2	광해군 9	1617	吳之謙	428
3	인 조 2	1624	鄭 岦	300
4	인 조 14	1636	任 絖	475
5	인 조 21	1643	尹順之	462
6	효 종 6	1655	趙 珩	488
7	숙 종 8	1682	尹趾完	475
8	숙 종 37	1711	趙泰億	500
9	숙 종 45	1719	洪致中	479
10	영 조 24	1748	洪啓禧	475
11	영 조 39	1763	趙 曮	472
12	순 조 11	1811	金履喬	226

이들이 탑승하고 도해渡海하는 선척船隻은 대선大船·중선中船·소선小船 각 2척씩 모두 6척이었는데, 그 중 3척에는 정사正使·부사副使·종사관從事官이 각각 수원隨員을 데리고 탑승하고, 나머지 3척에는 화물을 싣고 나머지 인원이 탑승했다. 이들 중에 전자 3척은 기선騎船, 후자 3척은 복선卜船이라고 불렀다. 그리고 이들 6척중에 대선 2척과 중·소선 각 1척은 통영統營에서 건조되는 것이 관례였는데, 그들은 국위國威를 과시하기 위하여

채화彩畵를 하고, 초범草帆대신에 목면범木綿帆을 사용하는 등 특별히 정성을 들여 만들어진 것이었다.

문위행問慰行은 대마도주對馬島主가 일정한 기간 에도江戶(동경)에 머물다 환도하였을 때 또는 특별한 경조사가 있을 때 그들의 요청에 따라 대마도까지 파송되는 외교사절로서, 대개 문위관問慰官은 사역원詞譯院 당상관堂上官 중에서 임명되므로 일본에서는 그를 역관사譯官使라 했다. 그 사행使行에는 상선 1척만 쓰는 경우와 복선卜船 1척을 더하여 2척으로 하는 경우가 있었다. 그 인원도 100명 이하로 구성되는 경우가 많았다. 그 같은 문위행은 '증정교린지增正交隣志'에 의하면 인조 18년(1640)부터 철종 11년(1860)까지 220년에 걸쳐 51회에 달했다.

5.2.2 통신사선에 대한 기록

순조 2년(1802)에 사역원이 편찬한 '증정교린지增正交隣志' 도해선척식渡海船隻式에 기록된 통신사선의 치수는 아래 표 22와 같다.

표 22. 도해 사신선渡海 使臣船의 주요 치수ⓒ

항목 項目		大船	中船	小船
		尺=把尺寸	尺=把尺寸	尺=把尺寸
저판 底板	길이 底長	71.25=14.25	67.50=13.50	60.75=12.15
	두광 頭廣	10.50=2.10	10.50=2.10	10.25=2.05
	요광 腰廣	12.25=2.45	11.75=2.35	11.50=2.30
	미광 尾廣	10.00=2.00	9.75=1.95	9.50=1.90
곡목의길이 曲木長		15.75=3.15	15.75=3.15	14.15=2.83
상장 上粧	길이 底長	97.50=19.50	92.00=18.40	85.15=17.03
	두광 頭廣	17.50=3.50	17.50=3.50	16.15=3.23
	요광 腰廣	31.00=6.20	29.25=5.85	27.05=5.41
	미광 尾廣	20.00=4.00	20.00=4.00	18.45=3.69
삼고 杉高		10.00=2.00	10.00=2.00	9.45=1.89
병추 屛推		10.50=2.10	10.50=2.10	10.35=2.07
저판의 쪽 底板 條		9	9	8
현판의 쪽 舷板 條		7+1=8	7+1=8	7+1=8

* 도해선척식渡海船隻式에서는 치수를 양선척量船尺의 把尺寸으로 기록하였다.
  (量船尺 1把는 10尺, 1尺은 15.62cm)
* 표 22에서는 치수를 영조척의 尺으로 환산하여 기록하였으며 양선척의 把尺寸을 병기하였다.(營造尺 1把는 5尺, 1尺은 31.24cm)
  예 : 양선척 14.25把(14파2척5촌＝142척5촌)/2＝영조척 71.25척(71척2촌5리).
  영조척－71.25척×2＝양선척 142척5촌＝14파2척5촌.

[비고]
1. 증정교린지는 순조純祖2년(1802) 6월4일에 편찬한 것으로서 선박의 치수는 만기요람 재용편에 있는 [양선록안量船錄案]에 의거하여 양선척量船尺으로 기록한 것이다.
2. 도해선척식渡海船隻式에 잘못 기록되어 있는 것은 대선大船과 중선中船의 치수비례를 응용하여 수정하였다.

더욱이 통신사절에 대하여는 일본에도 사료가 많이 있다. 그 중에는 통신사절을 그린 그림이 전해져 내려오고 있다. 대마도의 종가문서宗家文書에 나타나는 목판 그림도 있다. 이 배는 매우 사실적으로 그려져 있어서 당대의 한선 구조를 이해하는데 크게 도움이 된다. 가령 선미 뒤쪽으로 뻗어나간 외판의 선미 꼬리 부분이 명확히 그려져 있고, 길이는 대체로 4m 정도로서 전장의 약 14%이다.

이외에도, 남바마츠다로南波松太郎 일본해사사학회 명예회장이 소장한 정사선正使船의 그림이나, 경응대학도서관慶應大學圖書館이 소장한 조선선입진지도朝鮮船入津之圖와 조선역관행열지도朝鮮譯官行列之圖 등이 있다.

5.2.3 통신사선

조선시대에는 일체의 주선舟船이 해외에 도항하는 것을 엄금했다. 그것은 당대 중국과 일본의 경우와 공통되는 철저한 해금정책海禁政策의 고수였다. 다만 일본에 사절을 파송派送하는 데에 사용되었던 통신사선 만이 유일한 예외였다.

앞서 언급한 바대로 통신사선은 사절단의 많은 인원과 부대화물을 싣고 긴 항로를 내왕하는, 말하자면 원양여객선이었다. 아마도 당시 이런 국제여객선은 세계의 어느 곳에도 없었을 것이다.

사견선使遣船은 전선의 기본 선형 구조로 되어 있다. 다만 포판鋪板 위에 판옥板屋 대신에 객실 누각客室 樓閣을 꾸몄다. 돛폭에는 가장자리에 청색 단을 둘렀다. 사견선은 통영과 각 수영에서 건조하게 하고 기선騎船할 사람들도 수군에서 충당하였다.

사견선의 크기는 대선大船의 경우 저판장이 71.25척, 요광이 31척이며, 남바마츠다로南波松太郎가 소장한 정사선正使船에 의하더라도 길이 102척, 너비 35척에 이르는 것으로서, 조선 후기의 대형선인 전선의 크기에 뒤지지 않는 것이었다. 통신사선은 임진왜란에서 활약한 판옥선이 더욱 커진 조선 후기의 전선戰船과 동일한 크기로 건조되었다. 배의 구조는 전형적인 한선 구조인 평저平底구조로 되어 있고, 포판 위에는 화려한 선실이 꾸며져 있다.

조선 후기 일본에 파견된 통신사선은 다수의 수행원을 태우고 부산에서 오사까大阪까지 내왕한 배였다. 그것은 당대의 원양여객선이라 할 수 있는 배로서 한국선박사상 유래를 찾아볼 수 없는 호화선이었다. 세계사에서도 17~18세기에 그런 호화스럽고 평화적인 국제항로의 여객선은 찾아보기 힘들다. 이들은 진정 당대의 최상급最上級 사신선使臣船이다.

1. 귀선장龜船將 김종범金鍾範 장군 외가外家에서 소장하던 사견선使遣船 설계도

1972년에 경남 고성읍의 이광현李光鉉씨가 소장하고 있던 '헌성유고軒聖遺稿'라는 필사본筆寫本이 발견되었는데, 이 필사본 중에 사견선使遣船에 대한 설계도 2장이 들어 있다. 이 사견선은 순조純祖 22년(1822년)에 대마도로 역관譯官을 파견할 때 운항하였던 선박이다. 설계도 한 장은 선체 전개도이고, 다른 한 장은 상장부上粧部 평면도이다. 아래에 조선식造船式 필사본 사진과 저자가 1972년에 작성한 조선식造船式 선체전개도와 평면도를 첨부한다.

1) 사견선의 선체전개도(1822년에 통제영에서 조선할 때 사용한 전개도)

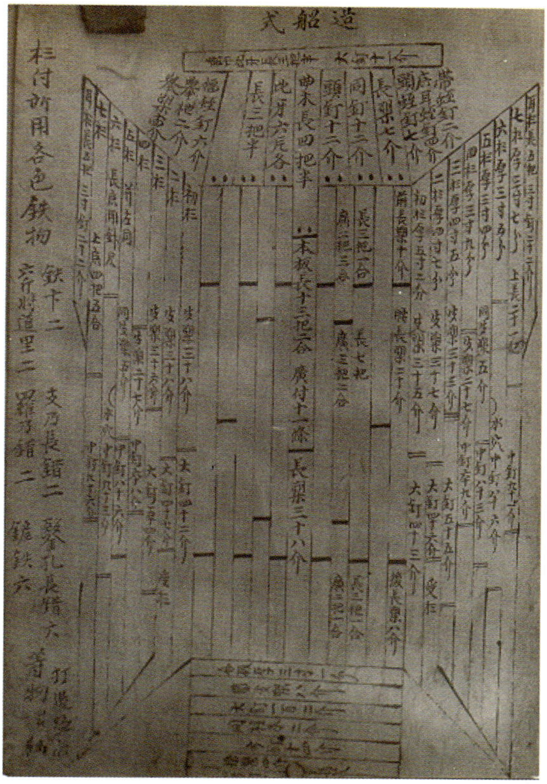

선체전개도 원본(사진 : 이원식 1972)ⓒ

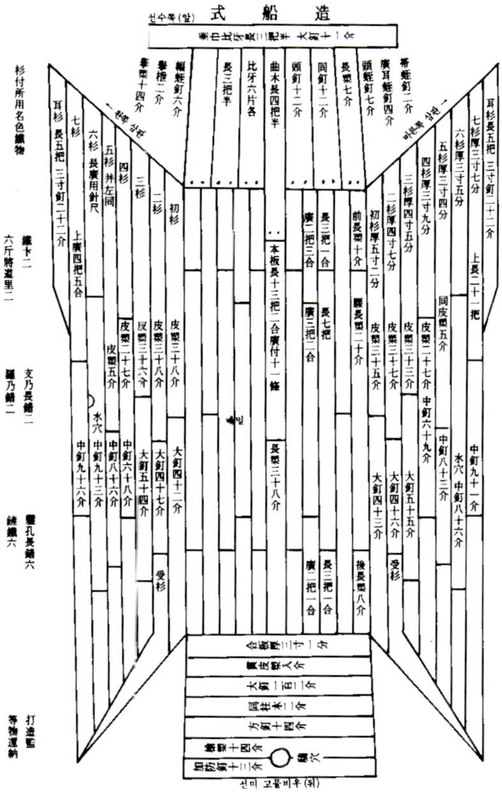

선체전거도(도면 : 이원식 1972)ⓒ

그림 75. 사견선의 선체전개도ⓒ

2) 사견선의 평면도(1822년 통제영에서 조선할 때 사용한 평면도)

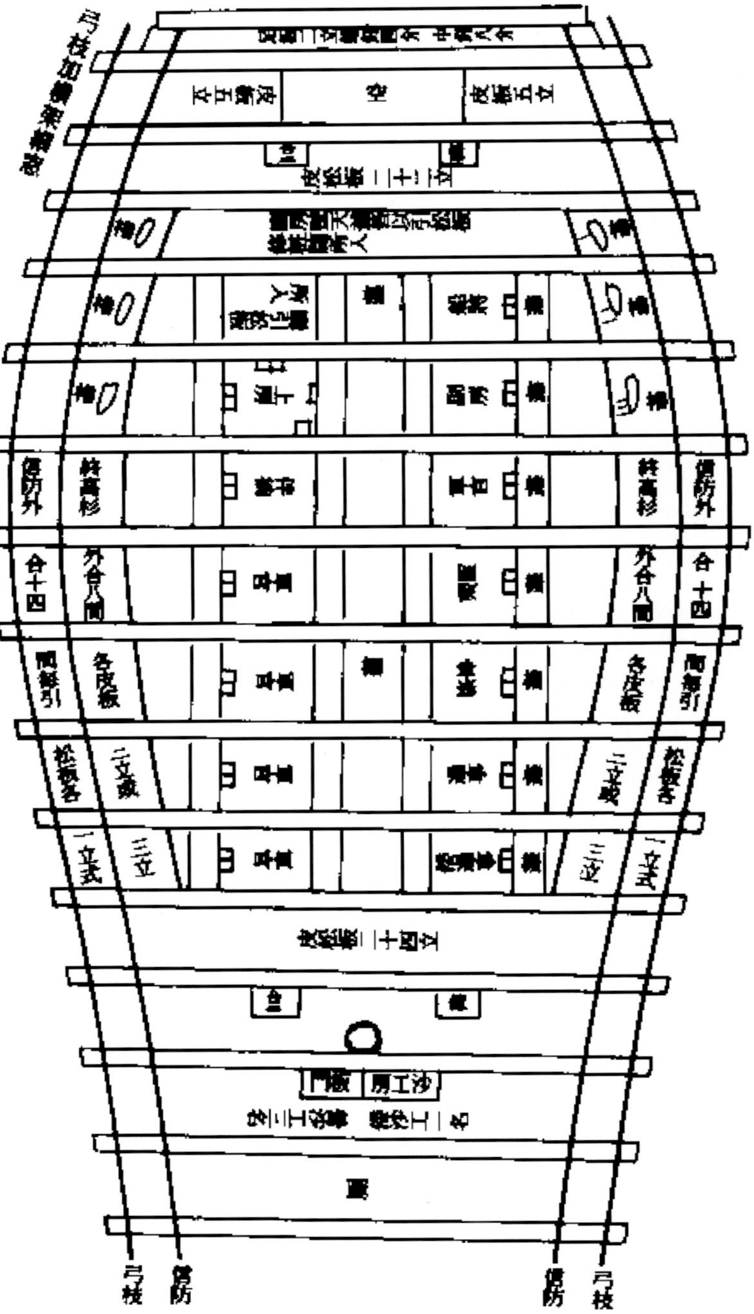

평면도(도면 : 이원식)ⓒ

그림 76. 사견선의 평면도ⓒ

선체전개도를 살펴보면, 저판底板은 11조條의 통나무를 38개의 가쉐長槊로 연결하였다. 본판장本板長은 13파把 2합合, 저판광底板廣은 3파把 2합合, 상장장上粧長은 21파把, 선광船廣은 4파把 5합合이다. 삼판杉板은 7판板을 붙여 올렸는데 7판板 위에는 이물艫部 쪽에만 5파把 3치寸 길이가 되는 귀삼耳杉을 더 올려서 이물 쪽의 현판舷板을 더 높게 하였다. 저판底板인 통나무의 너비는 1자尺 4치寸 5푼分이고, 삼판杉板의 두께厚는 제1판인 부자리不者里가 5치寸 2푼分이며, 위로 올라가면서 줄어들어 제5판에서는 3치寸 4푼分이 된다. 이물비우艫板는 곡목曲木을 위에서 아래로 세워서 대었는데 곡목장曲木長은 4파把반半이다.

2. 1795년식 귀선과 통신사선과의 치수 비교

표 23. 1795년식 귀선과 통신사선과의 치수 비교표ⓒ

番號	主要値數 要目		1795年式 龜船	通信使船(中船)	1822年 使遣船
	通信使船 用語	龜船 用語	尺을 把로 換算	–	–
1	上長	上粧長	16.8 把	18把 4尺	21把
2	上頭廣	船頭廣	3.4 把	3把 半	–
3	上腰廣	船腰廣	5.6 把	5把 8尺 5寸	4把 5合
4	上尾廣	船尾廣	2.9 把	4把	–
5	杉高 杉板－條	舷高	1.5 把 7條付	2把 8條付	7條付
6	本板長	底板長	13.0 把	13把 半	13把 2合
7	底板頭廣	底板頭廣	2.4 把	2把 1尺	2把 3合
8	底板腰廣	底板腰廣	2.9 把	2把 3尺 5寸	3把 2合
9	底板尾廣	底板尾廣	2.1 把	1把 9尺 5寸	2把 1合
10	曲木長	艫板	–	3把 1尺 5寸	4把 半
11	底板－條	–	10條付	9條付	11條付

단위: 1파把는 영조척營造尺으로 5자尺

3. 복원 선박의 설계도

1) 조선통신사선의 선도(Lines)

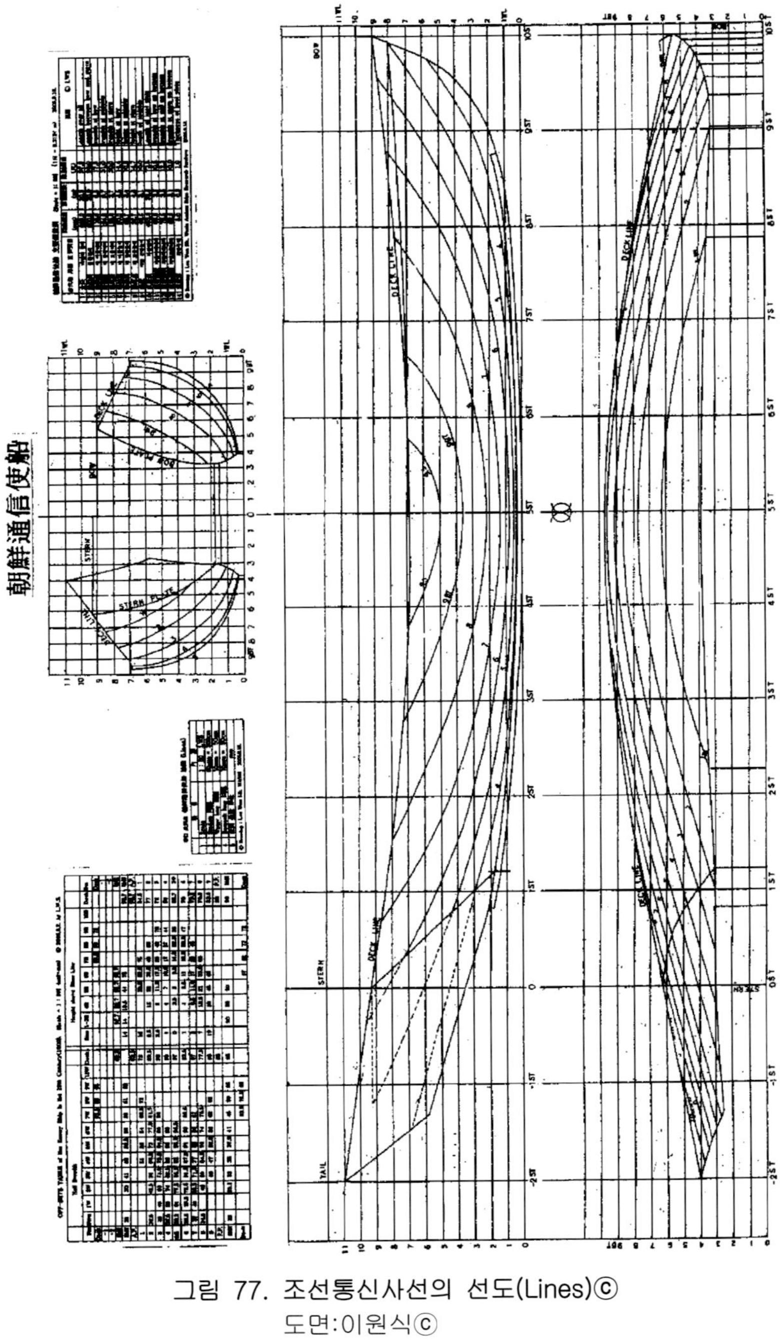

그림 77. 조선통신사선의 선도(Lines)ⓒ
도면:이원식ⓒ

2) 조선통신사선의 측면 평면 구조도

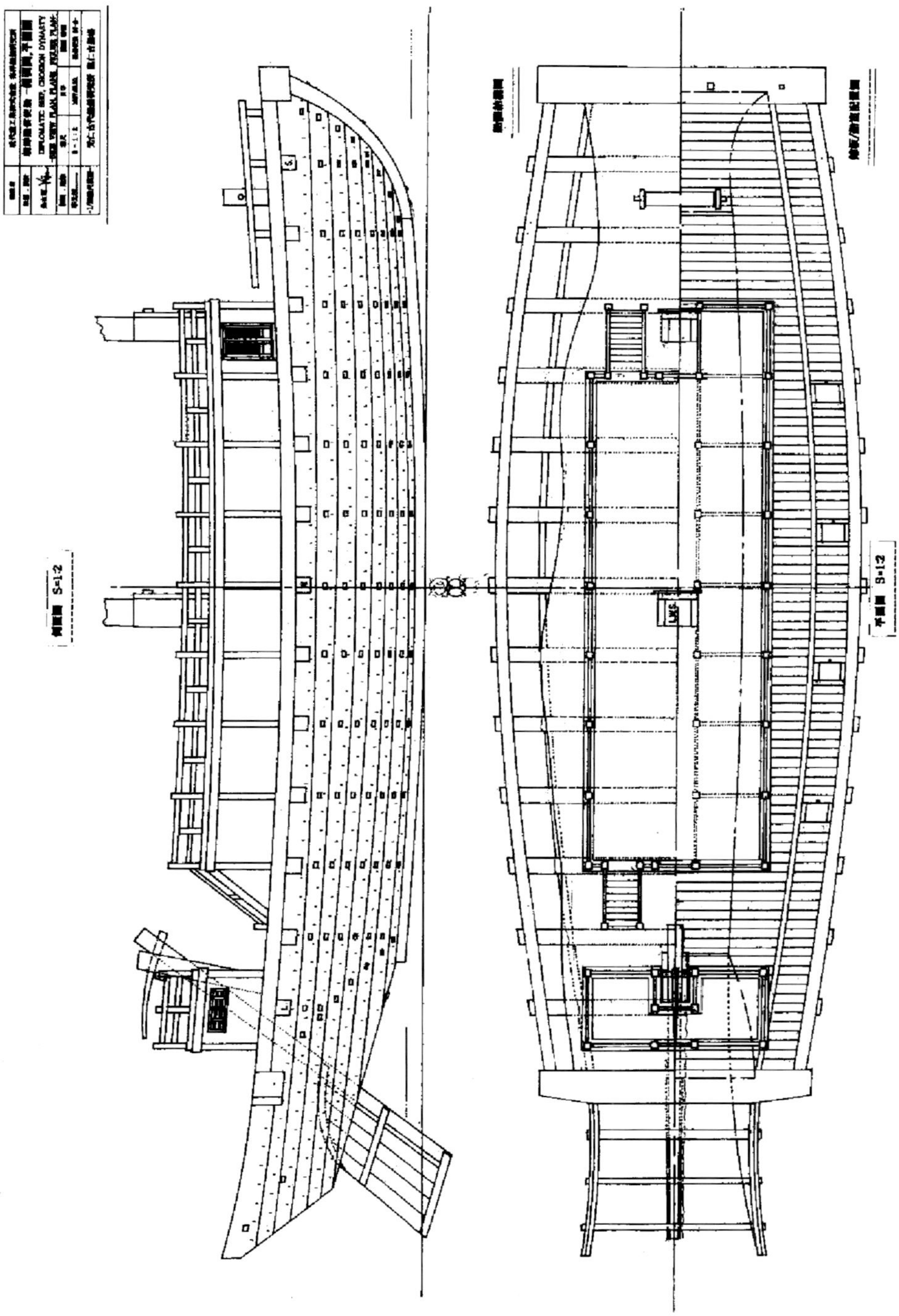

그림 78. 조선통신사선의 측면 평면 구조도ⓒ
도면:이원식ⓒ

5.2.4 조선통신사선의 복원 모형선

그림 77, 78의 조선통신사선 설계도를 근거로 하여 축척 1/25로 제작한 모형선의 그림은 아래와 같다.

① 조선 통신사선. 전경ⓒ

② 조선 통신사선. 좌현ⓒ

③ 조선 통신사선. 우현ⓒ

④ 조선 통신사선. 선수ⓒ

⑤ 조선 통신사선. 선미ⓒ

그림 79. 조선 통신사선의 축척 모형선(①~⑤)ⓒ

5.3 조선漕船(조운선漕運船)

5.3.1 조선漕船의 유래

조선漕船을 조운선漕運船이라고도 한다. 조선漕船은 토지나 농지에 과세한 조곡租穀(또는 세곡稅穀)을 운송하는 관선官船을 이르는 말이다. 충청도 전라도와 경상도 등 남부지방의 세곡稅穀을 조운선漕運船으로 한양漢陽(서울) 근처 서강西江으로 운송하고 경창京倉까지 납곡納穀을 한다. 조운선漕運船은 당두리唐道里 해선海船의 기본 구조 위에 삼판杉板 2장 또는 4장을 더 올려서 선복船腹즉 선창船艙의 용적容積을 더 늘렸다.

조선漕船의 제도는 고려가 처음으로 시행하였다. 고려는 초기에 남도南道의 강과 바다 수변水邊에 12 조창租倉을 설치하였다. 남 한강변인 강원도 원주에 흥원창興元倉, 충주에 덕흥창德興倉을 설치하였고, 이곳 강창江倉(또는 수참水站)에 수집된 조곡租穀은 강상江上 운송 즉 강운江運을 하게 되는데 평저선平底船인 광선廣船(늘배)을 이용하여 한강 하구河口로, 조선漕船을 이용하여 개경開京으로 운송하였다. 또 서 남해 해변인 충청도 아산에 하양창河陽倉, 서산에 영풍창永豊倉, 전라도 부안에 안흥창安興倉, 임피臨陂에 진성창鎭城倉, 영광에 부용창芙蓉倉, 나주에 해능창海陵倉, 승주에 해룡창海龍倉, 영암에 장흥창長興倉, 경상도의 사천에 통양창通陽倉, 합포에 석두창石頭倉을 설치하였다. 그리고 서북의 서해도西海道(황해도黃海道)에는 장연에 안란창安瀾倉을 설치하였다. 이러한 해창海倉에 수집된 조곡租穀(세곡稅穀)은 해상 운송 즉 해운을 하게 되는데 평저선平底船인 맹선猛船을 개조한 조선漕船을 이용하여 개경開京으로 운송하였다. 이것이 한반도에 있어서 조정朝廷에서 관장하는 조운漕運의 시작이라고 할 수 있다.

조선朝鮮은 고려의 문물제도를 그대로 물려받아 고려의 조창租倉 외에 필요한 곳에 조창을 더 설치하였다. 조선전기에는 남도에 9 곳을 지정하였고 후에 5 곳을 더 신설하여 도합 14 곳이 되었다. 조창의 신설과 폐지는 그 시대의 형편에 따라 변하여갔다. 조창에는 20척 내외의 조운선漕運船을 상비하고 있었는데 조곡 운송 시기가 되면 조운선 30 척을 1 종綜으로 선단를 형성하여 운송하게 하였다. 조선시대 남해안 형편도形便圖를 보면, 조운선이 통과하는 수로를 지정하여 놓았다. 조운선이 통과하는 지역의 부사府使 현감縣監이나 수군水軍의 첨사僉使 만호萬戶 등은 조운선이 안전하게 수로를 통과하도록 수호하고 수로안내를 하고 암초 등의 위험한 곳에 표지를 세웠다.

조운선이 서산의 안흥량安興梁을 통과하고자 할 때에는 그 직전에 원산도元山島에 휴박休泊하여 선체를 점검하고 항해에 적당한 조류의 시간과 기후와 순풍順風 등을 관측한 후

통과하여야 하는 규칙을 마련하기도 하였다. 현재 안흥량安興梁 주변에서 침몰선이 발견되어 선체와 조곡租穀 등이 발굴 인양되고 있다. 조운漕運 항로 중 제일의 험난한 곳인 안흥량에는 구장목寇杖項이라는 암초들暗礁群이 있으며 여러 갈래의 파도가 모여드는 곳이어서 조운선의 난파難破가 자주 발생하였다. 이곳 안흥량에서 고려의 청자운반선이 계속 발굴 인양되고 있다.

악 천후나 안흥량과 같은 험난한 해역을 안전하게 운항할 수 있도록 하기 위하여 조운선漕運船에는 적정량의 조곡租穀을 적재하도록 제한을 하였다. 호남 호서의 조운선은 800석石을, 영남의 조운선은 1000석石을 적재하도록 하였다. 이는 고려의 적재 제한과 동일하다. 조운선의 출항 시기는 경기 충청 황해 각도는 2월 20일부터 출항하여 3월 10일 이내에 경강京江에 도착, 전라도는 3월 15일부터 출항하여 4월 10일 이내에 경강京江에 도착, 경상도는 3월 25일부터 출항하여 5월 15일 이내에 경강京江에 도착하여야 한다.

1600년 이후에는 조세租稅는 호조戶曹에, 대동미大同米는 선혜청宣惠廳에 봉납奉納하게 하였는데 주교사舟橋司가 조운漕運에 관여하게 되면서 한강에 주교舟橋를 가설할 때 조운선을 주교선舟橋船으로 사용하는 한편 주교舟橋를 해체하면 주교선舟橋船을 조운선으로 다시 활용하고, 훈국선訓局船 외에 경강사선京江私船을 임차賃借하여 조세 운송에 참여토록 하였으며 조운선이 모자랄 때에는 지방의 민간이 보유하고 있는 지토선地土船(당두리)을 임차하여 사용하기도 하였다.

임진왜란 당시 이순신 수사水使의 일기나 장계에 경강사선京江私船이라는 선명船名이 나오는데, 이는 전라도에 내려갔던 서울의 경강사선京江私船이 전라좌수영에 징집된 예가 될 것이다.

5.3.2 조선漕船의 구조

1800년경에 도화서圖畵署에서 그린 전병각선도본戰兵各船圖本이 있는데 여기에 조선漕船(조운선漕運船)에 대한 투시설계도와 주요 치수와 구조 그리고 조선 법식에 대한 기록이 쓰여 있다. 조운선의 규모와 선양船樣을 전병각선도본戰兵各船圖本에서 알아보면 아래와 같다.

그림 80. 조선漕船ⓒ
원전 : 전병각선도본戰兵各船圖本, 규장각, 1800

漕船

主要値數－本板長五十七尺, 中廣十三尺, 頭廣十尺, 尾廣七尺五寸, 元高十一尺, 頭高十尺, 尾高九尺五寸.

主要構造－帆竹, 駕木, 碇, 碇板, 鴟, 杉.

造船法式－下防板十立不見, 飛荷橫板十七立, 加(駕)龍木逐杉揷入而在駕木之底故不見於外.

조선(세곡 운송선)

주요치수－배밑판 길이는 57자, 배밑판 한판의 너비는 13자, 배밑판 이물의 너비는 10자, 배밑판 고물의 너비는 7자5치, 뱃전 한판의 높이는 11자, 뱃전 이물 쪽의 높이는 10자, 뱃전 고물 쪽의 높이는 9자5치이다.

주요구조－2대의 돛대를 세운다, 뱃전 위에 4개의 큰 멍에를 건다, 나무 닻이 있다, 닻을 조작하는 널판이 있다, 고물에 방향을 잡아주는 후향타가 있다, 배의 좌우에 삼판을 올렸다.

조선법식 – 고물에 하방판(고물비우) 10쪽을 세웠는데 보이지 않는다, 이물에 비하(비우)를 가로로 17쪽을 붙였다, 가룡목(장쇠)은 삼판마다 쫓아가면서 꿰뚫어서 꽂았는데 멍에 바로 밑에 있기 때문에 밖에서는 보이지 않는다.

이 1800년대 조선朝鮮 조선漕船의 복원은 1800년경 도화서圖畵署의 전병각선도본戰兵各船圖本에 그려진 조선漕船 투시설계도의 주요치수, 구조, 형태(선양船樣), 조선법식造船法式을 참고로 하여 구조도와 공작도를 작성하였다. 조선漕船의 주요치수를 기초로 하여 조선공학적 주요치수를 계산하고 선도를 작성하였다. 이를 기본으로 하여 한선의 조선법식과 조선공작기법에 따라 한선조선기술(기능)전승자인 이원식이 조선 공작을 하여 모형선을 복원하였다.

표 24. 조운선의 주요치수

제원	자尺	미터m	비고
底板 長	57	18.2	各船圖本 자료
底板 廣	13	4.2	各船圖本 자료
船의 長	74.1	23.7	추정계산 자료
船의 廣	24.7	7.9	추정계산 자료
船의 高	11	3.5	各船圖本 자료

漕船(漕運船) **(1800年 各船圖本)**

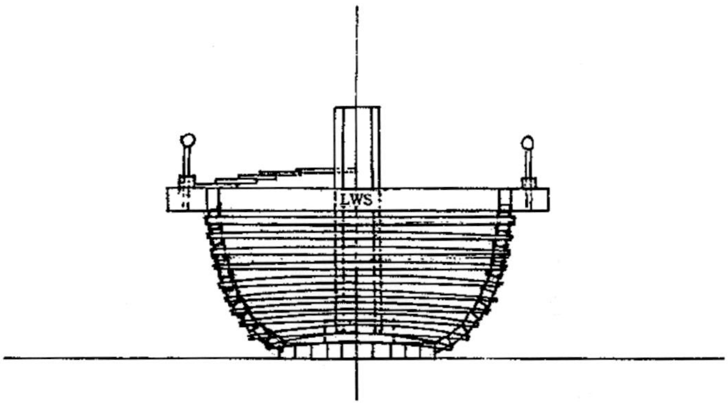

중앙단면도

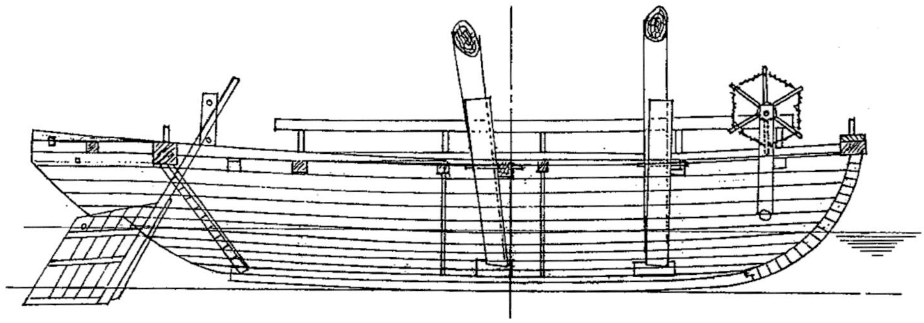

종단면도

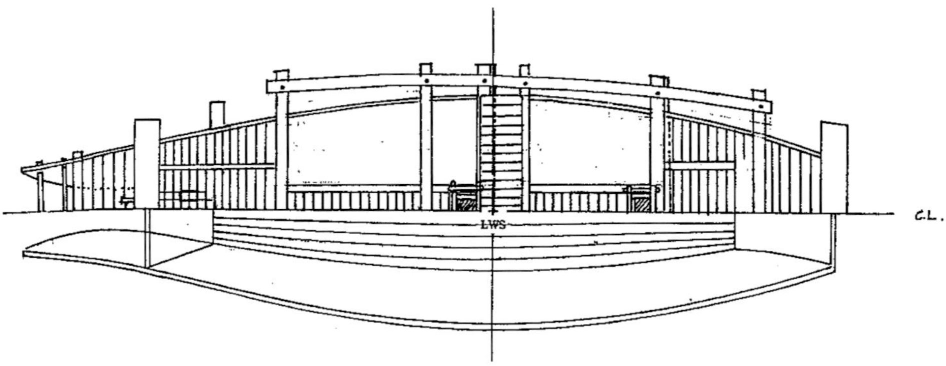

평면도

그림 81. 조선시대 조운선ⓒ
설계 : 이원식/원인고대선박연구소ⓒ

5.3.3 조선漕船의 복원

위의 자료와 설계를 근거로 하여 축척 1/25로 제작한 모형선은 아래와 같다.

① 조선漕船, 전경ⓒ

② 조선漕船. 좌현ⓒ

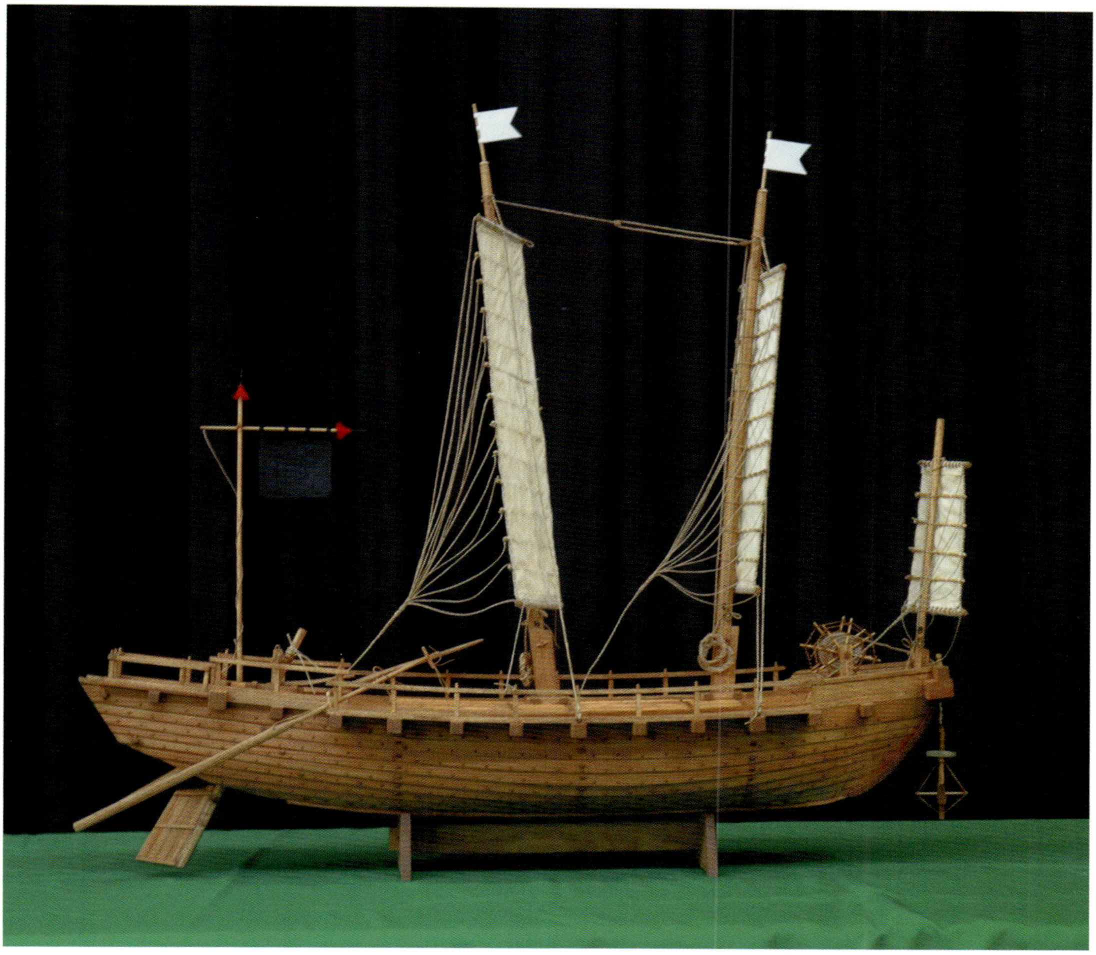

③ 조선漕船. 우현ⓒ

④ 조선漕船. 선수ⓒ

⑤ 조선漕船. 선미ⓒ

그림 82. 조선漕船의 축척 모형선(①~⑤)ⓒ

부 록

부록 1. 우리나라 전통선박의 시대별 목록

2011. 3. 9.

1. 상고시대. B.C. 3000년~B.C. 300년: (북방)-고조선(古朝鮮), 부여. (남방)-삼한(三韓)-마한, 변한, 진한

번호	내역	국가	선박의 용도	선명	근거 자료		복원 모형 전시
					문헌, 그림	유물	
1	통나무 자체를 이용하여 타고 다니던 배	부족	수상 이동	**통나무배**	The ship		
2	독 여러 개를 묶어서 만든 것-압록강	〃	어로, 이동	**독배**	The ship		
3	함지박을 배로 이용한 것-동해안	〃	어로, 이동	**함지박배**	The ship		
4	목재를 하류로 이송하기 위하여 만든 뗏목	〃	목재 운송	**뗏목**	한국의 배	압록강, 인제	
5	뗏목배로 어로, 해초 채취 작업, 화물이동	〃	어로, 이동	**티우**	한국수산지	제주도 티우	현대중공업
6	〃	〃	어로	**토막배**	한국의 배	정동진토막배	현대중공업
7	통나무 속을 파낸 소죽통 같이 생긴 쪽배	〃	이동,나룻배	**쪽배**	〃	두만강	
8	동해에서 고래잡이 하던 쪽배	씨족	어로, 운반	**쪽배**	반구대암각		울산고래박물관

2. 원시, 상고시대. B.C. 300년-B.C 50년 (남방)-삼한(三韓=加羅)-마한, 변한, 진한

번호	내역	국가	선박의 용도	선명	근거 자료		복원 모형 전시
					문헌, 그림	유물	
1	가야 제사 토기 모양의 배	삼한	이동, 항해	**가라선**	무	가야제사토기	
2	일본 구주로 이동할 때 사용한 대형 쪽배	〃	원양, 항해	**가라선**	무	미야자끼토기	김해 봉황동 호수
3	신라 제사 토기 모양의 쪽배	〃	원양, 항해	**가라선**	무	신라제사토기	
4	가장 발달된 쪽배 (제5단계 쪽배)	〃	어로, 이동	**안압지선**	한국의 배	안압지쪽배	

3. 삼국시대. B.C. 50년－680년－고구려, 백제, 신라, 가야

번호	내역	국가	선박의 용도	선명	근거 자료		복원 모형 전시
					문헌, 그림	유물	
1	압록강, 서해에서 어로작업, 화물의 이동	고구려	어로, 무역	**고구려해선**	무		
2	수, 당과의 전쟁 시, 고구리 수군의 전함	〃	전함	**고구려전선**	무		
3	원양항해, 조공무역, 사신왕래시의 무역선	〃	해상 무역	**고려사신선**	무		
4	강, 서남해에서 어로작업, 화물의 이동	백제	어로, 무역	**백제해선**	길비대신회사		서울 한성백제박물관
5	신라, 당과의 전쟁 시 백제수군의 전함	〃	전함	**백제전선**	무		
6	원양항해, 조공무역, 사신왕래시의 무역선	〃	해상 무역	**백제사신선**	길비대신회사		백제역사문화관, 현대중공업
7	강, 남해 동해에서 어로작업, 화물의 이동	신라	어로, 무역	**신라해선**	무		
8	왜구, 백제와의 전쟁 시 신라수군의 전함	〃	전함	**신라전선**	무		
9	원양항해, 조공무역, 사신왕래시의 무역선	〃	해상 무역	**신라사신선**	무		
10	낙동강, 남해에서 어로작업, 화물의 이동	가야	어로, 무역	**가야해선**	무	일본출토	김해 봉황동 호수
11	신라, 백제와의 전쟁 시 가야수군의 전함	〃	전함	**가야전선**	무		
12	원양항해, 조공무역, 철괴 수출 등 무역선	〃	해상 무역	**가야사신선**	무		

4. 통일신라시대. 680년－918년－통일신라, 후삼국

번호	내역	국가	선박의 용도	선명	근거 자료		복원 모형 전시
					문헌, 그림	유물	
1	동,서,남해에서 어로작업, 화물의 이동	신라	어로, 무역	**연안해선**	무		
2	동,서,남해에서 어로작업, 화물의 이동	〃	어로, 무역	**신라해선**	무		
3	당,백제,왜와 전쟁시 신라수군의 전함	〃	전함	**신라전선**	무		전쟁기념관

4	원양항해,조공무역,사신왕래의 무역선	〃	해상 무역	**신라사신선**	무		전쟁기념관
5	원양항해,삼국간 무역의 주요 무역선	〃	해상 무역	**장보고선**	무		경주 Expo2000, 현대중공업, 무역회관

5. 고려시대. 918년－1392년－고려(高麗)

번호	내역	국가	선박의 용도	**선명**	근거 자료		복원 모형 전시
					문헌, 그림	유물	
1	백제와 수군전에 참여한 태조(왕건) 전선	고려	전함	**누선**	무		현대중공업
2	동해안 여진 해적을 소탕한 전선	〃	전함	**과맹선**	무		현대중공업
3	동해안 과선을 개량한 전선	〃	전함	**검선**	무		
4	삼남의 세곡을 운송한 조운선	〃	세곡 운반	**초마선**	무		
5	서긍이 저술한 고리도경의 고려선	〃	관선	**순선**	무		
6	〃	〃	〃	**관선**	무		
7	〃	〃	〃	**송방**	무		
8	〃	〃	〃	**막선**	무		
9	고려동경 이면에 조각되어 있는 원양선	〃	원양 항해	**원양선**	동경	동경	
10	〃	〃	원양 항해	**원양선**	동경	동경	
11	몽골 고려 연합군의 일본 정략시의 전선	〃	전함	**누전선**	원구습래회사		
12	〃	〃	〃	**평전선**	〃		
13	화약 무기로 대마도 왜구를 토멸한 전선	〃	〃	**최무선 함**	무		
14	고려 회화에 그려진 고려선	〃	관선	**연안선**	루옥선		
15	서남 해저에서 발굴 인양한 연안해선	〃	청자운반선	**완도선**	무	해양유물관	해양유물전시관, 현대중공업

16	〃	〃	〃	**달리도선**	무	〃	
17	〃	〃	〃	**군산도선**	무	〃	
18	〃	〃	〃	**안좌도선**	무	〃	
19	〃	〃	〃	**보령선**	무	〃	
20	중국에서 발굴한 고려의 원양 운반선	〃	원양운반선	**봉래선**	무	중국 봉래	현대중공업
21	고려의 전선	〃	전함	**대맹선**	무		
22	고려의 전선	〃	〃	**중맹선**	무		
23	고려의 전선	〃	〃	**소맹선**	무		
24	신안에서 발굴 인양한 남송의 무역선	남송	원양운반선	**신안선**	무	해양유물관	일본 민속역사박물관

6. 조선시대. 1392년 – 1896년 – 조선(朝鮮)

번호	내역	국가	선박의 용도	**선명**	근거 자료		복원 모형 전시
					문헌, 그림	유물	
1	고려 및 조선 초기의 전선	조선	전함	**대맹선**	무		
2	〃	〃	〃	**중맹선**	무		
3	〃	〃	〃	**소맹선**	무		
4	중종때 맹선을 개량하여 개발한 판옥선	〃	〃	**1592전선**	병풍		
5	이순신 창제 귀선	〃	〃	**1592귀선**	〃		현대중공업
6	임진왜란 당시의 병선	〃	〃	**병선**	〃		
7	임진왜란 당시의 사후선	〃	〃	**사후선**	〃		
8	충무공전서의 1795년식 전라좌수영귀선	〃	〃(좌수영)	**1795귀선**	충무전서		해양유물전시관, 현대중공업 외

9	충무공전서의 1795년식 통제영귀선	〃	〃(통영)	**1795귀선**	〃		
10	1800년경의 판옥선	〃	〃	**1800전선**	각선도본		해양유물전시관, 현대중공업 외
11	1800년경의 평전선	〃	〃	**철 상장선**	각선도본		
12	1800년경의 병선	〃	〃	**병선**	〃		
13	1800년경의 삼남의 조운선	〃	조운선	**조선**	〃		해양유물전시관, 현대중공업 외
14	1800년경의 함경도 조운선	〃	〃	**북조선**	〃		
15	1800년경의 귀선	〃	전함	**쌍범귀선**	임진장초		
16	〃	〃	〃	**무두귀선**	〃		
17	1600－1800년경의 방패선	〃	〃	**방패선**	병풍		
18	1700년경의 개량 병선	〃	〃	**해골선**	무		
19	〃	〃	〃	**개량병선**	무		
20	초기－중기의 소형 연락선	〃	〃	**비거도선**	무		
21	〃	〃	〃	**거도선**	병풍		
22	1800년경의 관용선인 해선	〃	관선	**관선**	출범도		
23	1600－1800년경의 사신선 (정사선)	〃	〃	**통신사선**	통신사		해양유물, 히로시마, 현대중공업
24	〃 (부사선)	〃	〃	**〃 중**	〃		
25	〃 (수행원선)	〃	〃	**〃 소**	〃		
26	〃 (하물선)	〃	〃	**복선**	〃		
27	한강 하류의 운반선(해선)	조선	관선	**경강수하선**	백년전사진		원인고대선박연구소
28	한강 상류의 운반선(강선)	〃	〃	**경강수상선**	〃		원인고대선박연구소

29	한강 상류의 세곡 운반선	〃	〃	**평저선**	〃		
30	한강의 나루를 건너는 나룻배	〃	〃	**진도선**	〃		
31	한강의 거룻배	〃	〃	**거도선**	〃		
32	한강의 코거룻배(코와 같이 좁은 이물비우)	〃	〃	**비거도선**	〃		
33	전남 진도지방의 당두리 어선	〃	어선,무역선	**관매도어선**	어선조사		해양유물전시관, 원인고대선박연구소
34	충청도지방의 당두리 어선	〃	〃	**충청어선**	〃		
35	경기지방의 당두리 새우잡이 어선	〃	〃	**강화어선**	〃		해양유물전시관
36	황해도지방의 어선	〃	〃	**황해어선**	〃		
37	평안도지방의 어선	〃	〃	**평안어선**	〃		
38	한강의 용산을 드나드는 장사배	〃	상고선	**상고선**	백년전사진		
39	경기지방의 쌍돛대 해선	〃	〃	**당두리**	〃		
40	경기지방의 외돛대 해선	〃	〃	**야거리**	〃		
41	한강의 짐배-상류 ↔ 하류(마포 서강)	〃	강선	**늘배(광선)**	〃		원인고대선박연구소
42	한강의 거룻배	〃	〃	**거룻배**	〃		
43	한강의 나루를 건너는 나룻배	〃	〃	**나룻배**	〃		원인고대선박연구소
44	한강의 낚시배	〃	〃	**낚시배**	〃		
45	대동강의 무역선(해선)	〃	상고선	**무역선**	김홍도그림		
46	대동강의 운반선(강선)	〃	〃	**운반선**	백년전사진		
47	대동강의 평양감사 전용선	〃	관선	**평양감사선**	김홍도		
48	대동강의 평양감사 전용선	〃	〃	**홍계회선**			

부록 2. 복원 완료한 전통선박의 제원 및 설명 요약

1. 300년~600년 백제 사신선百濟 使臣船
   The Diplomatic Envoy ship, 4th－7th Century, Baekje Dynasty
2. 800년 통일신라 교관선統一新羅 交關船
   The Trading－Cargo ship, 9th Century, United Silla Dynasty
3. 914년 고려 왕건 누선高麗 王建 樓船 (대전선大戰船)
   The Wang Geon's Warship, 10th Century, Ancient Corea Dynasty
4. 1100년 고려 과선高麗 戈船
   The Spear－Warship, 12th Century, Corea Dynasty
5. 1300년 고려 원양무역선高麗 遠洋貿易船
   The Trading－Cargo Ship, 14th Century, Ancient Corea Dynasty
6. 1795년 전라좌수영귀선全羅左水營龜船
   The Turtle Warship, 18th Century, Chosun Dynasty
7. 1800년 판옥선板屋船 (읍진전선邑鎭戰船)
   The Superstructure Warship, 19th Century, Chosun Dynasty
8. 1600년~1800년 조선통신사선朝鮮通信使船
   The Diplomatic Envoy ship, 17th－19th Century, Chosun Dynasty
9. 1800년 조선 조선朝鮮 漕船
   The Grain Transport ship, 19th Century, Chosun Dynasty
10. 1900년 제주도 떼목베 (티우)
    The Fishing Raft of Jeju Island, 20th Century, Korea
11. 1900년 정동진 떼목배 (토막배)
    The Small Raft of Jeongdongjin, 20th Century, Korea

1. 300년~600년 백제 사신선百濟 使臣船
(The Diplomatic Envoy ship, 4th - 7th Century, Baekje Dynasty)

주요 치수 (Principal Dimensions)

전 장全 長 (Length Over All) ··· 28.25 m
선 장船 長 (Length of Hull) ··· 22.00 m
전 광全 廣 (Breadth of Ship) ··· 10.00 m
선 광船 廣 (Breadth Molded) ··· 7.50 m
형 심型 深 (Depth Molded) ··· 3.00 m
흘수심吃水深 (Draft Molded) ··· 2.10 m
전 고全 高 (Height) ··· 6.50 m
축 척縮 尺 (Model Scale) ··· 1/25

복원 : 현대중공업(주) 현대선박해양연구소 / 원인고대선박연구소
복원일자 : 2009년 8월
Restoration(work) : Hyundai Maritime Research Institute and
Wonin Ancient Ships Research Institute
Restored date : August, 2009

백제사신선 전경ⓒ

(1) 300년~600년 백제 사신선百濟 使臣船

백제사신선은, 백제가 372년에 중원中原의 동진국東晉國과 해상교통을 통한 외교를 개시한 이래 서해를 도해渡海하여 여러 나라와 조공무역朝貢貿易을 할 때 운용하던 원양무역선이다. 현해탄을 도해渡海하여 왜국倭國과 통교通交할 때에도 이 백제사신선을 운용하였다.

백제사신선은 중원中原과 동남아 인도 등의 문물을 수입하는 한편 이러한 문물을 일본에 전파하는데에도 기여하였다.

백제는 백제사신선을 이용하여 왕자王子 등을 도일渡日 체류하게 하고, 아직기阿直岐를 왜국倭國에 파견하여 문명 계발에 진력하게 하였으며, 왕인王仁 박사에게 논어 10권과 천자문 1권을 지참하고 도해渡海토록 하여 일본의 문화를 개명開明하게 하였다. 화박사畵博士 건축박사建築博士 대목장大木匠 선박박사船舶博士 도선장都船匠 등 선진 기술자도 도해토록 하여 사찰건축과 선박 조선 건조 등에 공헌하게 하였다.

663년 4월에 백촌강 전투에서 백제가 패전하여 패망하자 일본의 지원군 함정과 백제의 선박 등을 이용하여 귀족과 기술집단들이 일본으로 망명을 한 후, 이 땅에는 백제사신선의 형태는 물론 백제의 선박에 관한 기록까지도 영원히 역사의 깊은 구석으로 사라지고 말았다.

그러나 일본에는 백제 선박에 관한 자료가 많이 남아 있다. 특히 '일본서기日本書記'에 "650년에 아기노구니安藝國(지금의 히로시마)에 명하여 백제선 2척을 건조하게 하였고, 3년 후에 2차로 견당사遣唐使의 견당사선遣唐使船도 건조하게 하였다."라고 하였는데 이는 백제계百濟系 오오우찌大內씨의 오오우찌부네大內船 계통의 백제식 조선 기술자들이 견당사선을 조선 건조하는데 크게 공헌한 것이다.

일본의 고대 목선에는 두 계파가 있었는데, 하나는 신라계 이나베猪名部씨 계통의 이나부네猪名船류, 이세부네伊勢船류이고 다른 하나는 백제계 오오우찌大內씨 계통의 오오우찌부네大內船류이다. 이 두 파의 조선 기술 집단이 일본의 고대 전통 목선인 화선의 조선 기술의 맥을 이어 갔다. 이로 미루어 일본 화선和船의 전통은 신라와 백제의 전통 조선 기술을 전수받아 이를 전승하여 왔다는 것을 알 수 있다. 일본 화선의 선양船様이나 구조 그리고 조선 기법은 백제선과 신라선의 선양이나 구조 그리고 조선 기법을 변형하여 수용하였다는 증거를 화선의 선체 여러 곳에서 발견할 수 있다.

이 **'300년~600년 백제 사신선'**의 복원은 일본의 '길비대신입당회사吉備大臣入唐繪詞'에 그려진 길비대신이 당나라에 갈 때(752년－753년) 이용한 견당사선遣唐使船 그림의 한선식 구조 형태를 참고로 하여 구조도와 공작도를 작성하였다. 고려 원양무역선의 치수를 기초로 하여 조선공학적 주요치수를 계산하고 선도를 작성하였다. 이를 기본으로 하여 한선의 조선법식과 조선공작기법에 따라 한선조선기술(기능)전승자 이원식이 조선 공작을 하여 모형선을 복원하였다.

(1) The Diplomatic Envoy ship, 4th－7th Century, Baekje Dynasty

The ship for Baekje (百濟) Envoys was an ocean－faring trade ship which was operated when carrying on export trades through official tribute missions with several states across the Yellow sea (黃海), ever since Baekje initiated to establish diplomatic relationships with the Easter Chin State (東晉國) located in the central region of China through maritime transportation in 372 A.D.. Even when Baekje exchanged diplomatic missions with Wa State (倭國, Ancient Japan), across Kenkai (玄海) Strait, this Baekje envoy ship, called Baeje Sasin－Seon (百濟使臣船), was used.

Baekje sent the prince and other figures to Japan (倭國), using Baekje envoy ship, and made them stay in Japan. Baekje dispatched Ajikki (阿直岐). And Wang In (王仁博士, *consultant*) to Japan, having him carried ten volumes of Analects of Confucius (論語) and one book of One Thousand Character Classic (千字文) with, and made him help Japan to develop civilization further. In addition, having sent the number of engineers and technicians. Baekje made contribution to building temples, as well as to designing and building the ship.

In April, 663, Baekje lost in the battle of Baekchon river (白村江) and was completely defeated, so then the aristocrats and group of technocrats of Baekje sought refugee in Japan. Since after, the form of the ship for Baekje Envoys as well as the records about Baekje ship were vanished and fell in the dark abyss of the history forever. However, a large amount of materials concerned about Baekje Ship still remain in Japan. Specifically, according to the Chronicle of Japan (日本書記), what it says is "In 650, Akinoguni (安藝國, *today Hiroshima Prefecture* 廣島縣) was ordered to build two Baekje Ships (百濟船), and three years later, as a secondary project, the prefecture was ordered again to build the envoy's ship to Tang Dynasty."

For restoration of this **Diplomatic Emissary ship, Baekje Sasin-Seon (百濟使臣船) of 300~600 A.D.**, the drawings were drawn up having referred to build and shape of Korean ship (韓船), that was used by the chief official Gibi (吉備大臣) of Japan, when he entered to Tang in 752-753, An Illustrated Account of "Illustrated Manuscripts of Chief Official Gibi's Visit To Tang" [吉備大臣入唐繪詞]. On the basis of the dimensions of Corea seagoing trade ship, the principal dimensions were calculated on the aspects of shipbuilding engineering, and also the lines of hull form and the construction profile were also drawn up. And, based on these works, the model ship was restored by Won-shik Lee with the craftsmanship of the transmitter in regard to shipbuilding techniques (skills) of Korean ship in accordance with the rules and formalities of building Korean ship and the shipbuilding techniques thereof.

2. 800년 통일신라 교관선統一新羅 交關船
(The Trading－Cargo ship, 9th Century, United Silla Dynasty)

주요 치수(Principal Dimensions)

전 장全 長 (Length Over All) ········ 32.9 m
선 장船 長 (Length of Hull) ········ 30.0 m
전 광全 廣 (Breadth of Ship) ········ 9.4 m
선 광船 廣 (Breadth Molded) ········ 7.7 m
형 심型 深 (Depth Molded) ········ 3.8 m
흘수심吃水深 (Draft Molded) ········ 2.43 m
전 고全 高 (Height) ········ 4.8 m
축 척縮 尺 (Model Scale) ········ 1/25

복원 : 현대중공업(주) 현대선박해양연구소 / 원인고대선박연구소
복원일자 : 2008년 12월
Restoration(work) : Hyundai Maritime Research Institute and
Wonin Ancient Ships Research Institute
Restored date : December, 2008

통일신라 교관선 전경ⓒ

(2) 800년 통일신라 교관선統一新羅 交關船

재당在唐 신라인 장보고가 828년에 당으로부터 신라로 귀국하여 왕을 배알하고 만인萬人의 군사를 받아 서남해의 완도 옆 장도將島에 청해진淸海鎭을 설진設陣하고 대사大使가 되었다.

교관선은 청해진을 중심축으로 하여 당의 등주登州, 성산成山, 적산赤山, 유산乳山, 밀주密州, 해주海州 등 포구浦口와 초주楚州 양주揚州를 잇는 강회유역江淮流域과 명주明州(녕파寧波) 등을 당의 무역 대상지로 하고, 대마도를 지나서 규슈九州의 하까다博多를 일본의 무역 대상지로 하는 동북아시아의 해양 무역 활동을 할 때 운용한 원양무역선이다.

공무역公貿易으로 교역사交易使 즉 견당매물사遣唐賣物使 대당매물사大唐賣物使를 파견하여 신라의 문물을 당에 매물賣物하는 한편 회역사廻易使를 파견하여 사무역私貿易에도 활발한 활동을 하였다. 이때 운용한 선박이 교관선이다. 신라의 교관선은 당의 해선海船이나 일본의 견당사선遣唐使船과는 선양船樣부터 달라서 일본의 구법승求法僧 엔닌圓仁은 흰 돛을 달고 당의 포구浦口를 지나가는 선박을 보고 신라선新羅船이라는 것을 곧 바로 확인한 바 있다. 당의 장강長江, 회강淮江 유역, 초주楚州 양주揚州 등에는 재당在唐 신라인들이 운용하는 신라선이 많아 구법승 엔닌圓仁은 재당 신라인 김진金眞의 신라선 9척을 임차하여 일본으로 귀국한 바 있다.

교관선이라는 명칭은 양국 간의 관문을 들고 나는 교역선이라는 의미를 가지고 있으며 국가간 공무역에 종사하는 선박을 의미한다.

교관선은 고려의 완도선 달리도선 봉래제3고대선과 조손관계祖孫關係에 있는 동일한 선형의 선박이고 백제선 계통이라고 할 수 있다. 교관선의 선양船樣은 백제선 계통의 선형船型으로서 저판底板의 너비가 비교적 좁은 반평저선식 구조로 되어있으며 흰 돛을 달고 항해를 하였다. 엔닌圓仁은 일기에서 신라선은 선체는 크지 않지만 흰 돛을 달고 빨리 달린다고 하였다. 탑승 인원은 약 50~70명 정도로 추정한다.

이 **'800년 통일신라 교관선'**의 복원은 일본의 구법승 엔닌圓仁의 일기에 있는 신라선의 기록을 참고로 하였으며 백제 사신선의 선양船樣을 참조하여 구조도와 공작도를 작성하였다. 고려의 원양무역선의 치수를 기초로 하여 조선공학적 주요치수를 계산하고 선도(Lines)를 작성하였다. 이를 기본으로 하여 한선의 조선법식과 조선공작기법에 따라 한선조선기술(기능)전승자 이원식이 조선 공작을 하여 모형선을 복원하였다.

(2) The Trading-Cargo ship, 9th Century, United Silla Dynasty

Jang Bogo (張保皐), the Silla subject who lived in Tang, Ancient China, returned to Silla in 828, and was received in audience by the king. The Silla king gave Jang an army of 10,000 (In Korean, it sounds phonetically similar to "many man") men, and Jang established the Cheonghaejin (清海鎭) garrison on the island of Jangdo, next to Wando off Korea's southwestern tip, and became the maritime commissioner.

The Unified Silla Trade Ship, called Gyogwan-Seon (交關船), was an ocean-faring merchant vessel which was used when Jang Bogo engaged in maritime trade activities between ports in the East Asian region centering around Cheonghaejin (清海鎭) garrison. The seaports and cities along the coast of Tang, Ancient China, such as Dengzhou (登州), Chengshan (成山), Chishan (赤山), Rushan (乳山), Mizhou (密州), Haizhou (海州), as well as Yangtze-Huai River Valley (江淮流域) which will connect to Chuzhou (楚州), Yangzhou (揚州) and Ningbo (寧波), including Hakada (博多) of Kyushu in Japan passing through Tsushima (對馬島) were destinations subject to trade.

To carry out official trade business, Jang Bogo dispatched the Trade Representatives (交易使) to Tang, i.e. the Trade Commissioner (遣唐賣物使) or the Chief Trade Official (大唐賣物使) in order to trade the goods and things Silla to Tang. Meanwhile, Jang was also very active in pursuing private trades by dispatching his trade agents (廻易使) to Japan. Those ships which sailed the waters for trade by sea in the unified Silla period.

The shape of Gyogwan-Seon is congruent with the system of the ships of the Baekje (百濟), so that it was built in the flat bottom style structure with comparatively narrow-width bottom planks, and sailed having hauled up with white sail. Monk, Ennin (圓仁), in his journal, recorded that "Silla ship was not large, however, the ship moved across the surface of water so fast hoisting a white sail." It is presumed that the number of sailors and passengers on board was approximately 50 to 70.

For restoration of this Unified Silla Trade Ship, Geyogwan-Seon (交關

船), of 800 A.D., the drawings were drawn up having referred to the shape of the vessel for Baekje Envoys, and the principal dimensions were calculated on the aspects of shipbuilding engineering, and also the lines of hull form and the construction profile were drawn up. And, the model ship was restored by Won-shik Lee with the craftsmanship of the transmitter in regard to shipbuilding techniques (skills) of Korean ship in accordance with the rules and formalities of building Korean ship and the shipbuilding techniques thereof.

3. 914년 고려 왕건 누선樓船 (대전선大戰船)
(The Wang Geon's Warship, 10th Century, Ancient Corea Dynasty)

주요 치수(Principal Dimensions)

전　장全　長	(Length Over All)	30.75 m
선　장船　長	(Length of Hull)	26.10 m
전　광全　廣	(Breadth of Ship)	10.30 m
선　광船　廣	(Breadth Molded)	8.56 m
형　심型　深	(Depth Molded)	3.50 m
흘수심吃水深	(Draft Molded)	2.32 m
선요고船腰高	(Height of Hull)	3.74 m
저판장底板長	(Length of buttom Plate)	20.30 m
축　척縮　尺	(Model Scale)	1/25

복원 : 현대중공업(주) 현대선박해양연구소 / 원인고대선박연구소

복원일자 : 2010. 12.

Restoration(work) : Hyundai Maritime Research Institute and
Wonin Ancient Ships Research Institute

Restored date : December, 2010

고려 왕건 루선. 전경ⓒ

(3) 914년 고려 왕건 누선樓船 (대전선大戰船)

고려사高麗史 세가권제일世家卷第一에 태조는 "전함 70여척에 2,000명의 군사를 태우고 나주에 이르렀다." 또 "태조는 100여척의 전선을 더 건조 운용하였는데, 대선大船 10여척은 각방各方이 16보步(1보步는 6자尺)이고 선상船上에 누노樓櫓를 세웠으며 선상(포판)에서 말을 달릴 수 있다. 군사 삼천여명을 거느리고 군량을 싣고 나주로 갔다."고 하였다.

위의 내용은 실제로 배 위에서 말을 달리게 할 수 있다는 것이 아니라 그 정도로 전함이 크다는 뜻으로 해석되며 중국의 누선에서 유래한 표현이다. 누노樓櫓는 적군의 화살을 피할 수 있는 판옥으로 상장上粧을 꾸민 다락樓으로서 그 위에 적군을 감시하고 공격할 수 있는 망루를 설치하였다.

왕건은 수군대장의 직으로 수군함대를 직접 이끌고 왕이 되기 전에 다섯 차례, 왕이 된 후에 한 차례, 도합 여섯 차례(903년~935년)에 걸쳐서 견훤의 나주 수군기지(전 신라의 서남해방수西南海防守)를 공략하였고 936년에 후백제를 멸망시켰다.

고려의 누선은 연안과 근해를 항해하는 함선이지만 통일신라의 장보고가 운용하였던 원양무역선의 조선 기술과 조함 경험 등을 바탕으로 해서 전함이 건조되었을 것이며 조선 기술이 그만큼 발달하였다는 증거가 된다.

이 **'914년 고려 왕건 누선樓船'**의 복원은 고려사, 고려사연구, 고려도경, 고선도보, 완도선, 달리도선, 단원의 선박 회화 등을 참고로 하고, 서남해에서 발굴 인양한 고려청자 운반선의 잔존선체와 사진 그리고 잔존 치수를 참조하였으며 전통 한선인 당두리唐道里의 선형을 원용하여 기본도와 공작도를 작성하였다. 이어서 조선공학적 주요치수를 계산하고 선도와 구조도를 작성하였다. 이를 기본으로 하여 한선의 조선법식과 조선공작기법에 따라 한선조선기술(기능)전승자 이원식이 조선 공작을 하여 모형선을 복원하였다.

(3) The Wang Geon's Warship, 10th Century, Ancient Corea Dynasty

There are records in the History of Ancient Corea : "Taejo(King) went aboard with 2,000 soldiers in some 70 battleships to sail to Naju (羅州), and safely arrived there." and "Taejo(King) had built some 100 battleships including ten large battleships additionally and operated this large fleet. Each direction across the deck of these ten large battleships was 16 Bo(Bo equals to six feet). These ships were built superstructure with lookout stations on the shipboard, furthermore, soldiers could ride horses on the shipboard(deck). Taejo(King) led some 3,000 soldiers and sailed to Naju having loaded military provisions into the ships."

Meanwhile, however, in the true sense, the ships were not that big inasmuch as soldiers could ride horses on the ship's deck as it was described above, but, it can be interpreted in a way that warships were really large to that extent figuratively. This was an expression derived from the Chinese ships having two or three decks. These ships, superstructure with lookout stations which enabled soldiers to avoid enemy's arrows, and the crows nest from which soldiers could watch out for and attack enemy troops were established.

King, Wang Geon, acting in the capacity of admiral, led naval fleet directly to the attack against the naval base of Gyeon Hwon(甄萱) located in Naju(the former defense headquarters of the South West Sea of Silla). King finally defeated Later Paekche(後百濟) in 936 through attacks six times in total (903~935 A.D.); five times before becoming king, and one more time after.

The Ship of Ancient Corea having tiered on the shipboard were coastal vessels that sailed along the coast, however, it is evident that these ships had been built on the ground of shipbuilding techniques and experiences, etc. obtained from ocean-faring merchant vessels operated by Jang Bo-go of Unified Silla. Meanwhile this is a proof that shipbuilding techniques in those days were highly advanced to that extent.

For restoration of this, the records of History of Ancient Corea, A Study on History of Ancient Corea(高麗史研究), Illustrated Account of Ancient Corea (高麗圖經), An Illustrated Description of Ancient Vessels (古船圖譜), the shape of the vessel for Wando Ship, Dalido Ship, and Danwon (檀園)'s ship paintings were referred to. And shipwreck remains and photographs of the Ancient Corea Celadon transport ship, which had been excavated from the South West Sea of Korea, and its remaining measures as well were also used as references. And, having applied the type of ship of Dangdori (唐道里), which is traditional Korean ship, the basic and working drawings were composed.

And, the principal dimensions were calculated on the aspects of shipbuilding engineering, and also the lines of hull form and the construction profile were drawn up. And, the model ship was restored by Won-shik Lee with the craftsmanship of the transmitter in regard to shipbuilding techniques (skills) of Korean ship in accordance with the rules and formalities of building Korean ship and the shipbuilding techniques thereof.

4. 1100년 고려 과선戈船
(The Spear-Warship, 12th Century, Ancient Korea Dynasty)

주요 치수(Principal Dimensions)

전 장全 長	(Length Over All)	29.0 m
선 장船 長	(Length of Hull)	23.0 m
전 광全 廣	(Breadth of Ship)	10.2 m
선 광船 廣	(Breadth Molded)	8.0 m
형 심型 深	(Depth Molded)	3.0 m
흘수심吃水深	(Draft Molded)	1.9 m
전 고全 高	(Height)	5.2 m
축 척縮 尺	(Model Scale)	1/25

복원 : 현대중공업(주) 현대선박해양연구소 / 원인고대선박연구소

복원일자 : 2008년 12월

Restoration(work) : Hyundai Maritime Research Institute and
Wonin Ancient Ships Research Institute

Restored date : December, 2008

고려 과선 전경ⓒ

(4) 1100년 고려 과선戈船

고려사 지志 권卷36 병兵2에 "현종 원년(1009년) 3월에 75척의 과선戈船을 건조하여 진명구鎭溟口에 배정하여 정박하게 하고 동북의 해적을 방어하게 하였다."라고 하였다. 이 고려과선은 고려시대에 동북방 여진 수군 해적의 침략을 방어하고 공략하기 위하여 건조한 전함이다.

여진 해적에게 잡혔다가 고려수군에 의하여 풀려난 일본 여인은 고려과선의 구조에 관하여 "고려의 배는 높고 크다. 배 안에 숨어서 적과 싸우므로 적은 감히 덤비지 못한다. 배 안은 크고 넓었으며,… 선상 주위의 패판牌板을 두 겹(이중)으로 만들고 배 위에 노루櫓壘(방루防壘)를 좌우 각 네 곳에 설치하였다. 이물의 앞면에 철각鐵角(쇠뿔)을 설치하였는데 이는 적선을 충파衝破할 때 쓰인다. 큰 돌을 배 안에 들여와 적선에 던져 때려 부순다. 그리고 다른 배는 선체가 길고 크다."라고 하였다.

과선은 양쪽에 칼날이 있는 마름모 창을 뱃전에 꽂아 적 수군이 배에 오르지 못하게 하고, 이물 덕판德板에 여러 개의 철각鐵角 즉 쇠뿔을 꽂아 적선에 추돌하여 적선을 충파衝破한다.

고려 중기 현종 2년(1011년)부터 숙종 2년(1097년)까지 87년 동안 함경도 강원도 지방을 비롯하여 경상도 동해 연안에 여진족들의 침입이 잦아지자, 고려는 도부서都府署, 선병도부서船兵都府署를 여러 곳에 두어 이들의 침입에 대처하였다.

이때 동북방면의 도부서에 배치된 전선이 과선이다. 고려 해선의 기본 선형인 맹선을 병선으로 개장改粧하여 해안방어에 배속하고 필요한 때에는 병선을 조운선漕運船으로 개장하여 병조겸용선兵漕兼用船으로 운용하였다. 그러나 과선은 맹선을 전선 전용으로 개장하고 무장을 더하여 전선 전용으로 운용하였다. 그러므로 과선을 과맹선戈猛船이라고도 한다.

이 **'1100년 고려 과선'**의 복원은 고려사 지 권36 병2, 고려도경, 고선도보, 완도선, 달리도선 등을 참고로 하여 전통 한선인 당두리의 선형을 원용하여 기본도와 공작도를 작성하였다. 과선의 치수를 도출하여 조선공학적 주요치수를 계산하고 선도를 작성하였다. 이를 기본으로 하여 한선의 조선법식과 조선공작기법에 따라 한선조선기술(기능)전승자 이원식이 조선 공작을 하여 모형선을 복원하였다.

(4) The Spear-Warship, 12th Century, Corea Dynasty

According to the records of History of Corea Dynasty, Volume 36, Military Chapter Two, it quotes "In March, 1009, of the first year of King Hyeonjong's reign, 75 Spear-Warships, were built and had them anchored in the Jinmyeonggu (鎭溟口, *a naval garrison*) on the north-eastern sea." This Spear-Warship, called 'Gwa-Seon (戈船)' was built for the purpose of defending against the piracy of Jurchen (女眞) navy in the north-eastern region, and, at the same time, of subjugating the Jurchen.

The Japanese woman who released by Corea navy after having captured by the Jurchen navy described the structure of Spear-Warship as follows: "The size of Corea ship was large and tall. Since the navy soldiers fight against the pirates hiding inside the ship, the pirates dare not to attack. The inside of ship was so wide.......the shields around the deck were made of bilayer planks... At the front of the stem, a sharp oxhorn-shaped metal head was installed, and this weapon was used to destroy the pirate's boats and ships by thrusting attacks."

On the gunwale of this Spear-Warship, Gwa-Seon (戈船), spears having sharp bevelled double-edged blade were fixed, so that it prevented soldiers of enemy navy from crawling up the ship.

However, Spear-Warship, Gwa-Seon (戈船), was originated from Maeng-Seon (猛船) having it remodeled into an exclusive battleship adding armaments. Thus it is also called Gwamaeng-Seon (戈猛船), signifying Powerful Naval Warship.

For restoration of this **Spear-Warship, Gwa-Seon (戈船) of 1100 A.D.,** the drawings were drawn up having referred to the records of the History of Corea Dynasty (高麗史), An Illustrated Account of Corea (高麗圖經), the shape of the vessel for Wando and Dalido Ship, and the principal dimensions were calculated on the aspects of shipbuilding engineering, and also the lines of hull form and the construction profile were drawn up. And, based on these works, the model ship was restored by Won-shik Lee with the craftsmanship of the transmitter in regard to shipbuilding techniques (skills) of Korean ship in accordance with the rules and formalities of building Korean ship and the shipbuilding techniques thereof.

5. 1300년 고려 원양무역선遠洋貿易船
(The Trading-Cargo Ship, 14th Century, Ancient Corea Dynasty)

주요 치수(Principal Dimensions)

전 장全 長 (Length Over All)	34.51 m
선 장船 長 (Length of Hull)	29.00 m
전 광全 廣 (Breadth of Ship)	9.86 m
선 광船 廣 (Breadth Molded)	8.12 m
형 심型 深 (Depth Molded)	3.48 m
흘수심吃水深 (Draft Molded)	2.26 m
선요고船腰高 (Height of Hull)	3.70 m
저판장底板長 (Length of buttom Plate)	22.04 m
축 척縮 尺 (Model Scale)	1/25

복원 : 현대중공업(주) 현대선박해양연구소 / 원인고대선박연구소

복원일자 : 2010년 12월

Restoration(work) : Hyundai Maritime Research Institute and
Wonin Ancient Ships Research Institute

Restored date : December, 2010

고려 원양무역선 전경ⓒ

(5) 1300년 고려 원양무역선遠洋貿易船

중국 산동성 봉래시는 2005년 7월에 봉래수성蓬萊水城의 본래의 규모를 복구하기 위하여 복원공사를 하던 중에 수성의 만내灣內 갯벌에서 고대선 3척을 발굴 하였다. 고대선 3척 중에 봉래제3호고대선(Penglai No.3 ancient ship)의 선창船艙에서 고려청자가 출토되었다. 중국과 한국의 역사학자와 조선공학자들의 연구 결과 선체의 구조와 조선공작 기법은 중국 해선과는 전연 상이한 고려시대의 한선으로 밝혀졌다.

봉래제3호고대선의 침몰 시기는, 선창에서 출토된 고려청자의 제작 년대와 봉래와 고려 개경 간의 해상 교류와 왕래에 대한 역사적 배경 등을 종합 검토한 결과 고려청자의 제작 년대는 1350년~1380년이고, 고려의 개경과 등주登州(봉래) 간에 해운이 재개된 시기는 1373년(고려 공민왕 22년, 명 홍무 6년)에서 1409년(조선태종 9년, 명 영락 7년) 사이로서 명조의 건국 초기에 고려의 무역선이 등주 즉 봉래로 원양 항해를 하여 갔던 것으로 추정된다.

봉래제3호고대선은 한국의 서남해안과 서해안에서 발굴 인양한 고려시대의 완도선, 달리도선, 군산도선의 선형, 저판 조립방법, 현판 조립방법, 저판 봉합용 가쇄, 현판 봉합용 피쇄, 선체 주재료 등과 동일하다. 그러나 봉래제3호고대선에는 광폭의 장좌檣座가 있고 한선의 가룡목 대신에 격벽(선창벽)과 보강용 변늑골邊肋骨이 있는 것이 확인되었다. 조선학의 주요 치수 및 주요 치수비 항목에 대하여 비교 검토를 하여 본 결과 봉래제3호고대선은 선장, 선광, 선심에 있어서 고려의 달리도선에 대하여 약 253%, 226%, 218% 각각 더 큰 규모의 원양해선으로 판명되었다.

이 **'1300년 고려 원양무역선'**의 복원은 산동성 봉래시문물국에서 편찬한 발굴보고서인 '봉래고선蓬萊古船'과 '국제학술연토회문집 봉래고선', 고려도경, 고선도보古船圖譜, 완도선, 달리도선, 단원의 선박 회화 등을 참고로 하고, 봉래제3호고대선의 잔존치수와 잔존선체의 사진을 참조하였으며 전통 한선인 당두리의 선형을 원용하여 기본도와 공작도를 작성하였다. 이어서 조선공학적 주요치수를 계산하고 선도와 구조도를 작성하였다. 이를 기본으로 하여 한선의 조선법식과 조선공작기법에 따라 한선조선기술(기능)전승자 이원식이 조선 공작을 하여 모형선을 복원하였다.

(5) The Trading-Cargo Ship, 14th Century, Ancient Corea Dynasty

In July 2005, the Penglai City in Shandong Province, China excavated three ancient ships from the tidal flats in the bay area during restoration works to restore the original features of Penglai's maritime boundary. Among those ancient ships which were retrieved, excavators discovered Ancient Corea Celadons in the ship's hold of Penglai No. 3. The results from researches conducted by both Chinese and Korean historian and shipbuilding engineers revealed that this ancient ship was the sea vessel of Ancient Corea Dynasty of which hull structure and shipbuilding craftsmanship were completely different from those of Chinese ocean faring ships.

Results from comprehensive review on production year of Ancient Corea Celadons which were retrieved from the ship's hold, and on the historical backgrounds of maritime exchanges and traffic between Penglai(蓬萊) and Gaegyeong(開京, now Gaeseong) of Ancient Corea, etc. indicated that the production year of Ancient Corea Celadons was 1350～1380, and the time period of resuming marine transport between Gaegyeong of Ancient Corea and Dengzhou(Penglai) was estimated from the year of 1373.

The ancient ship, "Penglai No. 3," is identical with Wando Ship, Dalido Ship, and Gunsando Ship which were excavated and salvaged from the southwest and the west coast of Korea in terms of the type of ship, the method of assembling bottom plate, the method of assembling the hull plate, long wooden pegs for the use of sealing off the bottom plates, tree nails for the use of sealing off hull plates, and main materials of hull, etc. However, it was confirmed that the ancient ship, "Penglai No. 3," was equipped with wide-span mast pad (檣座) and the partition wall, bulkhead, (隔壁) instead of small beam (駕龍木) of Korean ship(韓船), and the side frames, literally side ribs, (邊肋骨) for reinforcement purpose. Results from comparative review on principal dimensions and the items of principal dimensional ratios from the aspect of naval architecture proved that the ancient ship, "Penglai No. 3," was a larger scale ocean-faring ship than Dalido Ship of Corea by each 253%, 226%, 218% in terms of the length, breadth, and depth of ship.

For restoration of this, the excavation report; [Ancient Ship of Penglai] which was presented in the International Seminar and published by the Bureau of Cultural Relics of Penglai City, and Illustrated Account of Ancient Corea (高麗圖經), An Illustrated Description of Ancient Vessels (古船圖譜), the shape of the vessel for Wando Ship, Dalido Ship, and Danwon's ship paintings were referred to.

And, the principal dimensions were calculated on the aspects of shipbuilding engineering, and also the lines of hull form and the construction profile were drawn up. And, the model ship was restored by Won-shik Lee with the craftsmanship of the transmitter in regard to shipbuilding techniques (skills) of Korean ship in accordance with the rules and formalities of building Korean ship and the shipbuilding techniques thereof.

6. 1795년 전라 좌수영 귀선龜船 (The Turtle Warship, 18th Century, Chosun Dynasty)

주요 치수 (Principal Dimensions)

전 장全 長 (Length Over All)	34.05 m
선 장船 長 (Length of Hull)	27.49 m
전 광全 廣 (Breadth of Ship)	11.70 m
선 광船 廣 (Breadth Molded)	9.15 m
형 심型 深 (Depth Molded)	2.65 m
흘수심吃水深 (Draft Molded)	1.69 m
전 고全 高 (Height)	6.88 m
축 척縮 尺 (Model Scale)	1/25

복원 : 현대중공업(주) 현대선박해양연구소 / 원인고대선박연구소

복원일자 : 2007년 10월

Restoration(work) : Hyundai Maritime Research Institute and
Wonin Ancient Ships Research Institute

Restored date : October, 2007

1795년식 전라좌수영 귀선 전경ⓒ

(6) 1795년 전라 좌수영 귀선龜船

1592년에 이순신 수군절도사가 창제한 1592년식 귀선보다 203년 후인 1795년에 조선 내각에서 간행한 이충무공전서 권수卷首에 통제영귀선統制營龜船 및 전라좌수영귀선全羅左水營龜船의 귀선도龜船圖와 귀선지제龜船之制가 있다. 귀선지제에는 통제영귀선과 전라좌수영귀선에 대한 치수와 구조 및 성능에 대한 설명이 기록되어 있다.

귀선지제에는 이순신이 창제한 귀선을 본 땄다고 하였는데 1795년 당시에 실제로 조선 건조를 하였는지의 여부는 확인이 안 되고 있다. 이 1795년식 귀선은 이순신 수군절도사가 창제한 귀선이 아니며 외관 형태 및 구조와 성능도 다르다.

그러나 이 1795年 전라좌수영귀선은 1592년에 이순신 수군절도사가 창제한 귀선을 연구하거나 복원하는데 있어서 가장 중요한 참고 자료라고 할 수 있다.

귀선지제에 "1795년 전라좌수영귀선은 저판底板은 10쪽을 이어 붙였는데 길이는 64자 8치(20.24 m)가 되며 현판舷板은 반턱을 따서 비늘 같이 겹쳐 붙이는 어린탑접식魚鱗塔接式으로 일곱 쪽을 이어 올렸다. 2층은 좌우에 12개의 방패 판문板門을 달았는데 그 중에 10개의 대구경 포혈砲穴이 있다. 3층 귀배龜背의 좌우에 각 6개의 소구경 포혈砲穴이 있으며 선상 복개판에는 귀갑문龜甲紋을 그렸다. 이물(선두)에는 용두龍頭를 설치하였는데 아가리에서 유황과 염초를 태운 연기를 토해 낸다. 용두 아래에는 귀두鬼頭(귀신머리)를 조각하여 붙였다."라고 하였다.

위의 귀선지제의 설명을 보더라도 이 1795년 전라좌수영귀선은 1592년에 전라좌수영 수군절도사 이순신이 창제한 귀선이 아니라는 것을 알 수 있다. 1592년 임진왜란 당시의 이순신 창제 귀선의 본판장本板長의 길이는 50자 이었는데 1795년 전라좌수영귀선은 65자로 15자가 더 늘어났다.

이 **'1795년 전라좌수영귀선'**의 복원은 이충무공전서의 귀선도를 참고로 하여 구조도와 공작도를 작성하였으며. 귀선지제의 치수를 기초로 하여 조선공학적 주요치수를 계산하고 선도(Lines)를 작성하였다. 이를 기본으로 하여 한선의 조선법식과 조선 공작기법에 따라 한선조선기술(기능)전승자이원식이 조선 공작을 하여 모형선을 복원하였다.

(6) The Turtle Warship, 18th Century, Chosun Dynasty

There are some differences in the system of the Turtle Warship, called Gui－Seon (龜船), between the one that originated by Admiral Lee, Soon－Shin (李舜臣), the naval commander－in－chief in 1592 and another one that depicted in the sketch of Turtle Warship belonged to the Naval Garrison Headquarters, also that used by Jealla Left Navy, as shown in the front page of the Collected 'Works of Lee, Soon－Shin' (李忠武公全書) published by chosun Cabinet in 1795, two hundred three years thereafter.

This Turtle Warship of year 1795 is not the same Turtle Warship invented by Admiral Lee, Soon－Shin, also, its outer look, structure, and performance are different.

According to the system of Turtle Warship, it quotes "As for bottom plate of the Turtle Warship of year 1795, 10 planks were interlinked, and the side plates were worked by jointing seven planks in which ends or edges were notch－milled to overlap and form a rabbet joint as in the shape of overlapping fish scales (clinker built).

There were 12 doors made of planks at left and right side on the second tier, which also take a role as shields, and, among them were 10 embrasures for a large caliber cannon. At the left and right side of turtleback on the third tier, there were six small caliber gun slits on each side, and turtleback patterns were painted on the covering plates of the top, At the bow, a dragon head was installed, and, the dragon expels the smoke that produced by burning sulfur and nitrate from its mouth. Under the dragon head, a carved devil's head was stuck."

The length of the bottom of Turtle Warship, which was originated by Admiral Lee, Soon－Shin at the time of Imjin Janpase invasion, was 50 cheok in Korean feet (0.3124 m). and by the year 1795, it was increased up to 64.8 cheok.

For restoration of this **Turtle Warship of Jeolla Left Naval Command, (全羅左水營龜船) 1795 A.D.**, the working drawings were drawn up having referred to the sketch of the Turtle Warship described in the Collected 'Works of Lee, Soon－Shin' (李忠武公全書). And, the principal dimensions were calculated on the aspects of shipbuilding engineering, and also the lines of hull form and the construction profile were drawn up. And, finally the model ship was restored by Won-shik Lee with the craftsmanship of the transmitter in regard to shipbuilding techniques (skills) of Korean ship in accordance with the rules and formalities of building Korean ship and the shipbuilding techniques thereof.

7. 1800년 판옥선板屋船(읍진전선邑鎭戰船)
(The Superstructure Warship, 19th Century, Chosun Dynasty)

주요 치수(Principal Dimensions)

전 장全 長 (Length Over All) ········ 34.05 m
선 장船 長 (Length of Hull) ········ 27.49 m
전 광全 廣 (Breadth of Ship) ········ 11.70 m
선 광船 廣 (Breadth Molded) ········ 9.15 m
형 심型 深 (Depth Molded) ········ 2.65 m
흘수심吃水深 (Draft Molded) ········ 1.69 m
전 고全 高 (Height) ········ 8.00 m
축 척縮 尺 (Model Scale) ········ 1/25

복원 : 현대중공업(주) 현대선박해양연구소 / 원인고대선박연구소
복원일자 : 2007년 10월
Restoration(work) : Hyundai Maritime Research Institute and
Wonin Ancient Ships Research Institute
Restored date : October, 2007

판옥선(읍진 전선) 전경ⓒ

(7) 1800년 판옥선板屋船(읍진전선邑鎭戰船)

판옥선은 1510년의 삼포왜란三浦倭亂과 1555년의 을묘왜변乙卯倭變에 이은 왜구倭寇의 침략에 대처하기 위하여 1555년 10월에 개발된 전선이다. 판옥선은 전선의 별칭이며 쌍범雙帆 한선인 당두리의 기본 구조로 되어 있다. 맹선猛船인 평전선의 횡량橫梁 위에 방패 판문板門이 달린 판옥 상장을 꾸며 적의 화살과 총탄으로부터 노군과 군사들을 보호하였으며 천자포 지자포 현자포 황자포 등 각양의 대구경포를 포판鋪板 위에 탑재하였다.

임진왜란 초기 해전에서 이순신장군은 판옥선에 기선을 하고 판옥위에 설치한 장대將臺에서 함대를 지휘하여 승리를 거두었다. 개전 초 옥포해전에서 마지막 노량해전에 이르기까지 판옥전선은 대포를 탑재하고 발포하여 왜군의 군선을 처 부순 조선수군의 핵심 함선이었다. 읍진전선의 장광고長廣高는 1795년식 귀선과 거의 같다.

판옥전선의 상선上船인 좌선坐船은 삼도수군통제사가 기선騎船을 하고 차선次船은 우후虞侯 및 수군절도사가 기선을 하고 읍진전선은 부현府縣의 수령과 수군진의 수군첨사 수군만호가 기선을 한다.

임진왜란이 끝난 후 1615년에 전선의 대선, 차선, 지차선(귀선)의 본판장本板長의 길이를 절목節目으로 정하여 놓았으나 그 후 1800년에 이르러서는 각각 15자~20자가 증가하여 전선이 대형화되어 도리어 운용하기가 어렵게 되었다. 1615년에 읍진전선과 귀선의 본판장本板長은 50자 이었는데 1800년에 와서는 65자로 늘어났다.

이 '1800년 판옥선(읍진전선)'의 복원은 1800년경 도화서에서 제작한 전병각선도戰兵各船圖 일명 각선도본各船圖本에 수록되어 있는 전선도戰船圖의 측면 투시 설계도를 기본 선형으로 하였으며 도본에 기록되어 있는 치수와 구조 설명 등을 참고로 하여 구조도와 공작도를 작성하였다. 전선도에 기록되어 있는 치수를 기초로 하여 조선공학적 주요치수를 계산하고 선도(Lines)를 작성하였다. 이를 기본으로 하여 한선의 조선법식과 조선공작기법에 따라 한선조선기술(기능)전승자 이원식이 조선 공작을 하여 모형선을 복원하였다.

(7) The Superstructure Warship, 19th Century, Chosun Dynasty

The Superstructure Warship, called Panok-Seon (板屋船), Box-type Superstructure ship, was a battleship developed in October, 1555 for the purpose of bracing for invasions of Japanese pirate raiders subsequent to

Sampo (三浦) Rebellion of 1510 and Eulmyo (乙卯) Invasion of 1555.

Panok－Seon is another name of a warship, and has a basic structure of Dangduri (唐道里) ship, a large ship made of wood to transport goods or people, which is a Korean seagoing vessel (韓船) having Double Masts Sail. This warship was designed to protect sweeping crews as well as armed soldiers from the allows and bullets of the pirate raiders. In addition, variety of large caliber cannons were mounted onto the deck.

In the early sea battle during Japanese invasion of 1592, Admiral Lee, Soon－Shin (李舜臣) embarked on The Superstructure Warship (板屋船), and, he commanded the fleet at the command post built on the upper deck, and achieved the victory. From Okpo Battle upon outbreak of Imjin War until the last Noryang Battle, Panok－Seon Warship played a role as the core warship in the Chosun naval forces by destroying the war boats of Japanese fleet with the explosive high－power cannons that mounted on the Panok－Seon warship.

In 1615, the length of the bottom of Eupjin Warship and Turtle Warship were decided as 50 cheok in Korean feet (0.3124m) and by 1800, this was increased up to 65 cheok respectively.

For restoration of this Superstructure Warship, Panok－Seon (板屋船) of 19th Century, the side perspective design drawing of the sketch of warship that included in the Sketch of Warship and Military Vessel (戰兵各船圖), also known as the Book of Compiled Illustrations of Various Ancient Warships (各船圖本), which was drawn by the Royal Bureau of Painting in about 1800s was taken as the basic ship model. And based on the dimensions recorded in the sketch of warship, the principal dimensions were calculated on the aspects of shipbuilding engineering, and also the lines of hull form and the construction profile were drawn up. And, finally the model ship was restored by Won-shik Lee with the craftsmanship of the transmitter in regard to shipbuilding techniques (skills) of Korean ship in accordance with the rules and formalities of building Korean ship and the shipbuilding techniques thereof.

8. 1600년 – 1800년 조선 통신사선通信使船
(The Diplomatic Envoy ship, 17th – 19th Century, Chosun Dynasty)

주요 치수 (Principal Dimensions)

전 장全 長 (Length Over All)	36.77 m
선 장船 長 (Length of Hull)	29.68 m
전 광全 廣 (Breadth of Ship)	11.80 m
선 광船 廣 (Breadth Molded)	9.84 m
형 심型 深 (Depth Molded)	3.23 m
흘수심吃水深 (Draft Molded)	2.07 m
전 고全 高 (Height)	7.03 m
축 척縮 尺 (Model Scale)	1/25

복원 : 현대중공업(주) 현대선박해양연구소 / 원인고대선박연구소

복원일자 : 2007년 10월

Restoration(work) : Hyundai Maritime Research Institute and
Wonin Ancient Ships Research Institute

Restored date : October, 2007

조선 통신사선 전경ⓒ

(8) 1600년 - 1800년 조선 통신사선通信使船

1592년(임진년)에 조선을 침공한 도요또미히데요시豊臣秀吉의 왜군이 패전하여 1598년에 퇴각한 후, 1604년에 조선과 일본의 도꾸가와이에야스德川家康 막부 간에 선린우호의 길을 열었다. '증정 교린지增正 交隣志'에 의하면 조선은 1607년부터 1811년까지 모두 12차례에 걸쳐서 일본에 선린 우호의 통신사를 파견하였다. 이때 통신사 일행이 기선騎船을 하고 일본을 다녀온 선박을 사견선使遣船이라고 한다. 후에 통신사의 호칭을 조선통신사라고 하였으므로 선박의 호칭도 조선통신사선이라고 하였다. 통신사선단은 6척으로 편성되어 있다. 조선통신사선의 상선上船인 정사선과 부사선, 중선中船인 종사관선과 복선卜船(당하堂下 역관 수행원 기선騎船, 하물과 예물) 1척은 삼도수군통제영三道水軍統制營(통영)에 명하여 전함 조선방식에 준하여 도해선식渡海船式 설계에 따라 조선 건조하게 하고, 소선小船인 복선卜船(수행원 기선騎船, 하물과 예물) 2 척은 경상좌수영(부산)에 명하여 조선 건조하게 하였다. 통신사선은 단청 칠을 하여 호화여객선으로 치장하고 붉은 비단으로 휘장을 두르기도 하였다.

통신사 일행은 부산 영가대永嘉臺 아래에서 출발하여 일본 사공의 안내를 받으면서 쓰시마對馬島와 이끼시마壹岐島를 경유하여 현해탄을 건넌다. 세도나이까이瀨戶內海에서는 일본 선박의 예인과 호위를 받으면서 오오사까大阪에 이르러 하선하여 일본 측이 마련한 가와고자부네川御坐船에 갈아타고 요도가와淀川를 거슬러 올라가 후꾸미伏見 부근에서 상륙한 다음 육로로 에도江戶(도쿄)에 이른다.

일본에 파견되는 통신사절의 정사正使에는 이조참의吏曹參議가 임명되고, 부사副使에는 전한급典翰級 인사가 임명된다. 종사관從事官에는 교리급校理級 인사 중에서 선발되며, 여기에 통사通事, 제술관製述官, 압물관押物官, 사자관寫字官, 의원醫員, 화원畵員, 군관軍官 등 각 관이 따르고, 호위와 의장의 제원諸員들도 다수 동반한다. 통신사 일행은 500명 가까운 인원으로 구성되었다. 이들은 일본에 체재하는 동안 조선의 시, 회화, 서예, 기예, 마상술 등의 문화를 전파하는 역할도 하였다.

이 '1600년 - 1800년 조선 통신사선'의 복원은 증정 교린지와 도해선식渡海船式의 평면도와 전개도를 참고로 하여 구조도와 공작도를 작성하였으며 증정 교린지와 도해선식의 치수를 기초로 하여 조선공학적 주요치수를 계산하고 선도(Lines)를 작성하였다. 이를 기본으로 하여 한선의 조선 법식과 조선 공작기법에 따라 한선조선기술(기능)전승자 이원식이 조선 공작을 하여 모형선을 복원하였다.

(8) The Diplomatic Envoy ship, 17th – 19th Century, Chosun Dynasty

In 1592. (Year Imjin, 壬辰), Japanese army led by Toyotomi Hideyoshi invaded Chosun and retreated in 1598 after defeat of an invasion battles. Then after, in 1604, good neighbourly and friendly relations between Chosun and the office of the commanding general, Tokugawa Ieyasu, in Japan were established.

According to Jeungjeong–gyorinji (增正交隣志, *Enlarged and Revised Records of Korea's Foreign Affairs*), Chosun dispatched the goodwill missions to Japan twelve times in all between 1607 and 1811. In this time, the ship that was used for the purpose of dispatching the emissary group to Japan was called The Chosun Tongsinsa–Seon (朝鮮通信使船).

The ship for this diplomatic mission was decorated as in a luxury passenger liner having beautiful multi–colored decorative painting applied thereon, and also a curtain screen made of red silks was put around.

The ship for the group of emissaries sails off Busan under Yeonggadae (永嘉臺) and guided by Japanese ferryman, the fleet crosses Kenkai (玄海) Strait via Japanese island of Tsushima (對馬島) and Iki Island (壹岐島). In the Seto Inland Sea (瀨戶內海), the ship for the Chosun Envoys is towed into Osaka convoyed by Japanese boats, and they disembark at Osaka. Then the envoy group transfer to the luxury riverboat, called Kawagoja–Bune (川御坐船), arranged by Japanese side, and travels up the Yodogawa River (淀川) and land near Fukumi (伏見). And they make a journey to Edo (江戶, now Tokyo) through the land route.

The group of envoys consisted of near 500 persons. While they stayed in Japan, they also played a role to have disseminated Chosun cultures, including poetry, painting, calligraphy, arts, various virtuoso movements of horseback, and the likes.

For restoration of this **The Diplomatic Envoy Ship, Chosun Tongsinsa–Seon (朝鮮通信使船) of 1600~1800 A.D.**, the working drawings were drawn up having referred to Jeungjeong–gyorinji (增正交隣志) and the principal dimensions were calculated on the aspects of shipbuilding engineering, and also the lines of hull form and the construction profile were drawn up. And, finally the model ship was restored by Won-shik Lee with the craftsmanship of the transmitter in regard to shipbuilding techniques (skills) of Korean ship in accordance with the rules and formalities of building Korean ship and the shipbuilding techniques thereof.

9. 1800년 조선 조선漕船
(The Tax Grain Transportation Ship, 18th Century, Chosun Dynasty)

주요 치수 (Principal Dimensions)

전 장全 長 (Length Over All)	28.00 m
선 장船 長 (Length of Hull)	23.20 m
전 광全 廣 (Breadth of Ship)	10.80 m
선 광船 廣 (Breadth Molded)	8.00 m
형 심型 深 (Depth Molded)	3.43 m
흘수심吃水深 (Draft Molded)	2.20 m
전 고全 高 (Height)	4.25 m
축 척縮 尺 (Model Scale)	1/25

복원 : 현대중공업(주) 현대선박해양연구소 / 원인고대선박연구소

복원일자 : 2009년 8월

Restoration(work) : Hyundai Maritime Research Institute and
Wonin Ancient Ships Research Institute

Restored date : August, 2009

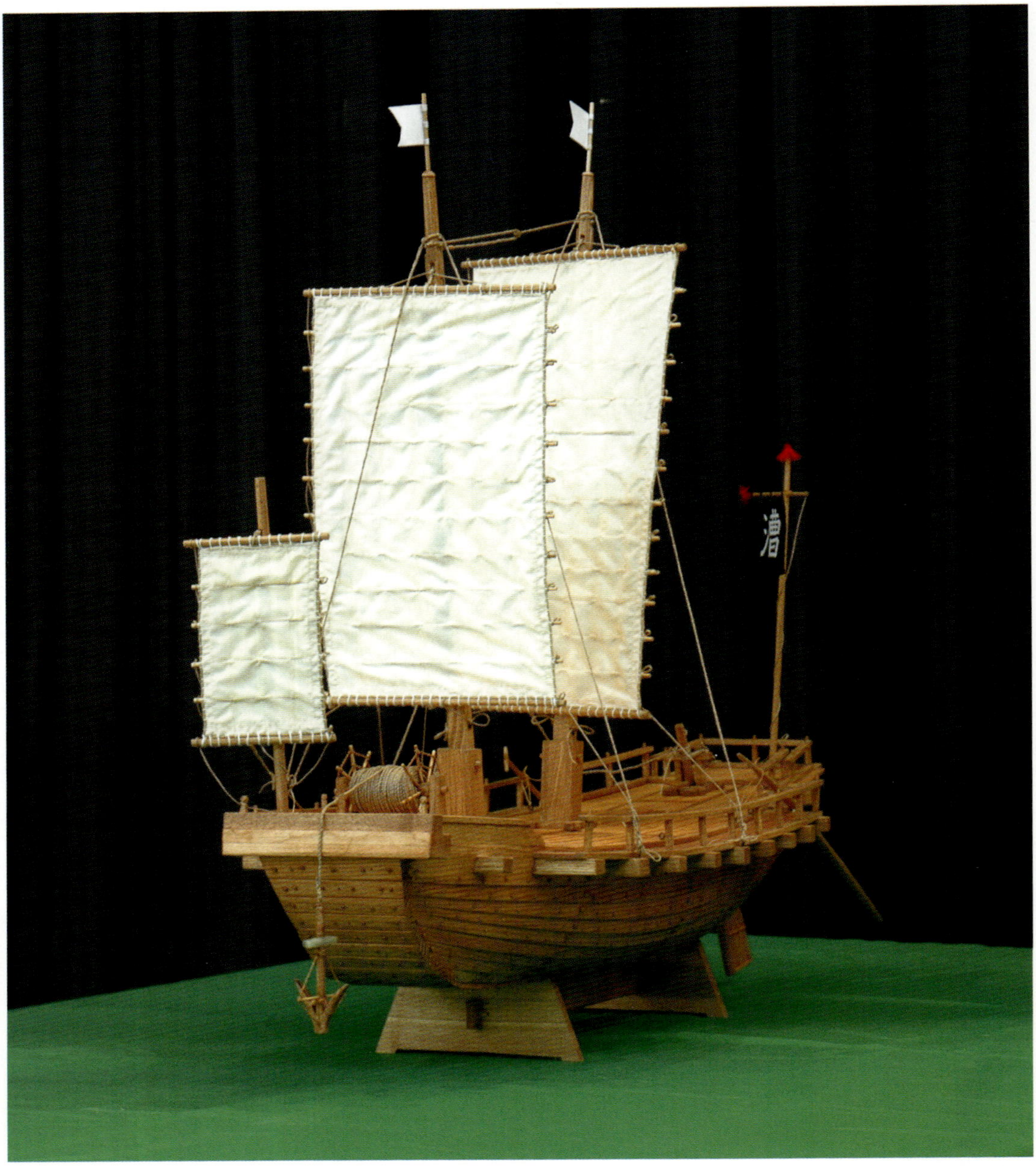

조선 조선漕船 전경ⓒ

(9) 1800년 조선 조선漕船

조선漕船을 조운선漕運船 또는 세곡선稅穀船이라고도 한다. 조선漕船은 토지(농지)에 과세한 조곡(또는 세곡)을 운송하는 관선을 이르는 말이다.

충청도 전라도와 경상도 등 남부지방의 세곡稅穀을 조선漕船으로 한양(서울) 근처 서강西江으로 운송하고 경창京倉까지 납곡納穀을 한다. 조운선은 해선海船인 당두리와 같은 구조를 하고 있으나 7장으로 되어 있는 기본 현판(삼판) 위에 2장 또는 4장의 삼판을 더 올려서 선창船艙의 용적을 더 늘렸다.

조선은 고려의 문물제도를 그대로 물려받아 고려 때의 해창海倉 외에 필요한 곳에 해창을 더 설치하였다. 조선 전기에는 남도에 9곳을 지정하였고 후에 5곳을 더 신설하여 도합 14곳이 되었다.

해창에는 20척 내외의 조운선을 상비하고 있었는데 세곡 운송 시기가 되면 조운선 30척을 1 종綜으로 선단을 형성하여 운송하게 하였다.

조운선이 통과하는 부府 현縣의 수령이나 수군진水軍鎭의 수군첨사 수군만호 들은 조운선을 경호하고 조운선이 안전하게 수로를 통과 운항할 수 있도록 암초 등의 위험한 곳에 표지를 세웠으며 관할 구역내의 수로를 안내하였다.

조운선의 안전한 항해를 도모하기 위하여 호남 호서의 조운선은 800석을, 영남의 조운선은 1000석을 적재하도록 제한하였다. 이는 고려 조운선의 적재량 제한과 동일하다.

조운선의 세곡 운송 기간은 경기도 충청도 황해도는 2월 20일에 출항하여 3월 10일 이내에 경강京江에 도착하고, 전라도는 3월 15일에 출항하여 4월 10일 이내에 경강京江에 도착하고, 경상도는 3월 25일에 출항하여 5월 15일 이내에 경강京江에 도착하여야 한다.

1600년 이후에는 조세租稅는 호조戶曹에, 대동미大同米(호세戶稅)는 선혜청宣惠廳에 봉납奉納하게 하였는데 주교사舟橋司가 조운漕運에 관여하게 되면서, 한강 노량진에 주교舟橋를 가설할 때 조운선을 주교선으로 사용하는 한편, 주교를 해체하고 나면 다시 조운선으로 활용하였다. 훈국선訓局船 외에 경강사선京江私船을 임차하여 주교 가설과 세곡 운송에 참여토록 하였다. 조운선이 부족할 경우에는 지방의 민간이 보유하고 있는 지토선地土船(당두리)을 임차하여 사용하기도 하였다.

이 '1800년 조선 조선漕船'의 복원은 1800년경 도화서의 각선도본에 그려진 조선 투시설계도의 주요치수 구조 형태 조선법식을 참고로 하여 구조도와 공작도를 작성하였다. 조선의 주요치수를 기초로 하여 조선공학적 주요치수를 계산하고 선도를 작성하였다. 이를 기본으로 하여 한선의 조선법식과 조선공작기법에 따라 한선조선기술(기능)전승자 이원식이 조선 공작을 하여 모형선을 복원하였다..

(9) The Grain Transport ship, 19th Century, Chosun Dynasty

The grain transport ship called Jo-Seon (漕船), and or Joun-Seon (漕運船), carries out grain paid as a tax which had been collected from Chungcheong (忠淸), Jella (全羅), and Gyeongsang (慶尙) Province, were shipped to the Capital Treasuries (京倉) sailing through the west river (西江) near Seoul. This grain transport ship increased the capacity of freight hold (船艙) by adding two or four hull plates (杉板) more to the top of the basic hull plate, seven.

Chosun Period, the coast warehouses (海倉) were designated in the southern province, and 14 coast warehouses in total throughout the country. In the premises of the coast warehouse, some 20 grain transport ships were standby at all times. When the season for transporting tax-grain drew near, 30 grain transport ships were organized as one fleet for sailing having loaded the grain.

The grain transport ships were passing, the naval officers with special expertise (水軍僉事) and the naval commanders of ten thousand door (水軍萬戶) of the naval garrisons had to escort the fleet, and to set up signs and signals on the risky water having sunken rocks, etc. so much as to make the fleet pass through water course safely, also they guided the waterway within their jurisdiction.

To promote safe sailing, the load was limited, i.e. the loaded weight of the grain transport ships from the southern and western region was 800 seok (石, 180 liters) and the southeast region was 1,000 seok (石).

Duration of transport by the grain transport ship are the fleet must depart the port on February 20, and arrive at Gyeonggang river (京江, today Han River) no later than May 15. It was also provided that the Floating Bridge and Structures Office (舟橋司) could have constructed the floating bridge by renting the private vessels owned by the Han River merchants other than Hunguk-Seon (訓局船, *the ship belonged to the Military Training Agency*), and, participated in grain transport at the same time.

For restoration of this **Grain Transport Ship, Jo-Seon (漕船) of 1800 A.D.**, the drawings were drawn up having referred to the perspective design drawing of the transport ship as depicted in the book of compiled illustrations of various ancient ships (各船圖本), in about 1800s. And based on the dimensions of the transport ship, the principal dimensions were calculated on the aspects of shipbuilding engineering, and also the lines of hull form and the construction profile were drawn up. And, finally the model ship was restored by Won-shik Lee with the craftsmanship of the transmitter in regard to shipbuilding techniques (skills) of Korean ship in accordance with the rules and formalities of building Korean ship and the shipbuilding techniques thereof.

10. 1900년 제주도 뗏목배(티우)
(The Fishing Raft of Jeju Island, 20th Century, Korea)

주요 치수 (Principal Dimensions)

전 장全 長 (Length Over All) ··· 6.0 m
선 장船 長 (Length of Hull) ··· 6.0 m
선 광船 廣 (Breadth Molded) ··· 3.0 m
환 목丸 木 (Log) ··· 0.4 m
흘수심吃水深 (Draft Molded) ··· 0.3 m
전 고全 高 (Height) ··· 1.0 m
축 척縮 尺 (Model Scale) ··· 1/10

복원 : 현대중공업(주) 현대선박해양연구소 / 원인고대선박연구소
복원일자 : 2008년 12월
Restoration(work) : Hyundai Maritime Research Institute and
Wonin Ancient Ships Research Institute
Restored date : December, 2008

제주도 뗏목배(티우) 전경ⓒ

(10) 1900年 제주도 뗏목배(티우)

제주도 뗏목배(티우)는 바닷가에서 해조류海藻類(해초 미역 전복 소라 등)를 채취하거나 그물을 이용해서 자리돔 고기잡이를 하는데 사용한다. 우리나라 한선의 뱃밑은 이 뗏목배의 만듦새와 똑같다. '뗏목배'라는 말은 '뗏배'에서 변형되어 부르게 된 말이다. 제주도에서는 뗏목배를 '티우'라고 한다.

뗏목배(티우)는 잘 다듬은 10개의 둥근 통나무 옆구리에 네모진 구멍을 파내고 기다란 나무창(가쉐)을 좌우에서 서로 어긋매껴 가면서 꿰뚫어 박아 연결하였다. 재료는 제주도에서 자생하는 구상나무이다. 배 위에는 평상이 설치되어 있는데 채취한 해조류나 물고기를 이 평상 위에 올려놓는다. 뗏목배 한가운데에 돛대를 세우고 돛을 매달기도 하며, 돛을 달고 섬과 섬 사이를 왕래하기도 한다.

일본의 서해안과 대마도에도 제주도의 티우와 같은 뗏목배가 분포되어 있다는 기록이 있다. 뗏목배는 한반도에서 건너온 것이라는 내용의 일본 학자의 '환목주丸木舟' 논문이 발표된 것으로 미루어보면, 상고시대 이래로 제주도에서 티우를 타고 동쪽과 남쪽으로 바다를 건너서 해 돋는 섬나라 큐슈九州로 이동하여 간 것을 알 수 있다.

옛날에 우리나라에서 대나무(竹)로 만든 배를 '뗏바이'라고 하였는데, '떼(竹)'라는 말은 뗏바이의 재료인 대나무를 뜻하고 '바이(排)'라는 말은 배를 뜻한다. 현재 '뗏배'라고 히는 것은 '뗏바이'가 축약된 것이다. 즉 '바이'가 '배'로 줄어든 것이다. 남 중국의 민남 지방이나 대만에서는 뗏배를 '띠앗바이竹排'라고 한다.

압록강 두만강 한강의 상류에서 소나무 목재 자체를 하류로 운반하기 위하여 만든 것을 '뗏목'이라고 하는데. 대나무가 아닌 소나무로 만든 것을 옛날과 같이 '뗏'을 붙여서 '뗏목'으로 부르고 있다. 중국에서는 뗏목배를 '무빠이木排'라고 한다.

이 '1900년 제주도 뗏목배(티우)'의 복원은 1908년에 대한제국 농공상부에서 편찬한 '한국수산지韓國水産誌'에 수록 되어 있는 뗏목배 자료와 제주도 현지의 티우의 치수를 참고로 하여 구조도와 공작도를 작성하였다. 이를 기본으로 하여 한선의 조선법식과 조선 공작기법에 따라 한선조선기술(기능)전승자 이원식이 조선 공작을 하여 모형선을 복원하였다.

(10) The Fishing Raft of Jeju Island, 20th Century, Korea

The Fishing Raft, the flat-bottomed open timber boat, called Ttetmok-Bae (筏舟) in Korean is used to gather sea algae (seaweeds, brown seaweed, abalone, spiny turban shell, etc.) or to catch damselfish by net alongshore

The bottom of Korean Ship (韓船) is exactly same as the build of Ttemok-Bae (筏舟). This Ttetmok-Bae is also called, 'Ttetbae' (뗏배), meanwhile, it is being called 'Tiu' (티우) in Jeju Island,

To build a Tiu (티우), first of all, well-trimmed 10 round logs are holed on its flank in a rectangular shape, then long wooden pegs (長栔) are thrust into the holes by arranging positions alternately from left and right directions making these pegs piercing the logs all the way through. The logs required for building this boat were produced from Abies Koreana trees which grow naturally in Jeju Island.

There is a record that the same Ttetmok-Bae as Tiu in Jeju Island (濟州道) had been distributed in the western coastline of Japan (toward the East Sea, 東海) as well as Tsushima (對馬島). Seeing from the treatise; Dug-out (丸木舟), written by a Japanese scholar that tells the fact that this Ttetmok-Bae had found its way into the regions of Japanese territory, fact can be realized that since the ancient era, people sailed Tiu from Jeju Island to Kyushu (九州), an insular country of rising sun across the sea, following the east and south waterway.

In early days, the raft made of bamboo stalks in our country was called, 'Ttet-Ba-ee' (뗏바이). Here, the word, 'Ttet' denotes the bamboo tree, which is material of Ttet-Ba-ee, and, meanwhile, 'Baee (배)'-this was pronounced "Ba-ee" in old times, stands for a raft. In the southern region of China, such as Fuken province (福建省), and also Taiwan, people calls this Tttett-Ba-ee, 'Ttiat Ba-ee'.

For restoration of this **Fishing Raft of Jeju Island, Tiu (티우) of 1,900 A.D.**, the drawings were drawn up having referred to the materials of Ttetmok-Bae included in the Records of Korean Fisheries compiled by the ministry of agriculture and fishery of Daehan Empire (大韓帝國) in 1908, as well as actual dimensions of Tiu in the local site. And, based on these works, the model raft was restored by Won-shik Lee with the craftsmanship of the transmitter in regard to shipbuilding techniques (skills) of Korean ship in accordance with the rules and formalities of building Korean ship and the shipbuilding techniques thereof.

11. 1900년 정동진正東津 뗏목배(토막배)
(The Small Raft of jeongdongjin, 20th Century, Korea)

주요 치수 (Principal Dimensions)

전 장全 長 (Length Over All) ………………………… 5.2 m
선 장船 長 (Length of Hull) ………………………… 5.2 m
선 광船 廣 (Breadth Molded) ………………………… 2.6 m
환 목丸 木 (Log) ………………………… 0.3 m
흘수심吃水深 (Draft Molded) ………………………… 0.2 m
전 고全 高 (Height) ………………………… 0.6 m
축 척縮 尺 (Model Scale) ………………………… 1/10

복원 : 현대중공업(주) 현대선박해양연구소 / 원인고대선박연구소

복원일자 : 2008년 12월

Restoration(work) : Hyundai Maritime Research Institute and
Wonin Ancient Ships Research Institute

Restored date : December, 2008

정동진 뗏목배(토막배) 전경ⓒ

(11) 1900년 정동진正東津 뗏목배(토막배)

청동기시대에 사용하였을 것으로 보이는 뗏목배를 지금도 동해안의 명주군 강동면 정동진正東津과 안인安仁에서 찾아볼 수 있다. 이 뗏목배를 정동진과 안인에서는 토막배라고 한다.

이 토막배는 잘 다듬은 둥근 통나무 옆구리에 네모진 구멍을 파내고 기다란 나무창(가쉐)을 좌우에서 서로 어긋매껴 가면서 꿰뚫어 박아 연결하였다. 재료는 강원도에서 자생하는 오동나무를 사용하였다.

토막배는 바닷가(해안)에서 해조류海藻類(해초 미역 전복 소라 등)를 채취하는데 사용한다. 이 토막배는 칡넝쿨이나 노끈으로 엮어서 만든 뗏목보다는 발달된 것이다. 우리나라 한선의 뱃밑은 이 토막배의 만듦새와 똑같다. 이 토막배는 평저선인 한선의 원조라고 할 수 있다.

토막배의 양쪽에 두꺼운 판자 3장을 이어 붙여 올리고 앞과 뒤를 가로 널판으로 대어 막으면 원시적인 한선의 거루가 된다.

일본의 서해안과 대마도에도 정동진의 것과 같은 뗏목배가 분포되어 있다는 기록이 있다. 그 뗏목배는 한반도에서 건너온 것이라는 내용의 일본 학자의 '환목주丸木舟' 논문이 발표된 바 있다.

이것으로 미루어보면, 상고시대에 동해안에서 이 토막배를 타고 동쪽과 남쪽으로 바다를 건너서 해 돋는 섬나라 일본으로 이동하여 간 것을 알 수 있으며 이 토막배가 대륙문화를 일본에 전승하는 이기利器였다는 것을 알 수 있다.

이 '1900년 정동진 뗏목배(토막배)'의 복원은 1984년에 채록한 자료와 토막배의 치수를 참고로 하여 구조도와 공작도를 작성하였다. 이를 기본으로 하여 한선의 조선법식과 조선공작기법에 따라 한선조선기술(기능)전승자 이원식이 조선 공작을 하여 모형선을 복원하였다.

(11) The Small Raft of Jeongdongjin, 20th Century, Korea

The Small Raft, which seemed to have been used in Bronze Age, can be found in such township in the east coastline as Jeongdongjin in Gangdong－myeon, Myeongju－gun, and also at Annin, Gwangwon Province. This Small Raft is called 'Tomak－Bae' (토막배) in both Jeongdongjin and Annin.

To build the Tomak－Bae, well－trimmed round logs are holed on its flank in a rectangular shape, and then, long wooden pegs (長栔) are thrust into the holes by arranging positions alternately from left and right directions making these pegs piercing the logs all the way through. The logs that produced from Paulownia Woods, which grow naturally in Gwangwon Province, were used to build this raft.

Tomak－Bae is used to collect sea algae (sea weeds, brown sea weed, abalone, and turban shell, etc.) alongshore. The bottom shape of Korean ship (韓船) is exactly same as that of Tomak－Bae. It can be said that this Tomak－Bae is the originator of Korean ship, which is the flat－bottomed vessel.

There is a record that the identical Tomak－Bae with the one of Jeongdongjin had been distributed in the western coastline of Japan (toward the East Sea, 東海) as well as Tsushima (對馬島). Also a treatise entitled Dug－out (丸木舟), which was written by a Japanese scholar, was published.

Taking all these things together, fact can be realized that, in ancient period, people made journey to Japan, an insular country of rising sun across the east and south sea by sailing this Tomak－Bae. Also it can be learned that this Tomak－Bae was a vehicle, vessel, that carried and passed down the continental culture to Japan.

For restoration of this **Small Raft, Tomak－Bae (토막배) ; Flat－Bottomed Open Timber Boat of 1900 A.D.**, the drawings were drawn up having referred to the materials and data collected in 1984. And, based on these works, the model ship was restored by Won-shik Lee with the craftsmanship of the transmitter in regard to shipbuilding techniques (skills) of Korean ship in accordance with the rules and formalities of building Korean ship and the shipbuilding techniques thereof.

참고문헌

책명	저자		년도
(고전古典)			
1.「武經叢要」樓船 條			1044
2.「高麗圖經」(影印本)	徐兢		1124
3.「三國史記」	金富軾		1145
4.「三國遺事」	一然		1285
5.「高麗史」, 世家 卷第四 顯宗~卷第三十一 忠烈王			1396
6.「高麗史」, 志 卷33 食貨2 漕運 條			1396
7.「高麗史」, 世家 卷 1, 太祖 條~卷27 元宗 15年 6月 條			1396
8.「高麗史」, 列傳 卷十七 金方慶 傳			1396
9.「高麗史節要」, 卷20, 忠烈王 7年 條			1453
10.「世宗實錄地理志」	世宗實錄		1454
11.「亂中日記」	李舜臣		1598
12.「壬辰壯草」	李舜臣		1598
13.「三南舟師戰船本板長詳定節目」權盼 (光海君 7年)			1615
14.「備邊司謄錄」41冊,	奎章閣, (肅宗 12年)		1686
15.「耽羅巡歷圖」	濟州牧使		1703
16.「英祖實錄」, 73卷, (英宗 27年)			1751
17.「旅菴全書」	申景濬		1782
18.「李忠武公全書」	內閣	규장각	1795
19.「各船圖本」－戰兵各船圖 奎章閣			1800
20.「李舜臣宗家龜船圖」,	李載勳 所藏		1592－1800
21.「增正 交隣誌」	內閣 규장각		1802
22.「湖左水營誌」－筆寫本	慶州李氏益齋公派門中		1815
23.「軒聖遺稿」－筆寫本	金鐘範	李光鉉 所藏	1822
24.「湖左水營誌」,	忠愍祀 筆寫本		1847
25.「韓國水産誌」－1輯	대한제국 농상공부		1908
26.「朝鮮王朝實錄」	규장각		1413－1910
27.「[華城役儀軌」	수원문화재보전회		1965
28.「萬機要覽」	민족문화추진회		1984
29.「桓檀古記」			1985
30.「秋澗先生大全文集」, 卷40 汎海小錄, 王惲,			未詳

책명	저자		년도
(자료)			
31.「漁船調査報告書」	조선총독부		1932
32.「李忠武公全書－國譯註解」	이충무공기념사업회		1960
33.「韓國文化史大系」－科學技術史	高麗大學校		1968
34.「아산현충사연혁지」		문화공보부	1969
35.「韓國繪畵」	국립중앙박물관		1972
36.「韓國美術」	최순우	陶山文化社	1981
37.「韓國傳統建築圖集」	한국건축사협회		1983
38.「營造法式(一)」	국토개발연구원 국역		1984
39.「莞島海底遺物－發掘報告書」	文化財管理局		1985
40.「百年前의 韓國－圖版」	정성길, 김원모	캐토릭出版社	1987
41.「新安海底遺物」	文化財管理局		1988
42.「韓國의 古地圖」	이찬	凡友社	1991
43.「珍島 碧波里 통나무배」	목포해양유물처리소		1993
44.「韓國沿岸水路誌」－南海岸編	수로국		1994
45.「木浦 達里島 배」	국립해양유물전시관		1999
46.「張保皐 船舶 復元研究 1次年度 文獻 및 資料 檢索 結果 報告書」 이원식 韓國海洋大學校 張保皐研究所 pp.146－150			2002
47.「日本の船」	安達裕之	船の科學館	平成10
48.「龍江船廠志」	李昭祥	江蘇出版社	1999
49.「蓬萊古船」	山東省文物考古研究所 外	文物出版社	2006
50.「蓬萊古船」	國際學術研討會文集	席龍飛 外 長江出版社	2009

책명	저자	출판사	년도
(저서)			
51.「李舜臣」	李光洙		1931
52.「李忠武公一代記」	李殷相	國學圖書出版社	1945
53.「民族의 太陽」	李忠武公紀念事業會		1951
54.「高麗時代史」	金庠基	東國文化社	1961
55.「李舜臣戰史研究」鳴梁社	조인복		1964
56.「韓國水軍史研究」鳴梁社	최석남		1964
57.「壬辰壯草－譯註解」	조성도	동원사	1976
58.「朝鮮王朝 軍船研究」	金在瑾	韓國文化研究所	1977
59.「韓式木造建築設計原論」	조승원, 조영무		1983
60.「朝鮮上古史－註釋」	신채호	신채호기념사업회	1983
61.「韓國船舶史研究」	金在瑾	서울大 出版部	1984
62.「朝鮮通信使의 발자취」	김의환	正音文化社	1985
63.「韓屋의 造營」	신영훈	匡友社	1987
64.「우리 배의 歷史」	金在瑾	서울大 出版部	1989
65.「한국의 배」	이원식	大圓社	1990
66.「續 韓國船舶史研究」	金在瑾	서울大學校出版部	1993
67.「韓國木造建築의 技法」	김동현		1995
68.「韓國의 造船産業」－古代造船	이원식 외	全經聯	1997
69.「古代韓中外交史」－遣唐使研究	권덕영	一潮閣	1997
70.「韓國海運史」	孫兌鉉	曉星出版社	1997
71.「統營市誌」－壬亂時의 戰艦	이원식 외	統營市廳	1998
72.「선박의 이해」	이원식 외	한국해양연구원	2002
73.「東亞細亞と海上の道」	上田正昭	明石書店	1997
74.「日本の 古代 3」	大林太良	中公文庫	1995
75.「李藝의 使命」	李明勳	새로운 사람들	2005
76.「李藝」最初の朝鮮通信使	金住則行	河出書房新社	2011
77.「중국의배」	허일, 김성준, 최운봉	도서출판 전망	2005
78.「백제사」	이도학	푸른역사	1997
79.「船」	須藤利一	法政大學出版局	1968
80.「遣唐使船」	東野治之	朝日選書	1999

논문제목	저자	책명	년도
(논문)			
81. "龜船考"	최영희	「史叢」-3輯	1953
82. "龜船考"	조성도	「海士硏究報告-2」	1964
83. "龜船의 科學的 硏究"	이원식	「國防史學會報」	1965
84. "木造建築造營의 數理 應用"	신영훈	「考古美術」	1968
85. "壬辰倭亂 後 龜船의 變遷過程"	金龍國	「學術院, 人文科學」	1968
86. "龜船의 造船學的 考察"	金在瑾	「學術院 論文集」	1974
87. "李朝尺度에 關한 硏究"	朴興秀	「大東文化硏究 四輯」	1976.
88. "龜船構造의 再檢討"	남천우	「歷史學報」	1976
89. "龜船의 變遷"	김용국	「國防史學會報」	1977
90. "壬辰倭亂"	허선도	「軍事」-2輯	1981
91. "瞻星臺實測,比例分析"	송민구	「한국과학사학회지」	1981
92. "南西海岸 沿岸 海戰遺物探査" 「해군사관학교 충무공해전유물발굴단」	이원식		1992
93. "南海岸 壬亂遺蹟地의 實證的分析" 「해군사관학교 충무공해전유물발굴단」	이원식		1993
94. "龜船의 幾何學的 造船計劃"	이원식	「閑山大捷紀念祭典」	1993
95. "壬亂時 戰艦의 特性과 龜船의 構造分析" 「해군사관학교 충무공해전유물발굴단」	이원식		1994
96. "丁酉再亂 海戰 硏究를 통한 發掘 有望區域 提示" 「해군사관학교 충무공해전유물발굴단」	이원식		1995
97. "한국의 배=韓船"	이원식	「충남대 공대 신소재 논문집」	1998
98. "龜船에 대한 小考"	이원식	「大韓造船學會誌 35-2」	1998
99. "한국의 배=韓船"	이원식	「대한조선학회 논문집」	1999
100. "壬亂時의 戰艦"	이원식	「統營市誌」	1999
101. "8-9世紀 우리나라 西海 및 隣接海域의 航路와 船型特性에 관한 硏究"	許逸	「工學博士 學位論文」 釜慶大學校 大學院	2000

논문제목	저자	책명	년도

(논문)

102. "李舜臣 創製 龜船(거북배)의 設計 構造와 復元에 대한 考察"
이원식「大韓造船學會誌」第40卷 第1號 2003

103. "1592年式 李舜臣 創製 龜船(거북배)의 設計 復元 硏究"
李元植「大韓造船學會誌」第41卷 第3號 2004

104. "高麗 莞島船의 主要 値數 推定과 構造 復元에 關한 硏究"
李元植「工學碩士 學位 論文」國立韓國海洋大學校 大學院 2004

105. "韓·中·日 傳統 船舶에 關한 比較 硏究"
崔雲峰「工學博士 學位論文」國立韓國海洋大學校 大學院 2005

106. "고려 완도선의 선형계수 및 정적복원성 추정에 관한 연구",
이원식·이기표「大韓造船學會誌」第43卷 第3號 2006

107. "1592年 龜船의 主要 値數 推定에 關한 硏究"
李元植「工學博士 學位 論文」國立韓國海洋大學校 大學院 2007

108. "1592년 李舜臣 創制 龜船의 基本値數, 構造, 形態의 考察"
이원식·이기표「海洋文化硏究-4」 2010

맺는말

현대중공업은 올해로 창사 40주년을 맞이하였다. 명실상부한 세계제일의 조선소로 자리매김을 하고 있으며, 우리나라가 세계제일의 조선 산업국가가 되는 선도적인 역할을 감당하고 있다.

때문에 세계 각국으로부터 유수의 선주들과 관련고객과 귀빈들이 끊임없이 회사를 방문하고 둘러보며 공장시설의 방대함과 수많은 선박건조를 동시에 진행하는 직원들의 근면성실 함에 감탄과 존경을 나타내고 있다. 그들이 한 결 같이 갖는 의문은 이렇게 방대한 선박건조의 기술적 배경은 무엇인지 궁금해 하였다.

따라서 우리 선조들이 예로부터 건조하여 사용하였던 전통선박의 유래를 조사하고 체계적으로 정리하여 복원하기로 마음을 먹고 1년에 1~2척씩 계획을 세워 꾸준히 복원하였다. 이제는 어느 정도 전통선박의 뼈대가 될 만한 체계를 만들어 이를 정리하여 출간하게 되었다.

그러나 본문에 아직 자료가 정리되지 못하여 포함시키지 못한 1592년 임진왜란 당시의 귀선과 고려청자 운반선인 완도선도 실제 모형은 복원하였지만, 자료가 아직 정리되지 않아 포함시키지 못하였다. 우선 본 책자를 출간한 후 준비된 자료를 체계적으로 정리하고 고증자료를 첨부하여 추후 개정판을 출간할 때에 정리내용을 포함시키기로 하고 우선 본 책자를 출간하게 되었다.

국내에서 처음으로 우리 전통선에 대하여 체계적으로 시대별로 대표적인 선박을 정리하고 복원하여 결과물을 출간하게 되어, 보람을 느끼며 기쁘게 생각한다.

이러한 복원연구를 통하여 준비된 우리나라의 대표적인 전통선박 한선의 모형선들은 현대중공업(주) 기술개발본부 전시실에 전시되어 있다. 그러나 더 많은 전통선박들이 대규모 모형선으로 제작되어 다른 선박해양사의 기념물들과 함께 전시되어 있을 세계적인 국립 선박해양박물관의 건립을 꿈꾸어 본다.

이 책의 발간으로 많은 사람들이 우리 전통선의 이해를 높이고 조상의 훌륭한 유산을 우리가 이어가고 있다는 자긍심을 갖기를 바라는 바이다.

끝으로 책의 출간을 위하여 애써주신 도서출판 한림원에 깊은 감사를 드린다.

저자소개

민 계 식

- 1942년생
- MIT 공학박사
- 현대중공업 前 대표이사 회장(CEO/CTO)
- 제 1회 한국 공학상(1995년)
  한국 경영 대상(2005년)
  대한민국 최고 과학기술인상(2008년)
  등 수상

이 강 복

- 1946년생
- 공학석사(한국해양대학교)
- 현대중공업 前 선박해양연구소 부소장
  前 산업기술 연구소장
- 제 30회 과학의 날 대통령표창 수상(1997년)

이 원 식

- 1934년생
- 공학박사(한국해양대학교), 명예겸임교수(2002 –)
- 원인고대선박연구소 소장(1965 –)
- 현충사 – 고증위원(1969 –)
- 노동부 지정 – 한선조선기술(기능)전승자(1995)
- 대통령 표창 – 한선조선기술(기능)전승 유공자(2001)

한국 전통선박 韓船
글쓴이 : 민계식, 이강복, 이원식
인쇄일 : 2012년 8월 1일
발행일 : 2012년 8월 6일
발행인 : 김홍중
발행처 : 한림원 출판사
(100-310) 서울 중구 퇴계로 51길 20 넥서스타워 12층
전화 02)2273-4201
팩스 02)2273-4240
홈페이지 http://www.hanrimwon.co.kr
이메일 hanrim@hanrimwon.com
ISBN : 978-89-93512-33-5 93500
정 가 : 24,000원
